魔女とヨーロッパ

魔女とヨーロッパ

高橋義人

岩波書店

目　次

魔女とヨーロッパ

序　「都市の思考」と「野生の思考」

都市と自然

魔女狩りは「暗黒の中世」の産物であるという俗説がある。魔女狩りが終息したのは、近代科学の誕生によるもので、「科学の光が〔……〕少しずつ夜の暗い闇を払いのけはじめ、暗い時代にあまたの犯罪を生み出した信仰の迷信的な性格を暴きだしたから[1]」だと言うのだ。たしかに魔女狩りは中世末期に始まり、一八世紀の啓蒙主義の時代にほぼ終わりを告げた。しかし魔女狩りが猖獗をきわめたのは一六・一七世紀のことで、魔女狩りがその頂点を迎えたのは、一六〇〇年のことである。一六・一七世紀——それはルネサンスやバロックの時代であると同時に、コペルニクス、ガリレイ、ケプラー、ニュートンの世紀、「偉大なる近代科学」の誕生の時代だった。つまり魔女狩りと近代の誕生とは重なりあっているのだ。西欧史上の拭いきれない汚点となった魔女狩りは、「理性的」であるはずの近代が「狂気」をはらんでいることを示している。たしかにジャン＝ミシェル・サルマンの言うように、魔女狩りがホロコーストだったと言うのは、誇張なのかもしれない[2]。しかしその内に秘められた狂気は、ナチズムのホロコーストやスターリニズムの収容所群島にまでつながっているとは言えないだろうか。魔女狩りはもしかすると西欧史の必然的産物だったのではあるまいか。

近代のはらんだ狂気。その淵源と考えられるものはいくつかあるが、それらすべてを通底しているのは、自然の客体化という自然の新しい見方である。この新しい見方を生み出したのは、近代科学であると同時に、近代的な都市の成立だった。近代化の歩みは、都市化の歩みと併行している。近代化とともに、農村文化に代って都市文化が栄えた。都市文化にとって重要なのは、都市を自然から独立したものとして確立すること、つまりはできるだけ自然を〈外なるもの〉として排除することだった。

自然を排除して人工的につくられた都市。(3) このような都市の構造は、西欧の都市に最も端的に表われている。中世においてつくられた西欧の都市は、市壁ないし城壁によって囲まれていた。市壁の内側に自然を侵入させてはならない。そう考えたヨーロッパの人々は、市壁の外側に広がる自然と長年にわたって戦いつづけてきた。市壁の外側に広がる自然。それは森と耕作地だった。むろん耕作地は都市に住む住民にとって欠くことができない。そして耕作地をさらに広げるためには、森の木々を伐採し、そこを開墾しなければならない。こうして森は都市文化の住民にとって戦うべき敵となった。

森との戦いは一二世紀にすでに始まっていた。しかし森が急激に衰退するのは一六世紀になってからのことだ。一四五三年に百年戦争が終わってしばらくすると、人口はふたたび増加しはじめた。しかも製鉄業、ガラス工業、造船業などの興隆によって木材の需要が急増すると、森との戦いはますます激化していき、都市文化が自然を駆逐する速度も加速されていった。そしてそれとほぼ軌を一にしてヨーロッパには近代科学が誕生した。

一六世紀に始まる森との激しい戦い、一七世紀における近代科学の誕生、そして一六・一七世紀において酸鼻をきわめた魔女狩り。これらのあいだにじつは密接な関係があることを忘れてはならない。というのも、本書においてこれから詳述するように、「魔女」とは都市化された人間から見れば、駆逐すべき自然の擁護者、代弁者だったからである。森のなかに住み、都市文化に馴染めない人。森のなかで薬草を摘む前近代的な薬剤師。身体(人間の内なる自然)を相手にする産婆。死や地下世界と親しむシャーマンたち。ジプシー、大道芸人、移動サーカスの芸人など、都市に定住しない漂泊の民。彼らはやはり森とともに「異人」として排除されなければならなかった。だからミシュレは言う。「〈自然〉が彼女たちを魔女にした。……魔女はその手に自然の奇蹟の杖を握っており、また、助力者および姉妹として〈自然〉をもっている」(4)と。自然と親密な関係を有している人々はヨーロッパの都市文明、キリスト教文明のなかで危険視されたのだった。ミシュレはこう指摘している。「司祭は充分に予言している、危険が、敵が、恐るべき競争相手が、彼が軽蔑するふりをしている者、〈自然〉の女司祭のうちにあることを。古代の神々から、彼女はおのれの神々を胎んだのである」[5]。「〈自然〉の女司祭」が「魔女」のことを指していることは言うまでもあるまい。

ミシュレによれば、ヨーロッパ的な人工的都市を象徴しているのは、ゴシック式教会である。「そこでは、恐ろしいことに、何ものも動かず、硬直してしまっている。……これこそはまさしく、水晶でできた非情な都市の、真の、そして思わずひとをおののかせるイメージなのであり、この都市のなかに〔おいては〕恐ろしい教義が人間の生命を埋葬して」しまっている[6]。

アジアにはもともと「里」はあっても、市壁によって囲まれた都市はなかった。したがってそこにあるのは、「都市」対「自然」というよりも、「里」対「自然」という構図だった。しかもヨーロッパにおいては「自然＝森」であるのに対し、日本においては「自然＝山」である。ヨーロッパの魔女がしばしば森に住んでいるのに対し、日本において鬼女は山に住み、山女とか山姥と呼ばれる。そして「里」に住む人々にとって「山」は往々にして異界だったのである。

「里」は後に都市化していった。だが、そうなっても、アジアにおいて「都市」対「自然」という対比構造は、ヨーロッパにおけるほど明確ではない。第一にアジアの都市は、西欧の都市のように整然と整理された硬直した都市、「水晶でできた非情な都市」ではない。それはたしかに都市固有の人工的な要素を有してはいるものの、一歩踏み込んだら出てこられない森にも似た多様で猥雑な要素を数多く備えている。第二にアジアには――これが重要な点だが――キリスト教のような現世否定、自然蔑視の思想はない。ミシュレの言葉を借りて言えば、アジアの人々は「助力者および姉妹として〈自然〉をもっている」。そして第三に、ヨーロッパでは森林が破壊された後に草原がつくられたのに対し、日本では原始林が破壊された後には、里山と呼ばれる赤松を中心とする美しい景観をもった森林が形成され、自然が保存された。明治維新以降の日本の諸都市は自然を次第に駆逐し、ミシュレの言う「非情な都市」となりつつあるが、江戸時代までは日本の都市は――今日でも京都の町に見られるように――里山と共存していた。そうした里山において、人間はそれまで以上に自然に親しみ、自然を愛しみ、そして自然によって心を慰撫されることができた(7)。

ところがヨーロッパではそうではなかった。ヨーロッパ人は自然(森林)を駆逐することによって、都市を建設してきた。そのヨーロッパの都市は、中世以来、法と経済(初めは農業経済、後には市場経済)と教会によって秩序づけられていた。しかし、この秩序を時々乱すものがあった。それは、たとえば疾病であり、災害であり、飢饉だった。疾病、災害、飢饉は自然の負の側面である。こうして人々は自然を恐ろしい脅威として強く意識するようになった。自然との共存を図ろうとする人々は少数派だった。自然はもはや人間の生活世界の一部をなすものではなく、人間の闘うべき敵として客体化された。ここに、自然が「悪」として存在論化される素地がすでに培われていた。

自然が脅威であるということは、中世初期においてはそれほど強く意識されなかった。しかし都市が発展していくとともに、自然は「敵」さらには「悪」として客体化されていった。たとえば中世後期においてペストと疾病の流行をもたらしたのは、市壁の内部における密集した住宅と劣悪な衛生だった。住宅が密集していたため、昼でも陽の光が路上にさしこむことは少なかった。しかも身体性という自然を軽視したヨーロッパでは、稀にしか入浴することがなかった。むろん水洗便所はなかったから、路上には二階や三階から糞尿が投げ捨てられた。そしてその路上ではペスト菌をもったネズミが駆けまわっていた。そのような街で黒死病が流行したのは、不可避なことだった。黒死病によって都市の人口が減少すると、その分は農村からの人口の流入によって補塡された。いきおい農村の人口は減少し、多くの村が廃村化した。こうして農作物は不足し、飢饉がもたらされた。

飢饉の原因としては他に絶えることのなかった戦争があげられなければならないが、いずれにせよ天災と思われたものの多くは人災だった。しかしそうとは知らなかった当時の人々は、黒死病の流行をしばしばユダヤ人、ハンセン病患者、ジプシーらのせいにした。彼らが泉や井戸に毒を投げ入れたというのである。こうしてユダヤ人たちの虐殺が相ついで起こった。つまりユダヤ人、ハンセン病患者、ジプシーは、都市に災厄をもたらす好ましからぬ人々、憎むべき自然の操縦者と見なされ、彼らは「排除されるべき存在」となった。

ニーチェの言うように、人間は「力への意志」を有している。自然を排除し、征服しようとする試みも、「力への意志」にもとづく人間の「実践」の一つにはちがいない。しかし黒死病の原因をユダヤ人のせいにするとなると、それはもはや自分の縄張りを守ろうとする人間の生物学的・本能的な「実践」以上のものである。そこにはすでにユダヤ人は悪の手先であるという悪の客体化・存在論化が始まっている。「悪」としての自然は擬人化されて、ユダヤ人と同定されたのである。それは魔女の場合も同様である。魔女は当初は単なる想像か仮説にすぎなかったが、次第に「魔女は実在する」という存在論が大勢を占めるにいたった。そして人々が魔女狩りに異常な情熱を傾けることになったとき、その原動力をなしていたのはこのような虚構された悪であり、悪の存在論化だったのである。

ギンズブルグは『闇の歴史』の第一部において、ハンセン病患者やユダヤ人に対する迫害がやがて魔女狩りへと発展していったと論じている(8)。魔女とされた人々の多くは「都市の外」、すなわち田舎に住む人々だった。そして田舎に住む人々は必ずしもキリスト教を信じてはいなかった。異教徒を意味する英語の pagan がラテン語の paganus（田舎の人）に由来することからも分かるように、中世から近世までヨーロッパでキリスト教が浸透していたのは都市だけで、農村部には異教、すなわちカタリ派や古代的な宗教がかなり残っていた。ル・ロワ・ラデュリは『モンタイユー』において、一四世紀のピレネー山中におけるカタリ派の村人の生活を活写しているが(9)、カタリ派が一三世紀初めにほぼ消滅したと見えた後でも、この地方にはそれから一世紀もの間、この異端的な宗教が命脈を保ちつづけたのは、モンタイユーが山間に孤立した村だからであった。またギンズブルグは『ベナンダンティ』において、北イタリアのフリウーリ地方には一六・一七世紀になってからもベナンダンティと呼ばれる古代的な豊饒儀礼が残っていたこと、そしてこの風習が異端審問官の圧力と誘導尋問によって次第に魔女の悪魔崇拝と同一視されていく過程を克明に描いている。(10) ベナンダンティは、その年の農作物の豊饒を願って行なわれた農耕儀礼であり、この儀礼に関わる人々は、自然に対する全幅の信頼のうちに生きていた。自然との共存が彼らの生活原理だった。だが、この風習が発見されたとき、異端審問所のキリスト教徒たちは、彼らの自然崇拝をまったく理解することができなかった。自然というものが信仰の対象となるということは、キリスト教徒にとっては異端以外の何ものでもなかった。キリスト教社会において非キリスト教徒が「異端者」と見なされたのは仕方なかったとしても、しかし異端者が「魔女」として存在論化されるようになったとき、そこには明らかに「虚構」が誕生している。そしてこの虚構は残忍な「殺人狂時代」を招来することになったのである。

神と悪魔

日本にもこれに似た虚構がないわけではない。前述したように、魔女に似た存在は日本にもあった。巫女や、そこから派生してきた山姥や鬼女である。山姥や鬼女は、民衆の共同幻想である。そしてこの共同幻想に「山姥」や「鬼女」という名前が与えられたとき、そこでもある程度の悪の存在論化が始まっていた。しかし、日本の民衆はいったいどの程度まで山姥や鬼女を悪として捉えていたのだろうか。

山姥は山の神の零落した姿だと考えたのは柳田国男だったが、折口信夫はその説をやや修正した。彼によれば、山姥は本来は山の神の巫女のことで、最初は山の神を抱き守る役(乳母)であったが、後には山の神の妻となる者のことを言った。そして山神の「うば」として指定された女性は村を離れた山野に住まなければならなかった。したがって山姥は本来は神に仕える巫女として特別な霊能を有していると考えられた。この特別な霊能を有する巫女に対する畏怖が、やがて山姥や鬼女に対する恐怖へと変わった。山姥や鬼女にはたしかに「魔女」を思わせるところがある。しかし日本や東洋では魔女狩りというマス・ヒステリーは生まれなかった。多くのヨーロッパ人の心中で魔女は悪の権化として存在論化されていたかもしれないが、日本人の心中で山姥や鬼女はそのような形で存在論化されはしなかった。山姥や鬼女は悪というよりも、山(自然)のうちなる恐ろしい力を体現するものにすぎなかった。そして人々はそうした恐ろしい力を根絶やしにしようとするのではなく、自然のもつ超自然的な力に対する畏怖の念をもちつづけたのである。

神と悪魔(鬼)という二項対立は、おそらく人類全体に共通した思考形式である。そうした思考形式から、ヨーロッパでは魔女という幻想が、日本では山姥や鬼女という幻想が生まれた。しかし、なぜかヨーロッパにおいて魔女は単なる幻想にはとどまらず、実在する悪の権化として存在論化されていった。ヨーロッパにおいて悪がこのように存在論化されたのは、キリスト教の特殊な性格によるところが多いと思われる。

一、キリスト教にとってイエス・キリストは人格神、すなわち神であると同時に肉体をもった人間だった。しかもキリスト教は東洋の諸宗教とは違って、イエス・キリストが歴史上の実在の人物であることをことさらに重視する。となると、神の対極に位置する悪魔もまた肉体をもった実在の人物として人格化され、存在論化されざるをえなかった。そして悪魔が荒唐無稽な空想的な存在ではなく、われわれ人間と同じようなすがたをしているということになると、悪魔の存在はいっそう信じやすいものになった。

二、古代ギリシアでもそうだったが、東洋では今日でも神々は地上世界と隔絶した天上世界にいるとは考えられていない。人間世界にしばしば来訪する神々は東洋人にとって敬愛すべき親しい存在であり、神々はおおむね天上にではなく、地平線の彼方、水平線の彼方にいると表象されている。だからこそ東洋では、ある日、山のなかで道に迷って歩いていたら桃源郷にたどりついたとか、海の彼方に行けば観世音菩薩の住む普陀落があるなどと信じられているのだ。それどころか沖縄などでは、九〇歳や百歳に達した老人は神に近い存在として敬愛されている。山姥も高齢の老女であるが、山姥が仮に鬼であるとしても、その鬼は悪事を行なうばかりではなく、民話「三人兄弟」や「米福粟福」のように、主人公に福をもたらしもする。民話「こぶとり爺」を読んだ欧米人は、日本の鬼が時として援助者ともなることを知って驚くであろう。このように東洋人は鬼を厄介なものと思いながらも、その存在を受容している。それは仏像を見ても明らかである。奈良東大寺の三月堂には、四天王によって足で踏みつけられている鬼の像がある。恐ろしい形相をしているはずのこの鬼の顔は、親に叱られている子どものすがたを想起させ、見る者の微笑を誘わずにはおかない。東洋人にとって鬼はどこかに親しみを残した存在なのである。さらに興味深いのは、中国の民間信仰である。中国では鬼は鬼でありつづけるとはかぎらず、鬼は神にもなりうるし、祖先にもなりうる、また逆に神や祖先が鬼になることもあると信じられている。鬼は決して悪魔というおぞましい領域に閉じこめられているわけではないのだ(11)。

しかし地上世界と天上世界の間の隔絶を強調するキリスト教ではそうはいかない。キリスト教的な神は明らかに水平的にではなく、垂直的にイメージされている。悪魔も同様である。神が天上に住んでいるとすれば、悪魔は地下の地獄に住んでいる。人間は神と悪魔の中間領域に住み、一方では神によって厳しく監視され、他方では悪魔によって暗黒の世界へと誘われている。東洋人にとっての神々や鬼とは違って、ヨーロッパ人にとっての神や悪魔は決して親しみある存在とはなりえないのだ。このような垂直的世界観に支えられて、ヨーロッパでは神や悪魔の存在が次第に客体化され実体化されていった。

キリスト教独特のデモノロジー（悪魔学）はこうして誕生した。このデモノロジーの下、人々はイエス・キリストという人格神を信仰するのと同じ熱意をもって人間のすがたをした悪魔を追及した。悪天候がつづいたり、農作物が不作になったり、牛の乳が出なくなったり、バターができなくなったりすると、それは悪魔の仕業だと信じられた。このような迷信は別にヨーロッパに固有のものではないのかもしれない。実際、中国の多くの地方では、雨が長いこと降らないと、それは鬼のせいだと考えられ、そのため陝西省山区では、「魚は蓮をからかう」という切り絵を水瓶に貼って、それによって雨を降らそうとする。[12] しかしヨーロッパにおいては特異なことに、この悪魔は実在の人物のなかに探し求められた。悪魔と結託して荒天や不作をもたらす「魔女」がいるというのだ。しかも女性には男性にはない特別な霊能があると信じられていたので、あらぬ嫌疑の大半は女性にかけられた。魔女が主として女性なのはそのためである。（ドイツ語では魔女の総称は Hexe だが、「男の魔女」を示すものとして Hexer の語が用いられることもある。）こうして天候魔女（Wetterhexe）、牛乳魔女（Milchhexe）、バター魔女（Butterhexe）など、さまざまなタイプの虚構が次々と創出され、実際に魔女と判定された人々は処刑台の露となって消えていった。

魔女の起源

「魔女」として処刑された人々は大きく二つに大別される。異教を信仰していた人々と、そうではないのに「魔女」として密告された人々である。そのため、魔女の起源に関しても、相反する二つの説が登場するにいたった。その一つはマーガレット・マレーの『西欧の魔女祭儀』[13]（一九二一）に代表されるもの、すなわち魔女や魔女の集会は現実に実在したし、それはキリスト教以前の古代宗教の残滓だったと主張するものである。『西欧の魔女祭儀』につづいてマレーは『ブリタニカ百科事典』の「魔女」の項目を執筆したため、マレーの説は広く知られるにいたった。ミシュレの有名な『魔女』（一八六二）やP・ヒューズの『呪術』[14]（一九五二）やギンズブルグの『ベナンダンティ』（一九七二）も、マレー説の系譜に属していると言ってよいだろう。

もう一つの説は、ノーマン・コーンの『魔女狩りの社会史』[15]（一九七六）に代表されるもので、彼はマレーの説を徹底的に批判しつつ、魔女というものは狂信的な異端審問官によってつくりあげられた妄想であり、でっちあげにすぎないと結論した。『魔女狩りの社会史』第六章の「実在しない魔女の社会」には、彼の主張が明確に表われている。

だが先に述べたように、魔女にされた人々には二種類あったことを勘案すれば、両者の見解はともに否定することができない。魔女の起源も二つあり、しかも時にはその中間形態と見られるものもあった。一例をあげよう。一五世紀のドイツのシュヴァーベン地方で、ニーダーハイムという村のはずれに住むベルテ・クサンドラーという寡婦が魔女の疑いで告訴された。夫と子供たちを戦争で失った彼女は、牛、二、三羽の鶏、そして黒猫とともに孤独な生活を送っていた。彼女の話相手はこれらの動物たちであり、また彼女は一人で森のなかを散策することが多かった。彼女を告発したのは、以前から彼女に対して強い敵意を抱いていた三人の村人だった。一人は、彼女は自分の牛から魔術を使って乳をしぼりとったと主張した。もう一人は、自分の妻が流産したのはクサンドラーがかけた魔術のせいだと言い張った。三人目は女性だった。彼女は、クサンドラーがヴァルプルギスの夜宴(サバト)において悪魔と卑猥な行為をしているところを目撃したと証言した。最初の二人の主張はむろん証明することができないし、また三人目の証言は明らかな虚言だった。そしてこれらの証言と拷問にもとづく自白によってクサンドラーは火刑に処せられることになった。火刑に処せられる前に、クサンドラーは三人目の証人の名前を獄舎で聞いて、彼女もサバトで悪魔と交わったと述べた。そのためこの女性も拷問にかけられ、他の多くの村人を自分の仲間だと供述した。こうしてこの村は一年の間に二四人もの女性を失ってしまった。この村のように、魔女狩りによって人口が激減してしまった村はヨーロッパ中に多々ある。(16)

クサンドラーは別に自然を崇拝する異教徒だったわけではない。しかし森を友とする彼女のような人、そして人付きあいの悪い人には「魔女」の疑いがかけられやすかった。同じく「魔女」にされやすかったのは「賢女」とも呼ばれた産婆だった。産婆もクサンドラーと同じように異教徒ではなかったが、しかし産婆は出産において身体という「自然」に関わり、自然の秘密についての特別な知識を有しているがゆえに胡散くさい存在と見なされたのだった。クサンドラーも産婆の多くも別にサバトに参加していたわけではない。しかし魔女狩りの嵐のなかでサバトに関する知識は村人たちのあいだに広まっていた。そしてクサンドラーも産婆も、この知識の色眼鏡を通して見られ、告訴されたのだった。

さて、この知識の中核をなすのはサバトを主宰する恐ろしい悪魔の存在である。悪魔の恐ろしさは、アウグスティヌスやスコラ神学以来の教義によって、教会での説教によって、さらには中世の宗教劇などによって、民衆の心理にとって否定しがたい存在論的な「事実」となっていた。

悪魔との契約

ヨーロッパでデモノロジー（悪魔学）という特殊な思想が発展をとげた背景には、「神との契約」というユダヤ教やキリスト教に固有の観念がある。たしかに神との契約があるからこそ、西欧の人々は強い罪意識を持つことも、またこの契約を介して他の多数の人々とのつながりを持つこともできた。西欧で高邁なヒューマニズムが発達したのは、そのためである。しかし「神との契約」があるならば、「悪魔との契約」もあるだろうと考える人たちがいても不思議ではない。アジアにはないデモノロジーが西欧で生まれたのはそのためである。そのデモノロジーにもとづいて説教師たちは説いた、神と契約した者はキリストと合体するが、悪魔と契約した者はサタンと合体する、後者は十字架を踏みにじり、悪魔の臀部に接吻し、子供を悪魔に捧げている、と。こうしてヨーロッパ独自の悪魔像が形成された。日本をはじめとする他の世界には見ることのできない独自な悪魔像が。日本で魔女狩りが生まれなかった理由の一つは、このように悪魔が契約の対象として客体化・存在論化されなかったことに求められよう。一方、ヨーロッパでは魔女狩りがエスカレートしていけばいくほど、悪魔は存在するという民衆の共同幻想はますますつのっていき、民衆は信じやすく、かつ怖れやすくなっていった。民衆と異端審問官が共有していた忌まわしい共同幻想。そしてクサンドラーはその哀れむべき犠牲者の一人だったのである。

後で詳述するが、「神との契約」と「悪魔との契約」という観念の淵源は、アウグスティヌスの言う「神の国」と「地上の国」(ないしは「悪魔の国」)に求められる。超越的な神を愛する人々の「神の国」は天上にあり、他方、超越的なものを認めない人々の国は地上にある。超越的なものと非超越的なものが存在することは疑いえないし、また倫理的目標を忘失し、物質的な富ばかりを追求する人物が道徳的に堕落していることは明らかである。しかしアウグスティヌスの教説の特徴は、そのような堕落した人物を悪魔と結びつけ、さらには非超越的な自然の崇拝を悪と断じた点にある。たしかに彼は教会が神の国とはかぎらないと言うことも、また世俗権力が悪魔の国とはかぎらないと言うことも忘れてはいない。しかし彼の教説は、自然を「地上の国」として軽視する危険、さらには「地上の国」を「悪魔の国」と見なす危険をはらんでいた。「地上の国」に対して激しい舌鋒を加えながら、彼は「神の国」と「地上の国」との闘いはこの世の終わりまで続くと言う。このような教説にしたがえば、「悪魔の国」に属すると考えられたものは、人間にしても動物にしても森にしてもすべて打倒され、「排除」されなければならないことになる。実際、魔女狩りの嵐のなかで、人々は自然のもつ負の側面(天災、飢饉、疾病など)を存在論化して悪魔の仕業と見なし、悪魔の手下と考えられた人物や動物(狼や黒猫)を宗教的正義感に燃えて抹殺しようとしたのだった。

「地上の国」を捨てて「神の国」へ。地上世界のこうした過小評価は、古代ヨーロッパにはないものだった。キリスト教伝来以前の古代ヨーロッパには、アジアにおけるのと同じような自然崇拝の風習、地上世界を神聖視する風習が存在していた。しかもそのような風習は、一六・一七世紀においても「都市」から遠く離れた辺境にはまだ残っていた。ギンズブルグによるベナンダンティの研究は、サバトがじつは古代的な農耕儀礼に由来するものであることを示している。しかしこうした素朴な自然崇拝は、異教の恐ろしさや悪魔の恐ろしさを説くスコラ神学によって、さらには都市化の波が地方へも及ぶことによって、悪魔崇拝へと貶められていった。拡張していく都市は、その行く手に立ちはだかるものを排除しようとするからだ。では排除されたものを調べることによって、歴史の裏面が明らかになりはしないだろうか。たしかに資料はきわめて限られている。しかしギンズブルグにならってサバトの前形態を調べることができれば、ヨーロッパのなかにキリスト教的伝統とは違ったヨーロッパの隠された「もう一つの伝統」、おそらくはアジア的な伝統があったことを明らかにすることが可能になるだろう。そして本書が目指しているものも、「魔女」の風習を通してヨーロッパの古層に迫ることにほかならない。

排除の論理

自然崇拝から自然の客体化や敵対視へ。大雑把に言えば、これがヨーロッパの歴史の歩みである。この歩みは徐々に進行し、そしてついに「近代」において一つの完成を見ることになる。この過程において魔女狩りが登場した。つまり魔女狩りの歴史は自然排除の歴史の一部をなしている。というのも「自然」とは、「外なる自然」(森、薬草、農耕儀礼)であるばかりではなく、「内なる自然」(身体、出産、性)でもあったが、魔女とされた人々はそのどちらか一方ないしはその双方と関係を有していたからである。実際、クサンドラーのように森のなかをひとりで散策することを好む女性、出産に携わる産婆、男性を性的に誘惑する魅力的な若い女性、それらの人々は次々と「魔女」に仕立てあげられていった。

こうしてヨーロッパでは自然とともに生きようとする思考が次第に失われていった。近代社会においては、自然を客体化せずに自然との共生を図る思考はしばしば「原始的な思考」とか「田舎の思考」と見なされている。しかし、われわれはこのような思考を再評価し、これをレヴィ＝ストロースの言葉を借りて「野生の思考」と名づけることにしよう。自然を愛するときにも、自然の恐ろしい怒りを鎮めようとするときにも、自然のもたらす穢れを浄めようとするときにも、そこには「野生の思考」が生き生きと働いている。そして少なくとも欧米化される以前の日本は、この「野生の思考」が高度の発展をとげた国だった。たとえば穢れを浄めようとする思考はたとえどの国においても見られるとしても、日本が育てあげた独特な清潔感は、他国ではとうてい体験できない洗練されたものになっている。

これに対して自然を客体化ないし敵対視する「都市の思考」は、アジアにも見られないことはないとはいえ、基本的にはヨーロッパに固有のイデオロギーだった。このイデオロギーは一つには魔女狩りを生み、もう一つには合理的な近代科学を生んだ。近代科学の誕生と魔女狩りの陰惨な歴史が深部においてひそかに手を結んでいることを見落としてはならない。自然科学上の華々しい成果が近代の正の側面であるとしたら、魔女狩りは近代の負の側面である。科学的な秩序の世界が確立され、自然が「客体化」されていくとともに、「魔女」は近代社会から「排除」されていった。魔女として排除された人々のなかには、あるいは「賢女」とも呼ばれた産婆が、あるいは「精神病者」がいた。魔女狩りの時代には精神病のさまざまな形態はあまり知られておらず、いわゆる精神病者や麻薬中毒者が「魔女」として一括され、処刑されることも多かった。[17]「精神病者」のなかには後述するシャーマンも含まれていたが、彼らの「妄想」が魔女の疑いを招きやすかったことは多くの裁判記録からも明らかである。そして魔女狩りが一七世紀後半に下火に向うと、「排除」の対象はこれら「精神病者」に集中した。M・フーコーは『狂気の歴史』のなかで、狂気が「精神病」のなかに閉じこめられるにいたったのは、啓蒙主義的な秩序を礼賛する古典主義時代においてであったこと、そして狂人と考えられた人々とともに閉じこめられ監禁されたのは、自堕落な放蕩者、性病患者、娼婦、神を冒瀆した者、自殺未遂者、無宗教者、不具者、魔術師、妖術師たち、要するに「非理性」の人たちであったことを明らかにしている。[18]後で詳述するように、古代において神憑《がか》り(シャーマニズム)として周囲から畏敬された人々は、ルネサンス期には「魔女」として火炙りになり、そしてさらに古典主義時代になると「精神病者」として監禁されるにいたった。非理性はどんな人間のうちにもある。ところが近代の「理性」主義は狂気を病気と見なし、理性と非理性を峻別し、「非理性」という人間の内なる自然を次々と排除していった。合理主義とはヨーロッパ固有の思想である。そしてヨーロッパ的なものだけが理性的で正統的であると考える人々は、非ヨーロッパ的なものの排除にますます積極的に乗りだしていった。それが、非ヨーロッパ世界の植民地化と併行しているのは、決して偶然ではない。ニーチェは、ヨーロッパ的科学の根柢には自然を支配しようとする欲望があると鋭く看破したが[19]、一九世紀の帝国主義はこの支配欲の新たな表現形態と見なされよう。そして二〇世紀になって登場したナチズムやスターリニズムの指導者たちは、「非理性的」で「不潔」で「非正統的」であると彼らが考えるものを「強制収容所」のうちに閉じこめ、惨殺した。「ナチの政治審問官がユダヤ人、知識人、マルキストに差別をつけなかったように、中世およびルネサンスの宗教審問官はユダヤ人、魔女、異端者の区別を認めなかった[20]」というP・ヒューズの指摘は正鵠を得ているだろう。魔女狩り、精神病者の隔離、帝国主義、強制収容所といったものは、悪の存在論化と「排除の論理」に貫かれた近代合理主義の首尾一貫した自己主張にほかならないのである。

第八章で詳述するように、『ファウスト』第一部において西欧の魔女狩りを激しく批判したゲーテは、『色彩論の歴史』のなかで、種々の機械や器具を発明したR・ベーコンが魔術師の疑いで告訴されたことについてこう記している。

ベーコンに魔術師の罪が帰せられたのは、当時としては当然のことだった。しかしこうした性急な誤りを犯すのは彼の時代ばかりではない。深くして未知なるもの、根拠が明確で、首尾一貫した永遠なるものである自然の力。そのような自然の力を〔ベーコンは〕自分の意志と恣意に従わしめ、〔必然的にではなく〕偶然的に呼び出している。そう考えた彼の時代は、彼の仕事を神と自然に反する魔術と見なしたのだった。

こうした点で人間をののしるわけにも嘆くわけにもいかない。というのも人類が存続しているかぎり、人間はこの種の迷信から免れることはできないからだ。この種の迷信は形をかえて何度も登場する。人間は結果しか見ない。きわめて間近にある原因にすら人間は気がつかない。ほんの少数の、洞察力の深い、経験をつんだ、注意深い人々だけが、結果の生まれてきた原因をどうにか認めうるのである。[21]

昔から人々は、異常な出来事に出会うと、それを悪魔のせいにしてきた。そのことにゲーテは注目し、「この種の迷信は形をかえて何度も登場する」だろうと言う。魔女狩りもそうだ。一四世紀から一八世紀にかけてヨーロッパの人々は、魔女が「神と自然に反する魔術」を行なうと考え、その背後に悪魔がいると信じた。それはたしかに大きな誤りだった。しかし魔女狩りが終息してからも、この種の誤りは形をかえて繰り返されるにちがいない。実際、歴史は「神と自然に反する」ことを行なっていると見なした人々に、「ハンセン病患者、精神病者、ユダヤ人、イスラム教徒」などの烙印を捺して、彼らを「排除」しつづけてきたが、このような愚行は今日でも世界各地で繰り返されているのだ。

もとよりアジアもその例外ではない。「排除の論理」が西欧ばかりにではなく、アジアにもあることは歴史的に明らかだ。しかし、アジアにおいては西欧ほど悲惨な魔女狩りや強制収容所は生まれなかった。西欧に固有のデモノロジーのないアジアでは、「悪」に対してそれほど強い恐怖心をもつことがなかった。しかもアジアの都市は西欧の都市とは大きく異なっている。アジアにも「都市の思考」がないわけではない。しかし西欧のような整然とした都市がなく、何もかも雑然としているアジアでは、「野生の思考」は「都市の思考」と、そして前近代は近代といまだに同居している。いや、アジア人の精神の骨格をなしているのはいまだに「野生の思考」であり、「都市の思考」は、アジア人が「近代化」の時代に一時的に身にまとった衣裳にすぎないのではないか、とすら思わずにはいられない。

あくまでも魔女の味方、民衆の味方でありつづけようとしたミシュレは、都市がしばしば排他的で不当なものになることを見逃さなかった。彼は、すべての民衆を受け容れてくれる都市、自然と調和した都市を夢みた。「人間と自然とが、長い絶縁のあとでしあわせな和解を成立させてくれるように。すべての傲慢が終わり、保護者としての〈都市〉が神の胸のごとく広いものとなり、天から奈落の底までおおってくれるように！[22]」。しかし、そんなユートピアが実現しないことを彼もすでにうすうす感じていた。彼は言っている。「もしも都市から今だ排斥される誰かがいるとしたら、つまり都市の法によってかばってやれない誰かが背後に残されているとしたら、私は中へ入らず、〔都市の入口である〕城門の所に留まるであろう[23]」と。

アジアの都市は西欧の都市ほど排他的ではないという意味では、ミシュレの夢に近いと思う人もいるだろう。しかし、すべてが雑居しているがゆえにあまりにも乱雑なアジアの都市を、果たしてミシュレは受け容れることができたであろうか。彼が夢見ていたのは、もっと整然とした美しい都市だったのではなかろうか。

ミシュレは、より包容力のある都市を作るには、「都市」を拡張したらいいと考えた。実際、都市を拡張することによって、都市のなかに市民の散策の場所としての自然を包みこむことが可能になった。だが同時に都市を拡張することによって、近代的な「国家」もまた作られていった。そして忘れてはならないが、魔女狩りの猖獗は、内戦の終結や近代的な国家の確立とほぼ時期を同じくしているのだ。(24) 都市の有していた「排除の論理」は、近代的な国家においてさらに大規模に発揮されるにいたった。したがって魔女を歴史的・批判的に考察しようとすれば、どうしても近代そのものの内包する悪弊を直視せざるをえない。魔女狩りについて書くことは、近代を批判的に再検討することなのである。

近代と前近代

本書では、日本の魔女(山姥や鬼女)についてもかなりの頁数を費やしている。前近代的なものが数多く残っている日本を引き合いに出すことによって、日本と西欧との根源的な同一性と根本的な差異が明らかになると思われるからである。ヨーロッパの「魔女」と日本の「山姥」は明らかにどこかで通底している。そのことで思い出されるのは、花田清輝の「柳田国男について」という小論だ。柳田国男の史学よりもその民俗学に惹かれた花田清輝は、「柳田国男のいうように、日本がフォークロアの実験室の観があるということは、むろん、アジア的停滞性のあらわれ以外のなにものでもないとはいえ、そこにまた、日本の前衛芸術家にとっては千載一遇の好機会があるのであり、かれらは、われわれの周囲にいまだにゆたかに存在している前近代的な芸術と近代芸術とを対立物としてとらえ、両者の闘争を止揚することによって、そこからまったくあたらしい、国際的水準をこえた超近代的な芸術を創造することができる(25)」と説いた。たしかに「アジア的停滞性」によって、日本のフォークロアの世界にはヨーロッパ的魔女にも似た形象が残された。しかし今日のわれわれが「近代の超克」を目指すとき、この「前近代的」な形象をもとにして近代を批判し、それによって「超近代《ポストモダン》」を生み出すことも可能なのではなかろうか。花田には別に魔女論があるわけではないが、しかし彼は前近代的なものを媒介にして近代を超える方途を指し示してくれた。そしてその方途は、魔女という「前近代」を抑圧し排除した西欧近代の隠された正体をも明らかにしてくれるのではなかろうか。

魔女狩りを通してわれわれは、ヨーロッパにおける「近代」と「前近代」の角逐の具体的なすがたを知ることができる。近代ヨーロッパの歴史は、魔女を狩り、自然を征服し、ヨーロッパにかつて存在していた「前近代的」な「もう一つの伝統」を排除し追放する歴史だった。そう捉えるとき、魔女狩りの歴史をたどりつつ、ヨーロッパの「もう一つの伝統」を探ることができるであろう。そしてそのような試みは、近代科学とは違った「もう一つの知」を求める試みと明らかにパラレルな関係にある。レヴィ゠ストロースが「野生の思考」と名づけたものは、西欧の近代科学とは截然と異なる「未開人」固有の知的方法だった。そして「魔女」の習俗の研究を通してわれわれは、原初のヨーロッパに存在していたにちがいない「野生の思考」を探りあて、自然を敵対視しない知、自然とともに生きる知を、近代を乗りこえるために今一度救いだすことはできないだろうか。

筆者は前著『形態と象徴――ゲーテと〈緑の自然科学〉』(26)において、ゲーテ自然科学を手がかりに近代科学の批判的検討を目指したが、本書はその続編をなすものとして構想された。筆者が本書のテーマに取り組んでから、すでに十数年が経つ。このテーマを与えてくれたのも、前著と同じゲーテだった。ゲーテは本来、「魔女」の疑いでグレートヒェンを斬首刑に処した近代西欧社会に対する批判をこめて『ファウスト」第一部を書こうとした。しかし当時の社会の強い反撥を恐れて、彼は『ファウスト』第一部のなかで、時代批判的な色彩を弱めないわけにはいかなかった。

『ファウスト』第一部断片が一七九〇年に発表されてから二〇〇年以上経った今日、ヨーロッパでは次から次に魔女研究の書物が発表されつつある。それらの書物の著者を内的に駆り立てているものは、明らかにヨーロッパ近代というものを今一度見なおしてみなければいけないという切迫した衝迫なのだ。

筆者は学生時代、ヨーロッパ文化に対する強い憧れからドイツ文化やドイツ思想の研究を始めた。しかし研究を進めていくうちに、憧れていた「美しきヨーロッパ」とは違った別の「暗いヨーロッパ」が見えてきた。そしてそのようなヨーロッパをも知らなければ、ヨーロッパの全体像を摑むことはできないであろう。

たしかに魔女狩りは、ヨーロッパの歴史の暗黒の恥部をなしている。魔女狩りによって一六・一七世紀のヨーロッパは、それまではまだかろうじて残っていたヨーロッパの前近代的な「もう一つの伝統」を、「野生の思考」の伝統を、つまりはギンズブルグの言う「闇の歴史」をほぼ完全に根絶してしまった。しかし、それだけに魔女狩りによって拭い去られたものを探ることは、「失われたヨーロッパ」を知ることであり、ひいては「これからのヨーロッパ」を予知する一助にもなるにちがいない。

第一章　魔女と鬼女

美しい魔女と醜い魔女

ゴーゴリに「ヴィイ」という短篇小説がある。夏休みになって、キエフの神学校の三人の学生が帰省先に向って街道を歩いていく。やがて食糧がなくなった三人は、食物を分けてくれる村を求めて街道から脇道へそれていった。しかしどこまで行っても村は見つからず、いつしか夜になってしまった。野宿でもしようかと思っていたところ、突然、農家を見つけた。農家からは老婆が出てきた。老婆は三人を泊めることを承知したが、しかし三人別々の場所でという条件つきだった。

哲学科の学生ホマが泊めてもらったのは、家畜小屋だった。ホマが一眠りしようとして横になると、さっきの老婆が入ってきた。老婆は異様に輝く目をし、欲情に燃えた目つきでホマに向ってにじりより、彼をつかまえようとする。ホマは老婆を突きとばそうとするが、なぜか金縛りにあって手足が動かない。無抵抗状態になったホマの上に馬乗りになった老婆が箒で彼の脇腹を打つと、彼の脚は馬のように走りだす。ふと気がつくと、彼は老婆を背中に乗せたまま空高く飛んでいる。「そうか、こいつは魔女なのか」とホマはようやく老婆の正体を知る。

眼下には森や野や谷がまどろんでいる。空を飛びながら、彼はいつしか甘美な感情に捉われるのを覚えた。もう一度、下を見ると、そこは海で、海底の大きな葉かげから裸体の水の精が泳ぎ出てきて、美しい声で歌をうたいながら、その艶かしい肢体を見せつけるのだった。彼は夢か現《うつつ》か分からないような陶酔を覚える。一説では、ホマはこのとき性的オルガスムスに到達したのだ。(1)オルガスムスが去ると、彼は理性を取り戻し、神学校の学生として知っているかぎりの祈禱や魔よけの呪文を唱える。すると自分の肩を押さえていた老婆の力は次第に弱ってきて、いつしか足は草地に触れるようになってきた。異様な海底の景色も見えなくなった。「しめた」と思ったホマは背中に乗っていた老婆をふりおとし、そばに落ちていた棒きれで力まかせに殴った。すると老婆はくずおれるようにしてその場に倒れた。

ホマが立ち上がって、老婆の顔をのぞきこむと、驚いたことに、足もとに倒れているのは醜悪な老婆ではなく、豊かな髪をふり乱し、両腕の白い肌をあらわにして苦しそうにうめいている絶世の美女だった。

キエフの町へ帰って数日後、ホマは学長に呼ばれた。キエフから五〇キロほど離れたところに住むコサック中尉の愛娘が散歩中に大怪我を負って死んだが、今わの際に、自分が死んだらキエフの神学校のホマという学生に三日のあいだ回向をしてもらいたい、と言ったという。ホマは断ったが、無理矢理に馬車に乗せられ、中尉の館へ連れていかれた。案内されて死んだ娘を見ると、それは彼が殴りつけたあのヴィーナスのように美しい魔女だった。彼女の顔には死人の影は少しも見つからず、まるで生きているかのようで、しかも目をつぶったまま、ホマをじっと凝視しているのだった。

ゴーゴリの「ヴィイ」においては、魔女の古典的な二つの「かたち」が描かれていることが注目される。魔女は、醜い老婆か若い絶世の美女である。時には、「ヴィイ」におけるように両者を同一の人物が兼ね備えていることもある。典型的なのは、グリム童話の「白雪姫」である。白雪姫の継母は絶世の美人であると同時に、白雪姫を殺害に行くときには「醜い老婆」に姿を変え、白雪姫に毒りんごを食べさせる。「白雪姫」の面白さは、悪い継母がじつは絶世の美女であるという点にある。絶世の美女の耳元にそっとささやきかけてくるのは、悪魔である。「白雪姫」では悪魔は鏡となって登場する。日本ではよく知られていないが、ヨーロッパのキリスト教社会では「鏡に見入る」ことは罪悪の一つである。鏡のなかで自分の美しさに見とれているとき、人は神のことを忘れているからだ。昔のヨーロッパ人は、鏡に見入ると、鏡のなかから悪魔が話しかけてくると信じていた。「白雪姫」でも鏡は継母に向って言う。「妃よ、あなたが一番美しい。でも白雪姫はもっと美しい」。こうして継母は白雪姫に対して嫉妬を覚える。「嫉妬」もまたキリスト教では罪悪の一つだ。そしてさらに継母はもっと恐ろしい罪悪、すなわち「殺人」を犯そうとするのであり、彼女は悪魔にすでに完全に魂を売りわたしてしまっているのだ。

さて、共同幻想としての「魔女」は二重の意味で誘惑者である。

(1) 魔女は男を性的に誘惑する。この場合の魔女は若い美女であることが多い。

(2) 魔女は死者もしくは死者に近い存在であり、夜になると甦り、男を死の世界へ連れていこうとする。こうした魔女は老婆として表象されることが多い。

誘惑者としての「魔女」のもつ老若二つの「かたち」は、「ヴィイ」や「白雪姫」に見られるように時として一体をなすが、これは日本の山姥の場合も同様である。山姥は通例は老婆であるが、新潟県柏崎市の昔話では、魔法のマゴの手で身体をなでると美女になれるし、また「姥皮」の昔話では、魔法の皮をかぶると老婆に変身できることになっている。(2) 魔女は「美」と「醜」の二面性を有しているのだ。しかし、本章では両者をとりあえず区別し、まず本章において主として「醜い老婆」を、そして第六章において「若い美女」を取りあげることにしよう。

醜い年老いた魔女としては、グリム童話「ヘンゼルとグレーテル」に登場する魔女がよく知られている。ヘンゼルとグレーテルの両親は食べるものがなくなったため、仕方なく二人を森のなかに捨てる。森のなかで二人が出会ったのは、もしかしたら親切な老婆だったのかもしれない。しかし二人は、森のなかには恐ろしい魔女が住んでいるという村人の共同幻想をこの老婆に投影する。老婆は自分たちを殺して食べようとしているのだ、と。そこでグレーテルは、この親切な老婆をパン焼き窯のなかに突き落として殺し、二人は彼女の家にあったいくばくかの貯えをもって村に帰る。二人の話を聞いた村人たちは、やはり森のなかには魔女が住んでいる、と彼らの共同幻想を強めるのである。

昔話において魔女はしばしば「人食い」である。「白雪姫」においても継母は、狩人が白雪姫のものと偽って差し出した肺と肝臓を嬉々として食べる。「人食い魔女」については次章で詳述するが、ヨーロッパにはさらに重要なもう一つの共同幻想があった。昔話はそれを今日のわれわれに教えてくれるだろう。R・ダーントンは『猫の大虐殺』で書いている。「一九世紀後半から二〇世紀初頭に収集された厖大な民話は、今では跡形もなく姿を消してしまった文盲の一般庶民と接触するための、きわめて貴重な機会を提供してくれている(3)」と。そして昔話のなかに描かれている魔女の「かたち」をプロップの『昔話の形態学』にならって形態学的に分析すれば、死の世界に関する古代ヨーロッパ人の共同幻想、今日では忘れさられてしまった共同幻想が浮かびあがってくるにちがいない。古代の人々にとっては、生と死の世界のあいだは通行可能だったし、死の世界へ旅することは、彼らの風習や文化の基盤をなしていた。「死」を抜きにして古代の人々の思考を理解することはできない。そして後に「魔女」とされるようになった人々の多くは、じつは死の世界へ旅する任務を負った人々であった。こうした人々は、死に対して眼をふさぎはじめた後世の「文明人」にとってはまことに薄気味の悪い存在だった。昔話のなかには、他界への案内人（魔女）に対する後世の人々の恐怖が反映されている。したがって昔話を検討することによって、魔女の起源、古代社会の人々にとっての死の意味が明らかになるであろう。と同時に、近代人の思考とは違った古代ヨーロッパの「野生の思考」が明るみに出されるにちがいない。

魔女の古典的なかたち

よく誤解されているが、「ヘンゼルとグレーテル」は別にドイツに固有の昔話ではない。同様の昔話はヨーロッパ大陸全体に流布している。ある兄妹が森の中で魔女か人食い鬼に出会う。しかし二人は策略を用いて魔女や人食い鬼をパン焼き窯のなかに突き落としてしまう。こういう昔話はヨーロッパ各国にある。しかも「ヘンゼルとグレーテル」という題名はグリム兄弟が名づけたものだった。グリム兄弟の「ヘンゼルとグレーテル」にはいくつかの版があるが、その最初の手稿にはヘンゼルとグレーテルの名前は登場せず、単に「兄と妹」となっている。これにヘンゼルとグレーテルという名前を与えたのは、グリム兄弟のすぐれた文学的才能だった。ヘンゼル（ハンスの愛称）とグレーテル（マルガレーテの愛称）は太郎と花子のようにドイツで最も代表的な名前であり、これは「兄と妹」というのとほとんど変りがないが、名前が与えられることによって、この昔話ははるかに親しみやすいものになった。（ドイツのホルシュタイン地方の昔話ではペーターとレンヒェンという名前になっているが、それよりもヘンゼルとグレーテルという方がはるかに響きがよい。）つまり「ヘンゼルとグレーテル」に描かれている共同幻想は本来はヨーロッパ全体に共通の共同幻想だったのだが、この標題によってドイツ固有の共同幻想であるかのように信じられるにいたったのである。

グリム以降の時代になってからも、ベッヒシュタインを始めとする何人かのドイツ人が昔話をもとにしてそれぞれ自分の「ヘンゼルとグレーテル」を書いている。しかし、これらの「ヘンゼルとグレーテル」の細部は微妙に異なっている。グリム版の「ヘンゼルとグレーテル」はヘッセン州に伝わる昔話、ベッヒシュタイン版はシュヴァーベン地方に伝わる昔話に依拠している。ここではこの二つにもとづいて、民衆が想像していた魔女の「かたち」を確認しておこう。今日ではよく知られているように、グリムもベッヒシュタインも、彼らの聞いた話にかなり創作の手を入れているが、その創作の部分も当時の民間伝承をかなり踏まえている以上、半ば彼らの創作になる「ヘンゼルとグレーテル」も、ここでは一応は「昔話」であると考えることにする。まずグリム版では、魔女は次のように描写されている。この部分の後半は、決定稿において初めて書かれたものであるが、これは民話の素朴な形こそ損なってはいるものの、グリム兄弟が魔女についての当時の迷信にいかに通じていたかを示している。

するど突然、家のドアがあいて、ひどく歳をとったおばあさんが、撞木杖にすがってのそ

絵本『ヘンゼルとグレーテル』より.
S. O. セーレンセン画

のそと出てきました。……魔女というものは、赤い目をしています。そして、遠くが見えないのですが、動物と同じように鼻がよく利くので、人間が近よってくるのを嗅ぎつけるのです。

一方、ベッヒシュタイン版では次のようになっている。

すると家のドアが開いて、ひどく歳をとり、背中がまがり、目がくぼんだ、とても醜いおばあさんが出てきました。おばあさんの顔も額もしわだらけで、顔のまんなかには大きな、大きな鼻がありました。おばあさんは緑色の目をしていました。

両者に共通して認められる魔女の「かたち」は次のようなものである。

一、魔女はおそろしく歳をとり、痩せこけた醜い老婆である。民衆の想像力のなかで、老婆は新しい生命に対する敵であり、若者の生命を吸いとると考えられていた。魔女は次々と子供を食べることによって長寿を保ったり、若返ったりすることができるという俗信も、魔女は男にはインポテンツを、女には不妊症を惹き起こすという俗信も、魔女は作物を実らせなくするという俗信も、そのルーツは一つである。魔女の異常な高齢、ほとんど骨と皮ばかりの痩せこけた姿は、彼女が死者に近いことを感じさせる。そして言うまでもなく死は生の反対物なのである。

二、「ヴィイ」の魔女もそうだが、魔女は邪視で、その目は異様に輝いている。ベッヒシュタイン版では緑となっているが、一般には赤い燃えるような目、くぼんだ目、刺すように邪悪なまなざしをしている。魔女は濃い眉や両側のつながっている眉を有していることが多いが、これも邪視の一種と考えられる。[4] ちなみにショーロホフの『静かなるドン』の冒頭に描かれた「魔女」も「悪魔が刺すような眼つき」をしているが、これも魔女の古典的なイメージにもとづいている。

邪視を魔女と結びつける考えは、魔女狩りの時代よりもはるか以前にさかのぼる。トマス・アクィナス（一二二五頃—七四）はすでに『神学大全』において、邪視が魔女の印であると述べている。「魂が、（これは特に魔女 vetula たちの場合にそうであるが、）激越に邪悪 malitia にまで動かされる場合には、いまいうごとき仕方によって、有毒有害なそのまなざしが生じるのであって、それの害は、かよわいそして影響を受けやすい身体を有している子供たちに最も顕著に及ぶのである——。のみならず、神の許容に基づき、乃至はまた何らかの隠密の協定に基づいて悪霊たちの悪意がこれに協力しているといったこともありうる。占いの魔女たちはこれらの悪霊たちとの間に何らかの盟約を保っているのだからである[5]」。たしかにC・E・ホプキンが述べているように[6]、トマスの言う「魔女」は後の魔女狩りの時代における魔女のイメージにあまり似てはいない。しかし「天使のような博士」として崇められ、ドミニコ会の精神的な支えであったトマス・アクィナスが魔女や悪霊(悪魔)について実在論の立場に立ったことは、その後の魔女狩りの歴史に大きな役割を果たすことになった。トマス・アクィナスとともに、「魔女」に関する迷信の歴史に新しい一章が始まったと主張する人は多い[7]。むろんトマスが魔女狩りを始めたわけではない。しかし「天使のような博士」の思想に依拠しながら、後にドミニコ会士はフランシスコ会士とともに異端審問や魔女裁判に異常な執念を燃やすにいたったのである。

トマスは、魔女が有毒有害なまなざしをしているのは悪霊と盟約を結んでいるからだと考えた。しかし魔女の異様な目つきには、以下に述べるような、もっと別の歴史的・神話的背景があると考えられる。

(1) グリム版では「遠くが見えない」とあるように、魔女はヘンゼルが突きだした小さな骨がヘンゼルの指であるかどうかも目がかすんでいて分からない。一説では、目が赤いのも眼球がないからで、魔女はじつは盲目である。歴史的に見ると、巫女は盲目の女性にとって可能な数少ない職業だったし、巫女が魔女にされた可能性はきわめて高い。しかも神話の世界で盲目はしばしば死者の印だった。だとすると、死者である魔女に生者が見えないのは当然のこととは言えまいか。ゴーゴリの「ヴィイ」で魔女や妖怪たちにホマの姿が見えなかったのも、そのためではなかったか。

(2) 魔女は、太古の昔にヨーロッパの人々が信仰していた女神に由来するとも言われる[8]。ギリシア神話に出てくるゴルゴン（海に住む醜怪な怪物）やアルテミス（狩猟神。時に冥界の女神へカテと同一視された）もそうした女神の一人であるが、ゴルゴンの恐ろしい目をのぞき見た者は石になると言われていたし、アルテミスの視線に触れた果実は枯れてしまうと信じられていた。ゴーゴリの「ヴィイ」では、ホマは最後にヴィイという怪物によって殺されてしまうのだが、この怪物の両眼の瞼は地面に着くほど垂れている。ヴィイという名前はゴーゴリの創作だったが、スラブ圏の民話にはヴィイによく似た怪物が登場する。それらの民話では、怪物の眼差はメドゥーサ（ゴルゴンの女神の一人）の眼のように見た者を石に変える力をもつため、無闇に人を殺さないように、瞼が深く垂れているというのだ[9]。

(3) 神話や伝承では、ゴルゴンやアルテミスやヴィイは人に突然の死をもたらすと伝えられる。だとすると、彼らは死神、ないしは死の国からの来訪者であると考えられる。死神の視線に触れた者は当然のことながら死の運命を甘受せざるをえない。ならば、邪視の魔女のイメージは、神話や民間伝承における死神のイメージに由来するとは言えないだろうか。「魔女」

老魔女と頭上の悪魔．1512 年

の鋭い刺すような目は、死者の恐ろしい目に由来するのかもしれない。

三、魔女が撞木杖を持ち、「のそのそと」歩くのも、目が見えないためなのかもしれない。しかもこの杖は魔法の杖で、ヘンゼルとグレーテルが逃げようとしても、この杖をもって呪文を唱えれば、二人を金縛りにしてしまうことができる。魔女が空を飛ぶときに使う箒も、この杖の変形であろう。

四、ベッヒシュタイン版では魔女の背中は曲がっている。背中ばかりではなく、一般に魔女は指も曲がっていると考えられていた。魔女の世界ではすべてが倒錯し曲がっているのだ。魔女を描いた絵は多いが、それらの絵の多くで魔女は前掛けをし、他人が来ると曲がった指をそのなかに突っこんで、魔女の徴を隠している。

五、魔女の肉体的特徴は一般に誇張され、何らかの動物を彷彿させるものになっている。グリム版では魔女はよく利く鼻、ベッヒシュタイン版では大きな鼻を持っている。さらに魔女の鼻は、顎まで届くほど大きく曲がっているとも言われる。

「ヘンゼルとグレーテル」に描かれた如上の「魔女のかたち」は、アーサー・ラッカムの描いた『グリム童話集』の有名な挿し絵に見ることができる（四四頁図）。ではここでもう一つ、ベッヒシュタインの「魔女と王子たち」に描かれた魔女の「かたち」を見てみよう。

森の奥深いところに、一人の年とった性悪の魔女がその娘と二人きりで住んでいた。……この老婆の顔はことのほか顎がとがり、目は刺すようで、とても醜かった。この老婆と出会った者はだれでも「さわらぬ神にたたりなし」と思い、彼女を避けるものだった。老婆はいつでも緑色の眼鏡をかけ、頭部から長く垂れたもじゃもじゃの髪を隠すかのように赤い頭巾をかぶっていた。老婆は袖の短い服を着て出歩くのが好きだったので、やせこけて日焼けした腕がだぶだぶの服から大きくはみ出していた（四五頁図）。

ここには「ヘンゼルとグレーテル」には記されていなかった魔女のその他の「かたち」が示されている。

『グリム童話集』1900 年版より．A. ラッカム画

六、魔女はもじゃもじゃに乱れた髪をしている。魔女を描いた絵の多くでは、魔女は長髪を結うことも梳くこともなく、乱れた髪を風になびかせている。それは社会の規範から逸脱している徴、放縦と淫蕩の徴だった。「ヴィイ」でも、ホマによって殴られた若き魔女は豊かな髪をふり乱していた。一説には魔女の多くが頭巾をかぶっているのは、ふり乱した髪を隠すためだった。一方、白雪姫を助けた七人の小人や、シャーウッドの森に住むロビン・フッドも頭巾をかぶっていることを思えば、頭巾は森の住民の徴だとも考えられる。むろん魔女は森の住民の一人だった。

七、魔女が赤く鋭い目をしていることは前述したが、その目を隠すべく、魔女はしばしば眼鏡

ベッヒシュタイン「魔女と王子たち」より．L. リヒター画

をかけている。

八、魔女の顎はとがっている。これは、魔女の攻撃的な性格を示すためにつくられたイメージである。

「ヘンゼルとグレーテル」や「魔女と王子たち」に記されていない魔女の「かたち」もある。それらをさらに列挙しておこう。

九、魔女は男のように口ひげをはやし、男のような話し方をする。

一〇、魔女は笑うことも泣くこともない。魔女には生きた人間の感情が欠けている。

一一、魔女は跛行して歩く。（魔女ばかりではない。ゲーテの『ファウスト』をはじめとして、悪魔はしばしば跛行である。）後述するように、跛行は死者の国へ行ったことのある徴である。死者の国へ旅することができるのは巫女の特徴であるが、「魔女が跛行する」ということは、古代ヨーロッパの巫女がやがて魔女と見なされるにいたったことを示している。巫女が怖れられたのは、彼女が死者の国の番人でもあったからだ。

一二、「魔女と王子たち」には、魔女に出会った者はかならず彼女を避けたとあるが、魔女の方が避けることもあった。その場合、魔女は右ではなく左に避けなければならなかった。というのもイエスが十字架にはりつけになったとき、二人の罪人もイエスの左右で同じ刑を受けていたが、左手の罪人は罪を悔いず、イエスを罵ったのに対し、右手の罪人は罪を深く悔いたからである。そのためイエスは右手の罪人を自分とともに天国へ連れていった。そこからキリスト教社会では、右(right)は正義(right)で、左は邪悪であると考えられるにいたった。最後の審判においても天国を許された人は右に行き、地獄に墜ちる人は左に行くとされている。そこから、「魔女は左に避ける」、「黒猫が右から左に道を横切ったら、その日はかならず悪いことが起きる」というような迷信がヨーロッパでは生まれた。後者の迷信は今日でも一般によく知られている。

一三、「ヘンゼルとグレーテル」でも「魔女と王子たち」でも、魔女は森のなかに住んでいる。今でこそドイツ人にとって森は散策の場だが、昔の森は多くの人々にとって恐ろしいところだった。道はほとんどなく、昼でもうす暗い森。その森のなかには盗賊や狼と並んで魔女がいると信じられていた。ところがそんな危険で恐ろしい森のなかを徘徊する人々がいた。彼らの職業は樵だったり薬草の収集者だったりしたが、そのような「森の住民」は、「町の住民」からすればいささか胡散くさい存在だった。序章で述べたように、その背景には森と都市の対立がある。その昔、ヨーロッパはほとんど全土が鬱蒼たる森に蔽われていた。その森を切り拓いたところに、ぽつん、ぽつんと町や村、あるいは耕作地があった。ヨーロッパ人の歴史はいわば森との闘いだった。そして森が都市の敵であったように、森を徘徊する人々、住所の定まらない人々は、「町の住民」から敵視されやすかったのである。

鬼女と山姥

「ヘンゼルとグレーテル」や「魔女と王子たち」に出てくるような魔女はじつは日本にもいる。しばしば鬼と呼ばれる。鬼には男も女もいるが、女であることが多い。江馬務は『日本妖怪変化史』[10]において、室町以前には男の妖怪(鬼)が多いのに対し、応仁の乱の後から女の妖怪が多くなり、男の妖怪の二倍半にも及ぶと指摘している。民話のなかでも狐女房、鶴女房、蛇女房、蛤女房など、男よりも異類女房の例が圧倒的に多い[11]。それは宮田登の言うように、「超自然的な霊が、日本の場合は女性にとくに憑きやすい[12]」からであろうか。それはともかく馬場あき子によれば、

〈女〉を〈鬼〉と呼んだのは、次の歌が最初である。(13)

みちのくの安達が原の黒塚に鬼こもれりと聞くはまことか

この歌は、平兼盛が源重之の妹たちの美貌の噂に心を動かされて贈ったものだが、この歌よりもやや遅れて書かれた『藤原基俊家集』においては、美貌の誉れ高い四条宮の筑前の君が鬼と呼ばれている。これらの姫たちは、ともに楚々たる美女である。そして美女であるがゆえに彼女らは男の心を奪う。そしてそれゆえに、これらの姫は「鬼」と呼ばれたのだった。それは、ゴーゴリの「ヴィイ」において魔女が絶世の美女であったことを思わせはしまいか。

しかし「ヴィイ」の魔女がうら若き美女であると同時に醜い老女であったように、日本の鬼もしばしば「醜」になる。たとえば『万葉集』では鬼は「しこ」(醜)と訓じられているし、『出雲国風土記』には一つ目鬼が登場する。「ヘンゼルとグレーテル」の魔女と同様、鬼は「異形のもの」なのである。

「鬼＝醜い老女」の話の典型は、「羅生門」の原型となった『今昔物語』のなかにある。「猟師の母鬼になりて子を喰はむと擬するものがたり」(巻二七第二二話)がそれである。猟師の兄弟が山のなかで獲物を待っていたところ、骨と皮ばかりの痩せ衰えた人の腕が伸びてきて、兄のもとどりをぐいと摑み、兄を食おうとする。鬼であると気がついた兄は弟を呼ぶ。弟は矢を放つと、鬼の手が手首から射切られていた。鬼の手をもって帰宅すると、家には手を失った老母がいて呻いている。切り取った手をよくよく調べてみると、まぎれもなく母親の手である。すると母親は「おのれらは」と言ってつかみかかってきた。兄と弟は「これは御手か」と言って、手を部屋のなかに投げ入れ、逃げ去った。この後、母親はまもなく死んだ。「これは、母が痛う老い耄《ぼ》れて、鬼になりて、子を食はむとて、付きて山に行きたりけるなりけり。されば、人の親の年痛う老いたるは、必ず鬼になりて、かく子をも食はむとするなりけり」。鬼と化した高齢の母は、子を食べることによって若返りを図ろうとしたのである。

この話に出てくる鬼は、山にいて、「骨と皮ばかりの痩せ衰えた」姿をしている。山女や山姥の典型的な姿である。同じく『塩尻』巻九二にある愛知県西春日井郡の話では、村人の妻が出産後、乱心して山中に入って山女となり、獣や虫を捕えて食べていたが、一八年後にふたたび家に戻ってきた。「その姿は裸形に近く、髪は赤く、眼玉は大きく骨だらけで物凄い[14]」。乱髪で眼つきの恐ろしいヨーロッパの魔女そっくりである。

『今昔物語』の「猟師の母鬼になりて子を喰はむと擬するものがたり」に似た伝説が、新潟県越後平野の西端にある弥彦山に伝わっている。「弥彦山麓に弥三郎という孝行息子がいた。母一人子一人であるが、母親は残忍な性格で人肉を好んで喰っていたため、村人は鬼婆として恐れて

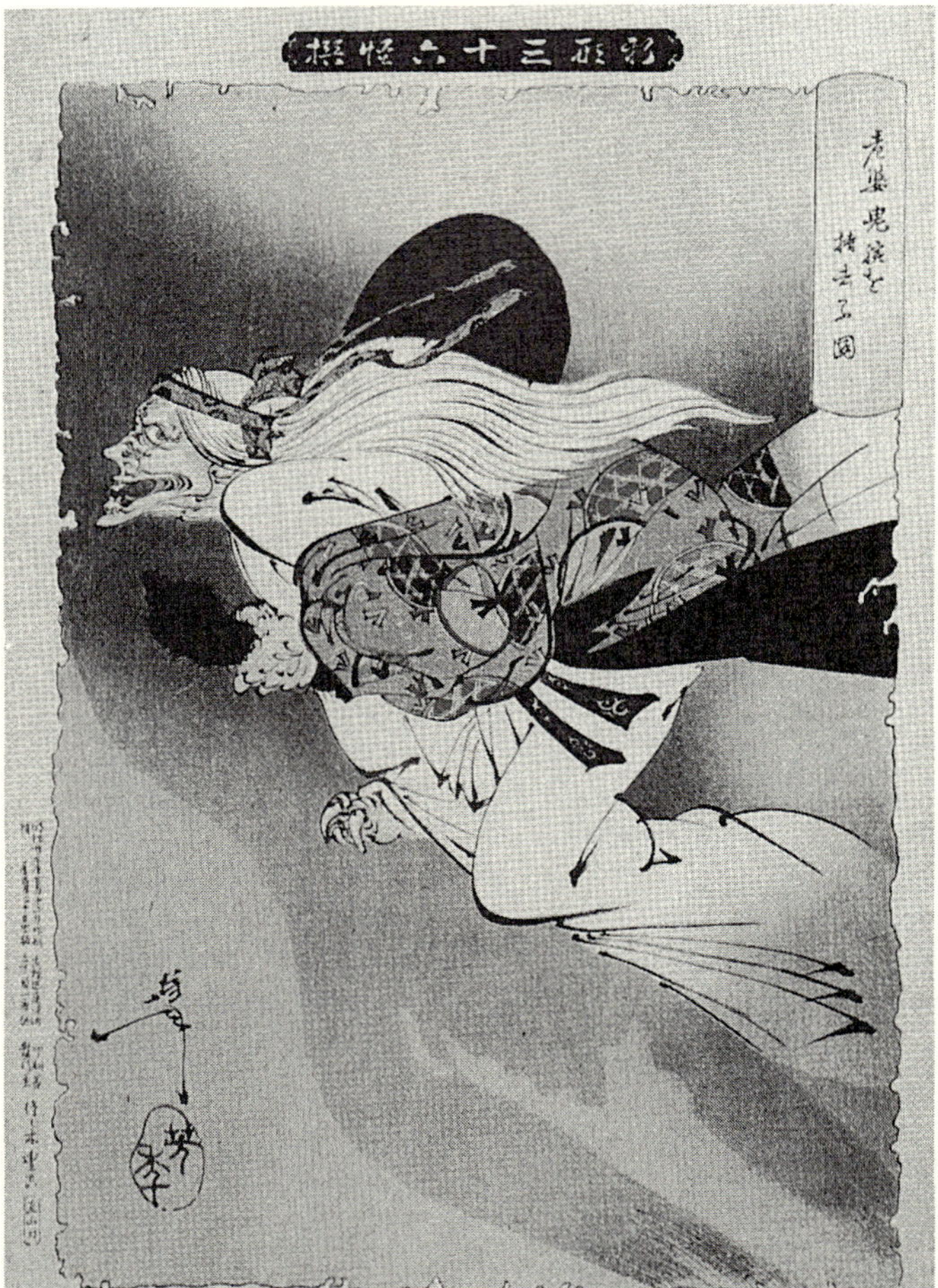

山姥の図．月岡芳年「新形三十六怪撰」より．明治 22-25 年

いた。母親は近くに葬式があると夜中に出かけ、墓地から死体を掘り出して食べるのであり、いつも葬式の出るのを喜んでいる有様だった。ある年の夕暮、弥三郎が家に帰る途中、突然怪物に襲われたので、とっさに持っていた鎌で怪物の手を切り落とした。弥三郎はこの腕をもって帰宅すると、母親は具合が悪いと臥していた。そして、その腕をみると、とたんに起き上がって、これは私の腕だと奪いとり、家の煙出しから飛び去り、弥彦山にこもってしまった(15)」。

この話はヨーロッパの魔女伝説を想起させる。猫に化けた魔女の前足を一人の農夫が切り落としてみたところ、その前足は自分の妻の手だったという伝説である。しかしそればかりではない。人食いといい、怪物への変身といい、また虚空に飛び去ることといい、日本の昔話とヨーロッパの魔女伝説との共通性は明らかではあるまいか。

謡曲「紅葉狩り」のもととなった長野県戸隠山の鬼女伝説では、源経基の寵愛を受けていた鬼女紅葉が経基の正室となるため、ヨーロッパの魔女と同じく魔術を使って正室の御台所を苦しめた。紅葉は正体を見破られ戸隠の荒倉山の岩屋に幽閉されたものの、荒倉山で山姥となって勢力を得、人肉を食い、人の生血をすするようになった。紅葉は食人鬼となったのである。鬼女の存在が知れわたると、この鬼女を討伐するために平維茂が遣わされる。維茂の軍は紅葉の妖術によって何度も打ち負かされるが、ある日、維茂は夢のなかで老僧から降魔の小剣を授けられ、この小剣を矢の根とした白羽の矢を紅葉めがけて射ると、矢は紅葉の肩に突きささった。すると紅葉は巨大な鬼となって空中に舞いあがり、維茂をにらみつけたが、そのとき天から金の光がさしこんできて、鬼女はついに力つき、地上に落下した。それを待ちうけていた維茂は、その首を切り落とした。紅葉の死体は焼かれ、祟りのないよう五輪の塔を建てて、祀られたという[16]。昔のヨーロッパでも、魔女がもたらした悪天候に向って司祭が祈りの文句を唱えると魔女が空から落ちてくるとも、また魔女は火あぶりにしないと蘇ってくるとも信じられていたが、「紅葉狩り」の話も、鬼女と戦うために神の力を借りることといい、鬼女の死体が焼かれることといい、魔女伝説にまつわるヨーロッパの俗信とよく似ている。

紅葉はもともとは絶世の美女であったが、後に本性を現わして恐ろしい鬼女となる。このモティーフは『平家物語』の「羅生門」の話にも見られる。渡辺綱を誘惑するのは老女ではなく、うら若き美女に扮した鬼である。渡辺綱が所用を終えて一条堀川にかかる戻橋を渡ると、橋の東の詰めに若くて美しい女が夜闇のなかにいる。女に乞われるままに、女を馬に乗せて送って都のはずれまで行くと、女は突如として形相をかえ、見るも恐ろしい鬼となって綱に襲いかかってくる。綱がその腕を切り落とすと、鬼は飛び去っていく。それからしばらくすると、綱の伯母であり養母でもある人がやってくる。綱が心許して鬼の腕を見せると、伯母は「これは吾が手なれば取るぞよ」と言って、腕をもって飛び去っていってしまう。

この話においても見逃してならないのは、鬼がうら若き美女であると同時に、老女であるとい

鬼女となった紅葉.「紅葉絵巻」より(部分)

う点だろう。「ヴィイ」の魔女と同様である。しかも『今昔物語』にあるように、この鬼は魔女と同じように人食いなのだ。では、いったい鬼女はなぜうら若き美女であると同時に醜い老女であり、また人食いなのであろうか。

『今昔物語』の母や「羅生門」の伯母はすでにあまりにも年老い、幽明の境も定まらぬ世界で山姥となっている。老女はすでに片足を幽界につっこんでいる。しかし老女はうら若い美女となって若返りたい。そのためには人を食い、あるいは人の血をすすって生気を得なければならないのだ。ヨーロッパの魔女や吸血鬼と同じように。

宮田登は『ヒメの民俗学』で鬼女を(1)山姥、(2)磯女、(3)雪女の三系統に分類しているが[17]、山姥も磯女もともに人の生血を吸うという共通点を有している。雪女は血を吸いこそしないが、出会った者から生気の暖かさを奪うという点では山姥や磯女と似ている。さらに宮田登は、山姥や磯女に出産の影がまとわりついていることに注意を喚起している。出産にともなう大量出血を補おうとして、山姥や磯女は通行人を襲ったというのだ[18]。

しかも産女は出産において幽界をさまよい、あの世からこの世に生命を甦らせる。生血は生まれてくる赤子のために必要なものなのかもしれない。『今昔物語』のなかには「頼光の郎等平季武産女にあふものがたり」(巻二七第四三話)という話がある。ここでは出産によって死んだ女の亡霊が鬼となって登場し、夜になって川を渡る者がいると、赤子を泣かせながら、この子を抱けと呼びかける。噂を聞いた平の季武が川を渡って、鬼の差し出す赤子を受け取り、馬を走らすと、鬼は「いでその子返し得しめよ」と哀怨にみちた声で呼びかける。「女の子産みとて死にたるが、霊になりたる、といふ人もありとなむ、語り伝へたるとや」とこの話は結ばれる。わが子を育てることのできなかった女の執念が鬼の形をとっているのである。

産女が鬼になるという伝承は他にも多数あり、宮田登は「産女という出産の途中で亡くなった女性の霊魂を人々が大変恐れていた[19]」と指摘している。出産において幽界をさまよい、他界から赤子をこの世に連れてくるはずの産女が死ぬということは、その霊があの世とこの世のどちらにも属さぬまま、さまよっているということだ。しかも女性はいわばあの世と交渉して、生命をこの世にもらってくる以上、女性には男性にはない霊力があると想像された。日本の鬼やヨーロッパの魔女の多くが女性である理由の一つは、この点にあると言えよう。

ちなみに「鬼」の字の解釈には、象形文字説(貝塚茂樹)と形声文字説(加藤常賢)の二つの説があるが、どちらの説によっても、鬼は招魂によって帰ってくる死者の魂にほかならない[20]。馬場あき子によると、鬼の出現する場所は山、橋、門などであるが、これらはいずれも都の外をなす場所、ないしは都とその外との境界をなす場所である。そして都の外はそのまま他界のイメージに連なっているのである。

「死者＝鬼」説を思わせる話としては、『今昔物語』に「人の妻死にて後もとの夫に会ふものがたり」(巻二七第二四話)がある。一人の侍が都で妻とたがいに愛しあって暮らしていた。ところが彼は東国に赴任するときにこの妻を捨て、別の女を妻にしてしまった。しかし遠国にいても捨てた妻のことが恋しく思われ、都に帰ってくると、さっそく前の妻の家を訪ねた。荒れ放題に荒れた家のなかに前の妻が一人ぽつねんと座っている。男は妻とともに近ごろの話をし、二人して抱き合って眠った。夜が明け、男が目を覚ましてみると、自分が抱いて寝ていた人は、「枯れ枯れとして骨と皮ばかりなる死人」だった。その亡骸にとどまっていた女の魂が、夫に会いたい、夫を見たいと思っていた多年の思いについに堪えきれず、夫と共寝したのだろう、と話は結ばれている。

この話では夫に捨てられ、いわば「追放」された妻が、捨てられた恨みを持ちつつも、夫に対する恋心忘れがたく、ついには鬼となったわけである。同様の話は謡曲の「鉄輪」にも、また三遊亭円朝の「怪談牡丹灯籠」にも認められる。女性ばかりではない。男性でも戦で命を落とした者の恨みがしばしば鬼となって姿を現わす。『日本書紀』では北方征伐の対象となった辺土異邦の人(アイヌやツングースか)が鬼と呼ばれている。彼らは他界の人とまではならなくとも、時の権力に反抗し否応なく流離落魄の身となった人、すなわち異人である。ヨーロッパにおいて都市から追放された者が魔女となったように、日本の鬼もまた「排除された者」なのである。

他界への旅

このように見てくると、ヨーロッパの民話のなかに登場する魔女は、日本の鬼女や山姥と深部においてつながっているのではないかと考えずにはいられなくなる。太古の昔、ヨーロッパ人も日本人も、たがいに似た精神や心情を有していたのではなかったか。たとえば彼らにとって他界はきわめて身近な世界だった。生の一歩先には他界があり、闇の世界があった。その闇の世界から異形のものどもが時折り姿を現わす。それら異形のものどもの発する魅惑と怖れ。そこから魔女伝説や鬼伝説が生まれた。

柳田国男は、「山姥」は「山の神」の零落した姿だという説を唱えた。山の神に対する古代人の信仰の堕落した形態が山姥だというのである。それに対して赤坂憲雄は、人間以上または人間以下の存在を「異人」として捉えている。人間以上の存在とは神の化身であり、人間以下の存在とは怪物や鬼である。(21) 同じく小松和彦も零落説を是正し、人々によって祀られている超自然的存在が「山の神」であり、祀られていない超自然的存在が「山姥」であると主張している。(22) 山が聖なるところと感じられているときには「山の神」が、山が恐ろしいところと感じられているときには「山姥」が姿を現わす。しかも小松の挙げる山姥の特徴は、魔女のそれに通じるところが多い。山姥ないし山女郎は

(1) 人があまり行かない山奥に棲んでいる。

(2) 髪を振り乱していたり、髪を梳いていたりしていることが多い。
(3) その薄気味悪い笑い声を聞くと病気になり、命をとられることさえある。(23)
また謡曲「山姥」に描かれた山姥は、「姿形は人なれども、髪には棘《おどろ》の雪を頂き、眼の光は星のごとく」恐ろしい。つまり姿は人だけれども、まるで茫々に生えた雑草に雪がかかったような白い乱髪をしていて、しかも眼光炯々としているというのだ。

ヨーロッパの魔女も、似た特徴を有していることを看過するわけにはいかない。
(1) 人があまり行かない森の奥に棲んでいる。
(2) 「魔女と王子たち」の魔女は髪を振り乱している。またセイレーンの近代的形象である美しき魔女ローレライは髪を梳いている。
(3) 「ヘンゼルとグレーテル」の魔女は薄気味悪く笑う。またローレライは美しい歌声で男を滅ぼす。
(4) 鋭く恐ろしい眼差しをしている。
すでに古代ギリシア・ローマ神話において、鬱蒼たる森は死者の国への入口であると考えられていた。(24) 魔女はその森の主であり、死者の国の番人もしくは道案内人にほかならない。そして同じく山姥が棲んでいる山は大昔の日本人にとって「他界」だった。他界としての山。それは里の

「外」を意味していると同時に、現世の外なる死の世界をも意味していた。だから「山の神」は人の死を喜ぶと信じられた。村に死人が出て「山の神」が機嫌がいいときに山に入ると、「山の神」は多くの獲物を差し出してくれるという。(25)この場合、注意すべきことは、古代人にとって他界は決してこの世から隔絶した超越的世界ではなかったということだ。古代人にとって此岸と彼岸は隣あって存在していた。「山の神」の差し出す獲物(動物)は、彼岸から此岸への贈り物にほかならない。人は死んだが、動物(もしくは別の人間)となって甦る。ここには、誕生→死→誕生という循環構造が認められる。古代の人々にとって、時間は近代人が考えているように直線的に流れるものではなく、円環をなすものだった。そしてこの思想、死を経てふたたび誕生するという思想が、古代社会において通過儀礼を育んだ。この儀礼を通して子供はひとたび死に、大人になって甦る。子供は大人になるために、死者の国への旅を行なわなければならなかったのである。

他界への旅という主題は、昔話においてしばしば取りあげられている。ギンズブルグは『闇の歴史』において、昔話「シンデレラ」にその顕著な一例を見いだしている。(26)「シンデレラ」の話はじつはユーラシア大陸全体に分布している。(日本の「米福粟福」や「紅皿欠皿」も「シンデレラ」物語の異文と見なされるし、南方熊楠は「西暦九世紀の支那書の載せたるシンダレラ物語」において、中国の「シンデレラ」物語がポルトガルに伝わるそれに酷似していることを指摘している。)むろん幾多の差異がある。シンデレラが王子の王宮へ行けるように贈り物をしてくれるのは、フランスのペロー版では妖精ということになっているが、しかし他の異文を調べると動物（牝牛、牝羊など）の方が多い。エリアーデが指摘しているように、古代の人々の眼に動物は特別な魔力を持ち、生命と大自然の神秘を知っているものと映っていたし[27]、動物を敵視するにいたった後世の人々とは違って、古代の人々にとって動物は人間にとって親しい存在だった。だからこそ動物がシンデレラを助けるという昔話も生まれたのである。だが、この動物はシンデレラを助けたために、継母によって殺される。死ぬ前に動物はシンデレラに自分の骨を委ね、それを集めて埋葬してくれるように頼む。するとその骨は魔法によって贈り物に変るか、あるいは別の異文ではその骨から死んだはずの動物が甦る。

ここでギンズブルグは、殺した動物を再生させるため、その骨を皮に詰める古代の神話や儀礼がヨーロッパの大部分、アジアの大部分、北アメリカ、アフリカに広がっていることに注目する。そこから彼は、殺された動物が骨から再生するという話こそ「シンデレラ」の一番古い版ではないかと想定する。ところが生き返った動物は跛行である。シンデレラがひずめの骨、ないしは後足の脛骨を集め忘れたからだ。

よく知られているように、王宮から帰るときにシンデレラは片方の靴を置き忘れてしまう。そのためシンデレラの歩行が不均衡になってしまったことにギンズブルグは注目する。生き返った動物の跛行とシンデレラの歩行の不均衡。これは明らかに同等の象徴的意味をもっている。つまり骨の欠落と靴の喪失は、他界に行ったことのある徴なのだ[28]。

さらにギンズブルグは、殺した動物の骨を集めて動物の再生をはかるという風習が、かつては地球上のほとんどすべての地方に見られたことから、古代の人々にとって、地平線上に顔を出す動物はすべて一度死んでから生き返ったものだったのではないか、動物はすべて死者の国からの訪問客だったのではないか、地平線の彼方は文字通りの彼岸だったのではないか、と推測している。つまり古代の人々にとって彼岸は、キリスト教における天国のように垂直的に上昇した天上にあるのではなく、水平的な彼方にあった。昔話の主人公はしばしば動物にまたがって遠い不思議な世界へと出かけるが、それは空の高処への飛翔ではなく、水平的な彼方への旅だったのであり、その彼方にこそ死者の世界があったのである。

通過儀礼と昔話

「ヘンゼルとグレーテル」には「靴の喪失」のモティーフはない。しかし「骨の欠落」のモティーフはある。ヘンゼルは魔女に小さな骨を差しだすのだ。そして動物にまたがりこそしないが、ヘンゼルとグレーテルは「雪のように白くて美しい小鳥」に導かれて不思議な世界へ行く。この不思議な国もやはり死者の国だったのではないだろうか。二人は両親によって死者の国の入口である森のなかに捨てられ、死線をさまよった。すると一羽の小鳥が二人を魔女の家へ連れていってくれた。この小鳥はグリムの創作ではあるが、日本でも昔からホトトギスが「死出《しで》の田長《たおさ》」（死者の言葉を伝える鳥）と信じられてきたように、グリムも「動物＝死者の国からの訪問者」という古い民間伝承からこの小鳥のモティーフをとった。古代の神話では、動物はしばしば他界との媒介者である。オルペウスも動物の言葉が分かり、それによって他界へ旅することができた。そして小鳥に案内されて死者の国へ行ったヘンゼルとグレーテルは、そこで魔女の住むお菓子の家をぽりぽりとかじってしまった。すなわち死者である魔女の供する食物を口にしてしまった。古代ギリシアの神話でも日本の神話（『古事記』のイザナミノ命の話）でもそうだが、いったん死者の国の食物を口にした者は、この世に戻る通路をふさがれてしまう。にもかかわらずヘンゼルとグレーテルは、戻ることのできないはずの親のもとへ戻ることができた。二人は死者の国の主である魔女をパン焼き窯のなかで焼き、ありえない帰還を果たした。だが、昔話のもとになっていた話ではそうではなかったのではあるまいか。プロップが『魔法昔話の起源』で指摘しているところによれば、かつて古代社会において広く行なわれていた通過儀礼では子供が「焼かれる」儀式を体験することになっていたのに対し、ハッピー・エンドで終らなければならない昔話ではそれが転倒されて魔女が焼かれることになっている(29)。つまり通過儀礼では子供は火の試練をくぐりぬけ、「焼かれる」ことによって新しい人間となって甦るのだが、「焼かれる」儀式が昔話においては悪者を退治する冒険に改変されてしまっている。そして魔女が登場して悪者を演じるのは、たぶん昔話の定石からくる要請だったのである。

したがって「ヘンゼルとグレーテル」を、魔女という視点からではなく、通過儀礼という視点からもう一度読み直してみなければならない。ベッテルハイムによれば、ヘンゼルとグレーテルが森のなかに捨てられたのは、子どもが自分自身を発見するために「世の中に出て、独立した人間にならねばならな」かったからだ。[30] 通過儀礼という観点からすれば、ベッテルハイムの指摘は正しい。しかしダーントンが批判しているように、ベッテルハイムが昔話のなかにある精神分析的な象徴の発見に気をとられ、「歴史的背景などまったく無視して解釈している」[31] こともこれまた否定できない。たしかにグリムの依拠した「ヘンゼルとグレーテル」がいつ頃できたのかは定かではない。だが少なくとも「ヘンゼルとグレーテル」のフランス版というべき「親指小僧」をペローが書いた一六九〇年代中頃は、ダーントンによれば「一七世紀においても人口〔増大の〕危機が最高潮に達した時期である。……親指小僧の両親は子供たちを森に捨てることで、一七世紀および一八世紀のフランス農民が度々直面したひとつの問題を解決しようとしていた[32]」。したがって歴史的背景からすれば、「ヘンゼルとグレーテル」は、飢饉のなかで森のなかに捨てられた兄妹が、自分たちだけの力で生きていく道を模索し、やがて金持ちとなって帰還し故郷に錦を飾るという物語である。だがそれは同時に、子供が自立し、大人になるという通過儀礼をも意味している。したがって「ヘンゼルとグレーテル」においては、飢饉の克服という歴史的課題と通過儀礼という教育的課題が重ねあわされていると考えることができる。

ヘンゼルとグレーテルは森のなかで死んだ。だがそれは「一時的な死」にすぎなかった。二人は「焼かれる」儀式を経て再生し、宝物をいっぱい持って帰還する。宝物は、両親を苦しめていた貧困の克服を意味すると同時に、二人が新しい成熟した人間になったことを表わしている。その意味では、ウラジーミル・プロップが次のように指摘しているのは、まことに正鵠を得ている。「昔話の森は、一方では、儀礼が行なわれていた場所としての森にまつわる記憶を反映しており、もう一方では、死の国へ通ずる入口としての森にまつわる記憶を反映しており、これら二つの観念は、相互に密接に関連しあっている(33)」。

森のなかへ逃れた白雪姫も、七人の小人たちの家で家事を行ないながら、一人前の主婦になる修業をしている。彼女は一度は毒りんごを食べて死ぬが、ふたたび甦る。これが通過儀礼であることは、死んだ白雪姫がガラスの柩に入れられることからも明らかである。プロップが『魔法昔話の起源』で説いているところによれば、ガラスは水晶を表わしている。しかも「水晶には独特な呪的性質があるとされ、加入礼では水晶が一定の役割を演じて」いる(34)。加入礼という通過儀礼を経て、彼女はやっと王子と結婚することができる。一時的な死を経験することによって、白雪姫は国を治める妃に成長したのである。

ただし前述したように、善玉と悪玉が登場する昔話においては、「焼かれる」儀式は「悪者を焼いて退治する」話に変更されるのが通例である。本当は魔女は悪者ではなく、ヘンゼルとグレーテル二人が死者の国を無事に通過するのを助ける女性だったのかもしれない。マリア・タタールは、ヘンゼルとグレーテルを森のなかに追いやった母親と森のなかの魔女とはじつは同一人物である可能性があると指摘している。(35) しかし主人公をあえて困難な試練にあわせる女性は、昔話の聞き手たちの好みからして、当然のことながら悪玉とならなければならなかった。しかも彼女は子供を「焼く」という儀礼的殺人の執行者であったがために、人殺しと人食いという汚名を甘受することになった。こうして「ヘンゼルとグレーテル」において魔女はパン焼き窯のなかで「焼かれ」てしまった。また「白雪姫」の母（グリム童話では「母親」はしばしば「継母」に代えられている）はもしかすると白雪姫を一人立ちさせるべく、彼女を森のなかの七人の小人のもとに預けたのかもしれないのだが、昔話の定石にもとづいてこの母親もまた「魔女」となり、王子と白雪姫の婚礼の日、真っ赤に焼けた鉄の上靴をはかされて「焼け」死ぬこととなるのである。

第二章　産婆と「女性の科学」

賢女としての産婆

ミシュレは『魔女』のなかで、魔女にされることの多かった産婆について次のように書いている。

千年にわたって、民衆のための唯一の医者は「魔女」であった。皇帝、国王、法王、きわめて豊かな封建貴族《バロン》たちは、サレルノの何人かの医者《ドクトウール》、モール人、ユダヤ人たちをかかえていた。しかし、いずれの身分に属する者であれ大衆は、いや世間一般はと言ってもよい、彼らはサガ、言いかえれば「産婆《サージュファム》」にしか診察を求めなかった。彼女が病人を癒すことができないとき、人びとは彼女を非難し、魔女と呼ぶのだった。しかし一般的には、恐怖の混った畏敬の念から、彼女は「善き奥方《ボンヌ・ダーム》」または「美しき婦人《ベル・ダーム》」(ベラ・ドンナ)という名で、ほかならぬ「妖精たち」にあたえられていた名で呼ばれていた。(1)

ミシュレが書いているように、産婆は「善き奥方」や「美しき婦人」と呼ばれた。またドイツ語圏では〈weise Frau〉や〈weise Mutter〉が、英語圏では〈wisewoman〉が産婆の別名だった。ともに「賢女」ないし「賢母」の謂である。この呼称からも分かるように、産婆は単に助産婦であるばかりではなく、女医、薬剤師、看護婦を一身に兼ねていた。(2) たとえば古代ゲルマン社会において、病気の治療や助産の仕事は、薬草に通じている産婆の仕事だった。彼女たちは、ビャクシン、カモミール、ヨモギ、麦角などの薬草を用いて、妊婦の苦痛を和らげたり、痙攣を鎮めたり、陣痛を促進したりすることができたし、病人には森で採集したり、庭で栽培した薬草を処方することができた。

つまり産婆という古代の女医は、出産と薬草という二点において自然と密接に関わっていた。古代ゲルマン人は、自然こそ神だと信じ、ジークフリートが龍の血を浴びて不死身になったように、自然のもつ力を身につけたり、自然の力を借りて病を癒そうとしたりした。赤子が生まれてくるのも、大地のなかからだと考えられた。母親は地母神の代理者にすぎない。そこで古代ゲルマンでは、産婦や産婆は生まれてきた赤子を大地の上に置き、豊饒と愛の女神であるフライアの名を呼び、出産が無事に終ったことを感謝した。古代ゲルマン人は深い自然崇拝のうちに生きていたし、その時代において産婆は、自然の奥義に関わる宗教的な役割を担っていたのである。

エリアーデによれば、生まれてきた赤子を大地の上に置くという風習は、かつてはアブーズ族、スカンディナヴィア諸民族、ゲルマン人、パルシー人、また日本その他の国々に見られたという。

薬草を手にして診察する賢女．17 世紀

エリアーデはさらに、古代中国においては臨終の人が赤子と同じように大地の上に置かれたことに注目している。人は死んで大地に返る。そして赤子は大地から生まれてくるのだ。つまり生まれるためにも死ぬためにも大地は共通の出入口なのである。(3)

その後、ヨーロッパにはキリスト教が浸透していった。しかしキリスト教化された後のヨーロッパでも――とりわけ農村部では――こうした自然崇拝はなかなかすたれることがなかった。そして自然崇拝を続ける農民にとって、キリスト教は次の三点において受け容れがたいものであったにちがいない。

一、此岸と身体の否定。ところが農民は大地(此岸)の上に足を下ろして生きていたし、畑を耕す農民は身体を軽視することはできなかった。
二、一神論。ところが農民にとって自然のもつ諸力は多神論的に捉えられていた。
三、女性蔑視。ところが農民にとって女性のもたらす実り(出産)は、自然の実りとほとんど同じものだった。つまり農民にとって女性は自然そのものだった。

よく知られているように、キリスト教には本来なかった聖者崇拝とマリア信仰の風習は、第二点と第三点に関して農民の反感を和らげるために創りだされた風習であり、それらは明らかに異教との妥協の産物だった。それによって農村のキリスト教化はかなり進んだ。また教会は右の第一点にもとづいて、苦悩や病は神が人間を懲らしめるために与えた罰だと説いたが、しかし多くの農民はこのような教えに耳を傾けるよりも、賢女(産婆)のところに行って傷の手当てをしてもらったり、胃腸の病に効く薬をもらったり、子を堕ろしてもらったり、避妊薬をもらったりした。当時、賢女の治療術は魔術と密接な関係にあると見なされていた。そのため、賢女はデモーニッシュ(魔神的)な力を有すると考えられ、尊敬されると同時に恐れられていた。しかもデモーニッ

尼僧院での薬草の栽培．年代不詳

シュな力は神に由来する力ではないため、それだけに賢女の存在は、教会にとっては喉の奥に刺さった厄介な棘となっていた。

ハルトマン・フォン・アウエ（一一六五頃―一二二〇頃）の『エーレク』の第七章には、負傷したエーレクの傷の手当てを婦人たちが行なう場面が出てくる。婦人たちはある特別な膏薬によって、エーレクの傷を傷跡さえ残らないほどに治す。この婦人たちは賢女である。しかもこの膏薬をつくったのは、魔法の力をもち、悪魔を友とする女性であったことになっている。この女性もまた賢女である。つまりハルトマンはこの膏薬の効能を称えながらも、当

時の通念にもとづいて、賢女が悪魔的な存在であると語っているのである。(4)

賢女の大きな仕事の一つに助産があった。助産は男性が手を出すことのできない不可侵の女性の聖域だったし、分娩において女性は自分のもつ力を確かめることができた。それだけに赤子が誕生すると、産婆、産婦の親戚、友人が集まって誕生を大いに祝った。農民が豊作を寿《ことほ》ぐのと同じように。(5) 参加できたのは女性だけで、飲み、食い、踊り、場合によると産婦が床を離れるまで愉快に時を過ごした。ドイツの民俗学者ポイケルトは、出産と赤子の洗礼に際して行なわれる北シュレスヴィヒ地方の古い催しについて記している。それは女性だけが参加を許される祭、時とすると乱痴気騒ぎとなることのある祭、おそらくは古代にさかのぼると思われる祭だった。

その昔、子供がひとり生まれると、女性たちは熱狂的になった。彼らの振る舞いが常軌を逸していればいるほど、好ましいとされた。子供の生まれた家の近隣に住む女性たちは村中を駆けまわり、出会った女性からは女性帽を、男性からは男性帽を奪いとり、その帽子を引き裂き、汚物をそのなかに詰めた。それからまるで取り憑かれたかのように道を行く誰とでも踊りまわった。(6)

いわゆる女カーニヴァル(Weiberfastnacht)は、この風習の名残りと見なされるだろう。バラの月曜日の四日前に当たる木曜日、ライン地方の女性は出会った男性のネクタイをはさみで切りとることが許されている。スーパーやデパートでは自分が集めたネクタイの数を誇示する女性店員がいるほどだ。この日には、女性がしたい放題のことをすることができる女性天国が出現するのである。初めてネクタイを切り取られた男性は、みな恐怖感に捉われたと告白している。おそらく北シュレスヴィヒにおいても女性たちの出産祭は、男性優位の社会構造を揺るがせるものと感じられたにちがいない。そこで当局はこのような祭に制約を加えるにいたった。祭を行なうことができるのは二日間に限定され、飲食物すらも規定された。しかも制約を加えるばかりではなく、出産祭そのものを禁じる町や村も出てきた。禁じられたため、女性たちはおそらく彼女らの祭を人里離れたところでひそかに行なうようになった。そしてこうした秘密の集会が後に魔女のサバトと同一視された可能性を否定するわけにはいかない(7)。

女性の科学から男性の科学へ

出産ばかりではない。近代的な医学が登場するまで、医術は女性(産婆)の専有物だったし、産婆の医術は最古の医術だった。昔の医術が「女性の科学」だったことを忘れてはならない。所詮は民間医療にすぎないと見えるかもしれないが、今日から見れば「女性の科学」は近代医学とは異なる、それなりにすぐれた特徴を有していた。

一、自然（人間の身体）を自然の力（薬草）を用いて治療する。
二、自然を敵視しない。自然の力に通じていることが「賢女」の証である。
三、実際的な経験の集積が正しい知識をもたらすと産婆（女医）は信じていた。女性の科学とは経験論である。

ウンベルト・エーコの『薔薇の名前』のなかで、バスカヴィルのウィリアム――オッカムのウィリアム（一二八五―一三四九）の友人で、彼とほぼ同一の思想を有している――が薬草を口にする場面がある。薬草を噛みながら、ウィリアムは弟子のアドソに「善良なキリスト教徒もときには異教徒から教わるべきことがあるのだ」と語っている。(8) ウィリアムは明らかに魔女裁判に反対し、異教徒の思想のいい部分は積極的に摂取しようとしているのだ。

しかしウィリアムのような思想はヨーロッパの歴史のなかでは少数派に属していた。多くの人々は「善良なキリスト教徒もときには異教徒から教わるべきことがある」とは認めたがらなかった。そして女性の科学を駆逐するのに大いに役だったのは、一二・一三世紀における大学の設立だった。モンペリエ大学、ボローニア大学、パリ大学、オックスフォード大学、ケンブリッジ大学、パドゥア大学がこのころ次々と創設された。これらの大学は教会の強い影響下にあり、学

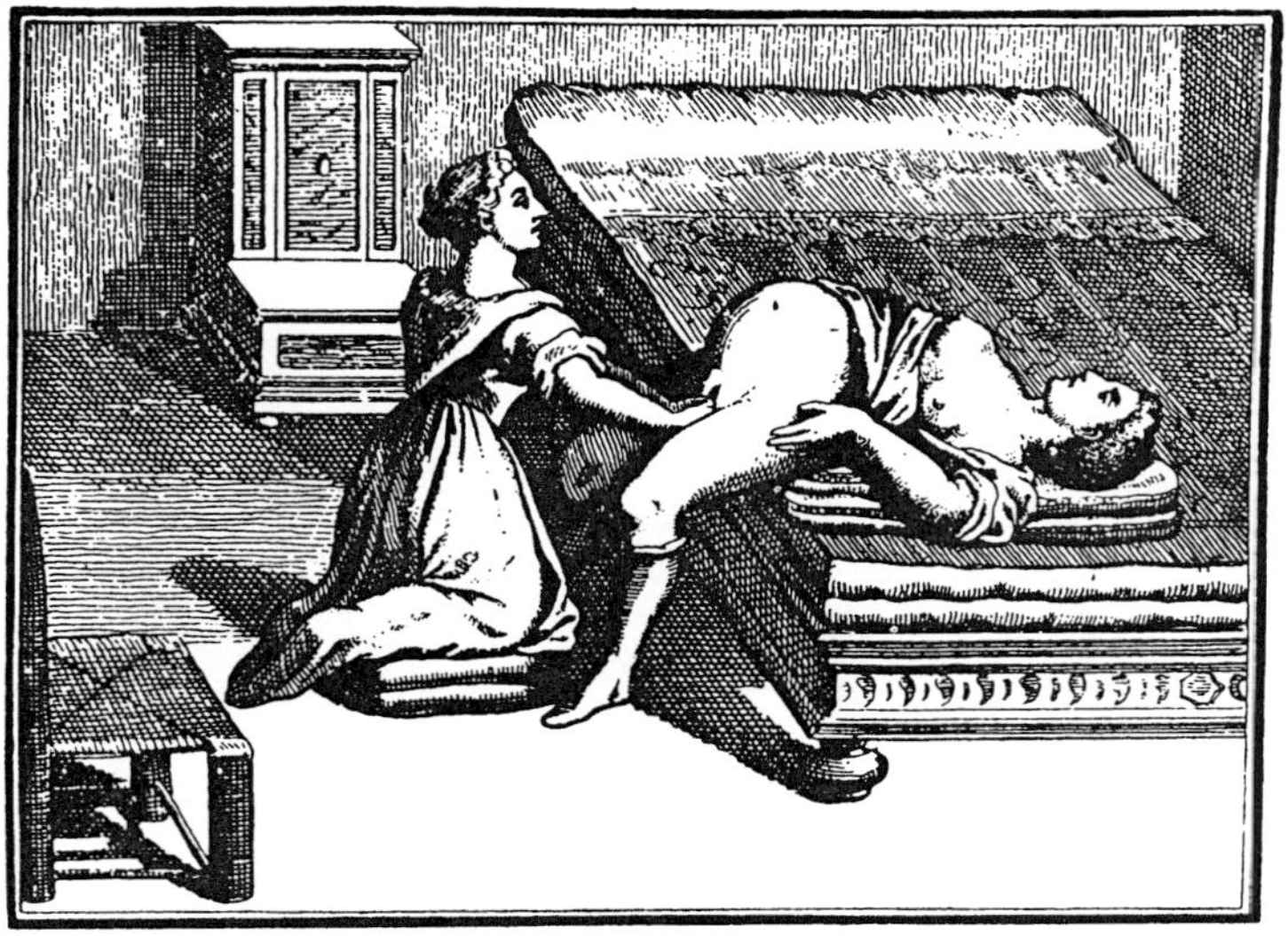

産婆．古代ローマの助産教本から

長の多くは聖職者だった。しかも女性の入学は許されなかった。

医学部には婦人科も設けられたが、そこでは産婆の永年の経験は無視され、その代わりに採り入れられたのは、生殖、女性の受動性に関するアリストテレスの理論だった。男性の精子は「ホムンクルス」（小人間）であり、女性の子宮はホムンクルスを大きく育てるための器にすぎない。アリストテレスのこの理論に秘められた女性蔑視は、当時の大学の指導理念であるキリスト教義に合致するものだったのである。

女性の身体を診察することは教会から禁じられていたため、婦人科の男性医師たちは実地の経験を積むことができなかった。したがって少なくとも婦人病に関するかぎり、大学の医師たちの言うことは何ら頼りにならなかった。

婦人科ばかりではない。産婆や女医は大学で医学を学ぶことこそできなかったものの、実際の診療においては大学の医師よりも優位を占めつづけた。そのため学識豊かな医師は些細な歯痛すら治せないくせに、高額の報酬を要求するといって農民に嘲笑《あざわら》われることが少なくなかった。頼りになるのは、大学で学んでこそいないものの、経験を積んだ女医の方だった。

こうして産婆と大学出の男性医師とのあいだには競合関係が生じた。男性の医師たちは産婆という民間治療師を是が非でも医療の世界から締めださなければならなかった。特にパリの人々は、パリ大学の卒業証書をもっていない女性医師を無許可で医療を施したとして告発し、女性の医療活動を全面的に禁止しようとした。

どの町もがパリのようであったわけではないが、それでも産婆を医療の世界から徐々に締めだすために、各地の市当局は産婆の規制にのりだし、法令を設けて産婆の資格と知識を細かく問うようになった。一三世紀以降、多くの市では産婆に賃金を支給していたが、市によって資格を認定されなかった産婆は、やがて貧しい産婦たちからのごくわずかの謝礼に頼るほかなくなってしまった。

さらに時代が進み、都市が成長していくと、公認医師制度を設ける都市が増えてきた。市が公認医師に俸給を支払う制度である。ところが公認医師に指定されるのは大学で学んだ医師、つまり男性医師に限定された。そのため一五世紀末には女医は農村部にこそまだ多数いたものの、都市部ではまったく見られなくなってしまった。男性医師は少なくとも都市部では産婆に勝ったのである。

このような誕生の経緯からして、近代医学は「男性の科学」という性格を有していた。その特徴は次のようなものだった。

一、自然に即して自然から学ぶのではなく、書物から自然を学ぶ。
二、自然(人体)を敵対視ないし対象化する。
三、理論偏重、「机上の学問」の色彩が濃い。「女性の科学」が経験論であったとすれば、「男性の科学」は合理論である。

ヨーロッパにおける科学的医学と産婆による民間医療。その違いは、わが国における西洋医学と東洋医学(漢方)の違いにほぼ対応している。漢方はわが国でも近年においてこそ見直されているものの、明治維新以降の近代化政策のなかでは永いこと「非科学的」と見なされてきた。それと同じように、ヨーロッパにおいて産婆による民間医療は「近代科学」によって次第に駆逐されていったのである。

しかし都市において女医が姿を消してからも、助産に専念する産婆は永いこと残りつづけた。男性の医師が女性の身体、ましてや陰部に触れることは許されなかったからである。一六世紀に書かれたシュトラースブルク草稿を読むと、当時の産婆が——一部であるにもせよ——相当にすぐれた技量を有していたことが分かる。(9) 彼女らは逆子を正常に戻したり、会陰の裂傷を防いだり、必要に応じて帝王切開したり、裂けた会陰を縫ったり、早産の嬰児の命を救ったりした。場合によると人工的な器具を用いることさえあった。母体のなかで死んだ胎児をどうしても取り出せないときには、子宮鏡や分娩鉗子を用いた。さらには先天性閉鎖症の治療、膿瘍の切開、壊死の部分やポリープの切除、外陰部の治療などの手術を行なうことすらあった。(10) たしかにクラウディア・オピッツの言うように、産婆の有していた「識見と能力は、最近の多数の研究が強調するほど、広範なものではなかった」(11) し、産婆が駆使できる手段は今日から見れば限られたものだった。しかし、それにしても産婆は今日で考える産婆以上の存在だったし、これらの点において男性の医師はとうてい産婆と肩を並べることができなかった。そして産婆自身も自らの技量を相当に自負していたにちがいない。大学を出た医師など、私にはかないっこない、と。そしてそれだけに産婆の存在は男性のプライドを傷つけるものとなっていたのである。

男性医師は単に技量において産婆に劣っていたばかりではない。産婆の方法は「男性の科学」

にとって受け容れがたいものだった。前述したように、産婆は自然を対象化するのではなく、自然に即して自然（分娩）を補佐することを旨としていた。そこで彼女らは妊婦の心的状態を顧慮し、励ましたり、妊婦の身体をさすったりすることによって痛みを和らげ、高ぶった気持ちを鎮めようとした。

ちなみに最近のドイツでは、産婦はこれまでのように寝台の上に横になって分娩するよりも、椅子の上に座って分娩する方がよいと考えられつつあるが、これは「男性の医学」が登場する前まで中世において一般に行なわれていた分娩の仕方だった。産婆たちは経験的に、このような分娩の方が自然にかなっていることを知っていたのである。

このように産婆はすぐれていたにもかかわらず、いや、すぐれていたがゆえに、一六世紀後半になるとその治療方法には制限が加えられるようになった。助産も医療の一部門として位置づけられ、産婆は市の監督下に入るようになった。産婆は医師に教えを乞い、男性によって書かれた産婆教本を読み、さらには産婆試験を受けることによって自分たちが専有していた知識を男性の医師に伝えなければならなかった。こうして産婆たちは、それまでは女性の専有物だった知識を男性に譲りわたしてしまうことになった。出産という領域においてのみ守られてきた女性の権利は奪いさられた。疑いもなく、産婆にとって産婆教本を読まされるのは屈辱的なことだった。産婆教本に書かれていることの多くは間違っていたし、さらには女性に対する偏見と侮蔑に充ちて

昔は座ったまま分娩した

いた。一五八〇年に出版されたヤーコブ・ルフの産婆教本（当時、最も流布した産婆教本の一つ）の扉には、聖書から次の文が引用されていた。

神は女に向って言った。
汝が妊娠するなら、わしは汝に苦痛を与えよう。
汝が子を生むときには苦しまねばならぬ。
汝の意志は夫に従属し、
夫が汝の支配者であらねばならぬ。　（『創世記』三章一六）

出産と穢れ

キリスト教が受容される以前から、古代ヨーロッパにおいて産婦は不浄視されていたと言われる。たとえば古代ケルト人は産婦を隔離した。フレイザーの『金枝篇』によると、コスタリカのブリ・ブリ・インディアンでは、妻の分娩が近づくと、夫は大急ぎで人気のない淋しいところに産屋《うぶや》を作らなければならなかったという。(12)こうした習俗は、日本や東南アジアでもごく最近まで見られた。出産という「赤不浄」は死という「黒不浄」と並んで、わが国では「穢れ」の一つとされた。(13)穢れであるため、産婦は古くは最大七五日間、産屋、納戸、土間などで忌みに服さなければならなかった。産室は本来土間であり、その上に砂（ウブスナ）と藁とムシロとゴザが敷かれていた。出産によって汚れた藁やムシロやゴザは焼き捨てればよかったが、畳ではむろんそうするわけにはいかなかったからだ。

しかし畳ではなく土間を産床としたのには、もっと深い理由があるように思われる。日本における出産の古い風習を調べている瀬川清子は、「産むためには、大地を離れてはならない理由があった」[14]と推測している。その理由を瀬川は述べていないが、古代ゲルマン人が大地の上で出産し、大地に無事な出産を感謝したように、古代の日本人も赤子の生命は大地からやってきたと考えたのではなかろうか。この説を支持するものに高取正男の解釈がある。「地面と地面に敷かれた青草のうえに身をおき、それのもつ精気に直接にふれながら忌みごもりすることで、生命の再生と復活がはかられたのだろう」と高取は言う。[15]大地は無のなかから生命を産み出す。それを古代の人々は輪廻の思想の下に、「根の国」とも呼ばれる死の世界から生命がやってくるのだと考えた。産婦は産褥期に死の世界を訪れ、そこから生命を頂戴して地上に帰ってくるというのだ。

わが国において産屋が「な見たまいそ」（見てはならない禁忌）であるのは、少なくとも八世紀までは穢れのためではなく、神の訪れる神聖な籠りの空間であるためだった。[16]つまり産婦が産屋に隔離されたのは、血の穢れに対する忌みというよりも、産婦が神聖な死の世界を訪れるところを誰も見てはならないからだった。したがって産屋は、本来は男がのぞき見ることを許さない女性たちにとっての聖域であり、そのなかでは生と死の源である大地（「根の国」）が祀られていたのだが、後世になると、その宗教的な意味が次第に忘れられ、産の不浄のために男たちは顔をそむけるのだということになってしまったのである。(17)

京都府天田郡三和町大原には、産気づいた妊婦が産屋に移るとき、川に臨時の橋をかけて渡る風習があるが、この風習も、この世からあの世への旅を意味していると考えられる。(18) 愛知県北設楽郡振草村に産婦が産屋において「死者の家の人のように笠を用いる」(19) 風習が見られるのも、「諸国の産室防衛の習俗は、死の宿の防衛手段と相似た方法が多い」(20) のも、そのためにほかならない。たとえば「愛知県知多郡日間賀島では、産室の窓に鎌と網をかけ、産婦の枕許には刃物を置いて魔除けにする」(21)。また産屋には標の木を立てたり、メ《しめ》を張ったり、御幣を立てたりして、神を祀った。また後産（エナ）は生命の分身と考えられ、産屋の一隅に埋められることがあるが、これも生命の再生を考えてのことではないかと宮田登は推測している。(22) こうして産屋での約一ヵ月のあいだ、女性は生と死のあいだを往き来する一種の神秘体験を味わうのであり、出産は明らかに男性には窺知できない女性の聖なる領域なのである。

神聖であると同時に穢れたもの、祝うべきものであると同時に忌むべきものである出産。そのような出産に立ち合うことが許されたのは、産婆だけだった。日本では産婆は本来は産神に仕える巫女のような存在であり、(23) お七夜に産婆が――地方によっては神官とともに来て――名づけをしたり、産婦の代わりにお宮参りをしたりするのは、産神に仕える産婆の巫女としての務めだった。産神は古代ヨーロッパにもいた。ギリシア・ローマの人々にとって冥界の女神ヘカテは産婆の庇護神だったし、アプロディテ（ヴィーナス）やアルテミス（ディアナ）は安産の女神だった。また古代ゲルマン人はフライヤを分娩の女神として尊崇した。出産に関する古代の風習は、東洋でも西洋でも似通ったものだったのだ。

日本で産婆はトリアゲバアサンやコナサセバアサンやコズエバアサンなどとも呼ばれ、血の忌みに携わる者として蔑視された[24]。一方、フランスでは産婆は洗濯女と呼ばれた。洗濯女は、生まれてきた赤子を取り上げ、その体をきれいに洗い、あの世から持ってきた穢れを「水に流す」。洗濯女はまた人が死んだとき、その死体をきれいに洗い清めて「水に流し」、死者があの世に穢れを持っていかないように気を配る[25]。洗濯女は、穢れた死の世界に触れると同時に、穢れを「水に流す」ことのできる神女でもあった。このように産婆は聖と穢れの二面性を有していたのである。

堕胎の禁止

ヨーロッパで産婆が「魔女」に仕立てあげられていったとき、一般民衆がそれを受け容れたのは、無意識のなかにわが国と共通の「産の忌み」や「死の忌み」があったからにちがいない。しかし、それだけの理由だったら、日本にも魔女狩りが生まれても不思議ではないであろう。ヨーロッパにおいてのみ産婆が「魔女」となった背景には、以下に述べるような特殊ヨーロッパ的な事情があった。穢れならば水に流せるかもしれない。しかし産婆は、穢れ以上に忌むべきものである罪を犯し、「神との契約」に反する行為をしているのではないか、と疑われたのである。

中世のほぼ全期間、産婆はかなり自由にその仕事を行なうことができた。ところが一五世紀中葉からヨーロッパの諸都市は、産婆が「敬虔なキリスト教徒」であるかどうかに厳しく目を光らせるようになってきた。多くの市は条令を発布して産婆の仕事を制限し、さらには次のような義務を課するにいたった。しかもこうした条令を書いたのは、たいていは男の医師だった。

一、キリスト教徒としての尊敬に値する生活を送らなければならない。
二、私生児が生まれたら、直ちに市議会に届け出なければならない。また父親が誰だか探らなければならない。
三、堕胎してはならない。堕胎しようとする者がいたら、届けなければならない。
四、新生児が死んでしまうときには、死ぬ前に緊急洗礼を施さなければならない。
五、母体が死んだら、帝王切開によって胎児を取り出し、緊急洗礼を施さなければならない。(26)

当然のことながら教会も産婆に対して敵意を抱いていた。産婆が自然のもつ力を信奉しているということだけでも、異教の疑いをかけられるに充分だったが、さらに具合の悪いことに、産婆の多くはイエス・キリストの処女降誕に対する疑念を表明していた。そうした産婆の疑念を扱ったものに、フランスやイギリスの中世演劇で有名な産婆サロメの話がある。産婆サロメはマリアが処女であることを信じず、みずからそれを確かめようとしたために、片手が麻痺してしまったという話である。産婆サロメのようにキリスト教の教義を認めぬ者は排除されなければならない。そう考えた教会は、男の医師と結託して「新しい産婆」をつくり出そうとした。要するにベテランの産婆の資格を剥奪しようとしたわけだ。危機を感じ、抗議しようとして立ち上がった産婆もむろんいた。しかし、それらの勇敢な産婆を待ちうけていたのは、「魔女」としての処刑という残酷な結末でしかなかった。

しかし村人はおおむねベテランの産婆の味方であり、「新しい産婆」に対して強い拒否反応を示すことが少なくなかった。たとえば一七〇八年にはフランスのロレーヌ地方のある村で「新しい産婆」をめぐって裁判沙汰が起きた。裁判記録には次のように記載されている。

> 代訴人によって示された次のような請願が、国務会議で検討された。先の一一月以来、ドン＝ジェルマンの村では、産婆 sage-femme の選択をめぐって教区の女たちの間に一つの

分裂がある。五一人という大多数の者たちが、当地のぶどう栽培農民キュニュ・マトランの妻バルブ・アンリを選んだが、それより人数の少ない一四、五人の者たちが、ジャン・バルダンの未亡人マンシュエット・ジルベールを選んだのである。この二重の選択は異なる訴訟手続きから行なわれたものである。その一つはフーのプレヴォ裁判所によって判決が下されているが、それ以外のものもある。バルブ・アンリは請願によって、ドン＝ジェルマンの村と協力し、自分に都合のよい命令を手に入れており、その命令は彼女に味方するよう宣言されている。他方マンシュエット・ジルベールは、フーのプレヴォ裁判所で三月二二日と六月一五日の日付の二つの命令を手に入れており、それらは彼女をその職務にとどめることを命じている。バルブ・アンリはその教区でとりわけ女たちに気に入られているがゆえに産婆をしている。その教区のほとんどすべての女たちがマンシュエット・ジルベールに助産されるのを拒んでおり、彼女に対して非常に大きな嫌悪を表明している。そして彼女たちは、前記の六〇歳を超えた、しかもその仕事について何も知らないマンシュエット・ジルベールの助産を利用するよう強制されるならば、他所《よそ》の産婆 matrones を呼ぶつもりだと宣言している。(27)

明らかにバルブ・アンリは古い産婆であり、マンシュエット・ジルベールは新しい産婆だった。

そしてこの新しい産婆は「その仕事について何も知らない」のであるから、村民たちが彼女を拒否してバルブ・アンリを選んだのは当然のことだった。そしてこの対決の背後には古い伝統的な知とキリスト教的な倫理観との対立がある。この裁判記録をもとに長谷川博子は「産婆のキリスト教化と慣習の形成」という論文を著しているが、氏の言うように、「教会の側からしてみれば、産婆が誰でもいいというわけにはいかない」。「選ばれた産婆は敬虔なカトリック教徒として従順に規定に従い、洗礼やその他の教会にとって大切な儀礼においてきちんと役目を果たすことができる者でなければならない(28)」。この村の事件に見られるように、教会にとって重要だったのは産婆が上記の五ヵ条を守るかどうかであり、産婆として有能かどうかということは二の次だったのである。

五ヵ条のうち特に問題にされたのは、堕胎だった。前述したように、キリスト教の教義ではアリストテレスの理論にならって、男性の精子が女性の胎内で育てられることによって赤子になると考えられていた。したがって胎児はどんなに小さなものでもすでに人間と見なされた(29)。モーゼの十戒には「殺人を犯してはならない」とある。その殺人を堕胎という形で犯している人々がいると当局は考えた。そこで堕胎の罪は死罪ないし永久追放と定められた。ところが堕胎は中世の人々にとって産児制限のためのやむをえぬ手段だった。しかも産婆が避妊や堕胎のために麦角などの薬草を処方できることはよく知られていた。そのため教会や市当局によって堕胎が禁じられてからも、堕胎のためひそかに産婆を訪れる女性は少なくなかった。私生児を宿した女性が子どもを堕ろそうとしたら、産婆に頼るほかなかった。こうした女性の願いを聞きいれた産婆が市条令の第二条と第三条に違反していることは明らかである。しかも教会から見ると、それは単なる違法や殺人行為以上のものだった。

一二六〇年に出されたアレクサンデル四世の勅書のなかには黒魔術の罪が列挙されている。これは教会のいわば公式のデモノロジーと言えるものだが、そのなかにすでに嬰児殺しの罪が挙げられている。(30)

一、魔術師は神を否認する。
二、魔術師は神を冒瀆する。
三、魔術師は悪魔を崇拝する。
四、魔術師は悪魔に自分たちの子供を捧げる。
五、魔術師は自分たちの子供をしばしば生贄として供する。
六、魔術師は母胎内の胎児をサタンに捧げる。

一四八七年に出版された悪名高き『魔女の鉄槌』は、明らかにこうしたカトリック教会の伝統を踏まえている。このなかの「魔女＝産婆は受胎をさまざまな仕方で妨げ、堕胎を行ない、そしてそうしない場合でも新生児を悪魔に捧げる」と題された章のなかでは、「産婆ほどカトリックの信仰にとって有害なものはない。産婆が赤子を殺さない場合でも、子守りをするふりをして赤子を部屋の外に連れ出し、赤子を空中に投げて悪魔に捧げるのだ[31]」と記されている。産婆が隠れて行なっている堕胎と、魔女狩りの教典である『魔女の鉄槌』のなかのこの記述にもとづいて、産婆はますます胡散臭い眼で見られるようになった。産婆は堕ろした嬰児を、受洗させないままサバトにおいて悪魔に供犠として捧げているというのだ。

『魔女の鉄槌』の作者は、H・インスティトリスとJ・シュプレンガーの二人である。H・インスティトリスはボヘミアとモラヴィアの異端審問官であり、J・シュプレンガーはケルン大学神学部教授(後の学部長)だった。(『魔女の鉄槌』の大半はインスティトリス一人によって書かれた。しかし彼は神学者であったシュプレンガーの名前を借りることによって、この書に箔をつけることができた。ともにドミニコ会士であった二人は、「天使のような博士」と呼ばれていた一三世紀のドミニコ会士トマス・アクィナスの言葉を何度も——しばしば恣意的に——引用することによって、この書物の信憑性をさらに高めようとしている。)フランスにおける異端裁判が思うようにいかなかったことに業を煮やした法王インノケンティウス八世は、矛先をドイツに向け、インスティトリスとシュプレンガーを派遣した。しかし二人に対する反撥は強く、自分の教区に魔女などは一人もいないと言明する司祭が多かった。シュプレンガーのお膝元であるケルンにおいてさえ多くの司祭が、魔女がいるなどという最近の風評は疑わしいと魔女狩りに対する公然たる批判を繰り返していた。そのため二人は『魔女の鉄槌』を著わすことによって、魔女狩りに対する批判を封じこめようとしたのだった。そしてそのとき、産婆は彼らにとっての恰好のスケープ・ゴートとなった。ミシュレが書いているように、産婆はたしかに「善き奥方」であり賢女であったが、「彼女が病人を癒すことができないとき、人びとは彼女を非難し、魔女と呼ぶのだった」。しかも堕胎のために産婆が用いた麦角は毒性の強い薬草で、それによって腹のなかの胎児のみならず、妊婦の生命まで奪われてしまうことが少なくなかった。そんなとき、産婆には人々からの敵意の眼差しや非難の声が浴びせられた。そしてそのような敵意と非難の素地があったからこそ、『魔女の鉄槌』は予想以上の効果を発揮しえたのである。

いや、そればかりではない。「魔女は胎児をサタンに捧げる」というカトリックの公式見解は、死んだ胎児の魂の行末について不安を抱いていた人々の心に訴えるものだった。

日本には水子供養の風習がある。流産や堕胎によって死んだ胎児の魂に諸物を捧げ、その魂が天国に行くようにと祈る。南部アフリカのバ・ペディ部族においては、ある女性が流産して、その血を流れるままにしておいたとき、あるいは流産した子を隠しておいたときには、雨が降らなくなり、熱風が起きて国土を焦がすと信じられている。[32] 中国の民間信仰では、自分の子どもによって祀られなかった死者の霊は、祖先にならずに鬼になると考えられている。同じようにヨーロッパでも古くから、死んだ嬰児や胎児の魂の行方は人々の大きな関心事だった。さらにキリスト教が広まると、この魂がキリスト教の「神の国」に属すのか、それとも「悪魔の国」に属すのかが、議論の的となった。つまり未洗礼の嬰児が死ぬと、洗礼によって聖別されていないがゆえに、その魂は行き所のない火の玉のような魔術的存在となって空中を浮遊すると考えられた。その魂が悪魔のものになると最初に主張した人の一人にアウグスティヌスがいる。彼は『神の国』のなかで、「すでに生まれてはいるが、まだ洗礼を授けられていない幼児は、だれも悪魔に捕えられないであろう〔……〕などということはまったく信じられぬ」と述べている[33]。今日、アウグスティヌスについては魔女狩りとの関係で新たな照明が当てられつつあるが、彼がキリスト教的デモノロジーの発達に果たした役割は明らかに大きい[34]。

嬰児殺し

このようなデモノロジーが発達すると、未受洗の魂を「悪魔の国」のものとしないために、今にも死にそうな虚弱な新生児には市条令の第三条にあるように死ぬ前に緊急洗礼を施さなければならなくなった。教会も一般民衆も、デモノロジーと結びついた迷信の虜になっていた。たとえば嬰児や死刑になった者の乾燥させ塩漬けにされた指や手首には、不死の魔術的な力が宿っていると信じられていた。嬰児(他界から生まれてきた者)も死刑になった者(他界へ旅だった者)も、ともに他界と密接な関係を有しているため、それらの指や手首からは他界のもつ特別な力が得ら

黒焼きにした赤子から魔女の秘薬をつくる．17 世紀

れると考えられたのである。これらの指先に火のついた蠟燭を立てたものは「泥棒の明かり」と呼ばれ、これを用いれば泥棒は目的を難なく達成することができるとも、[35]また切り取った手首から作った粉でさまざまな悪事や黒魔術を行なうことができるとも信じられていた。この粉こそ魔女の秘薬にほかならない。シェイクスピアの『マクベス』第四幕には、魔女の秘薬をつくる有名な場面があるが、そこでも「売女がどぶに生み落として、すぐに首をしめて殺した赤子の指」が欠くことのできないものとされている。

こうして魔女狩りの時代に、嬰児殺しは大犯罪として扱われるにいたった。魔女狩りのピークをなしたのは一般に一六〇〇年とされるが、まさにこの年にミュンヘンでパッペンハイマー事件が起きた。[36]一五九九年の夏、ミュンヘンに近い町でガインドルという名の男が悪質な泥棒の罪で処刑された。処刑される前にガインドルは自分は放浪者パッペンハイマーの二人の息子と共謀して七人の妊婦を殺害したと嘘の供述をした。嘘をついたのは、パッペンハイマーが「確信犯の泥棒」であるガインドルをいつも避けていたことに対する恨みからだった。この嘘が大きな悲劇を招くことになった。「妊婦の殺害」と聞いて、審問官たちは確信した。パッペンハイマー一家は妊婦の腹を切り裂いて、胎児を取り出し、その指や手首を用いて悪事を行なったにちがいない、と。パッペンハイマー一家はすぐに逮捕され、尋問された。むろん彼らは罪を否認した。すると恐ろしい拷問が待っていた。拷問のあげく、審問官が期待した通りの自白が得られた。パッペンハイマーはその家族とともに、胎児の手を細かく砕いて竈に入れ、焼いてから「粉」に加工し、「魔女の秘薬」をつくった。この秘薬を用いて、家畜に害を加え、畑に雹を降らし、そして放火と大量の殺人を行なった、と。パッペンハイマー裁判は当局にとって願ってもないことだった。過去二〇年間にわたり迷宮入りになっていた事件のほぼすべてを彼らの罪に帰すことができたのだから。

一六〇〇年、パッペンハイマー一家は鼻を削がれ、車輪によって腕を砕かれ、夫パウルスは肛

赤子を悪魔に捧げる．17 世紀末

門から杭を打ち込まれて串刺しにされ、妻アンナは両の乳房を切り取られ、その後やっと火刑に処された。これら残忍な処刑のすべては公開で行なわれた。

産婆はむろんパッペンハイマーよりもはるかに容易に赤子の手や手首を入手することができる。産婆は赤子を殺すか、殺さなくても嬰児に神の名ならぬ悪魔の名でこっそり洗礼を授けているのではないか。そう思いこんでいる異端審問官からすれば、産婆によって取り上げられたすべての人間は「魔女」である可能性があった。実際、これら「魔女」の被疑者を拷問にかけると、異端審問官が思っていた通りのことを自白した。彼らが無実であったら、神はこのような自白をお許しにはならなかっただろう。だからやはり魔女はいるし、魔女を火炙りにすることによって自分たちは悪魔を焼き殺し、「神の国」を築いているのだ。そう異端審問官は確信していた。そして彼らからすれば、この「神の国」の建設を邪魔する悪者こそ産婆にほかならなかった。産婆は村人の頼みに応じて間引きを行なうことがあったが、それは異端審問官から見れば、間引かれた嬰児の魂を悪魔に売りわたしていることだったのである。嬰児殺しが当時のヨーロッパで大犯罪と見なされるにいたった背景にはこのような事情があった。

「魔女」という名前

つまるところ異端審問官の真の敵は産婆だった。『魔女の鉄槌』には、産婆に対する異常な憎悪と産婆の犯した罪過が具体的に書き記されている。「これは本当に起きた話である」と『魔女の鉄槌』は何度も強調しているが、次のくだりを読んで、それが「本当に起きた話」であると思う者は今日ではほとんどいないだろう。

バーゼル司教区のダンという町で火刑に処せられた産婆の自白によると、彼女は、赤子が生まれるとすぐに赤子の頭頂から脳のなかに針を突き刺し、こうして四〇人以上の赤子を殺した。

シュトラースブルク司教区のもう一人の産婆は、別の町から助産のため呼ばれ、その務めを終えて帰宅しようとするとき、彼女のエプロンのなかから、気づかぬまま何かを落とした。市門のところにいた人々は、彼女が通りすぎた後、落としたものを食用の肉と思って拾いあげた。ところがそれは動物の肉ではなく、嬰児の片腕だった。すぐに市会が召集され、調査した結果、その子は洗礼前に死産し、しかもその死体には片腕が欠けていたことが判明した。そこでこの産婆を逮捕し、問いつめると、彼女は無数の子供を殺したと自供した。(37)

『魔女の鉄槌』を教本にして、多くの異端審問官が産婆を拷問にかけ、そして火刑台へ送った。何かの災厄が起きれば、しばしば産婆がその元凶にされた。たとえば一六一三年(これはヨーロッパ全土で魔女狩りが最も酸鼻をきわめた頃に当たる)にはドイツのリンブルク近郊のレーアモンデで悲惨な魔女狩りが起きた。子供のおしゃべりがもとで、一人の女性に魔女の疑いがかけられた。それから数ヵ月の間に近くの村々で数多くの人々が魔女の疑いで告発された。それには宗教的角逐もからんでいた。ドイツ北方の教区のいくつかはすでにプロテスタント国家のオランダに併合されていたものの、リンブルクの大公はカトリックに属していたからである。今にも宗教戦争が起こりかねない一触即発の状況においてこの事件は起きた。村人たちは噂した。魔女が数千の人間を殺し、無数の家畜を殺害し、耕地では農作物や果樹園に甚大な被害を与えたそうだ、と。異端審問が行なわれた結果、魔女の頭目は産婆であり、その助手は外科医であるということになった。両名は捕縛され、拷問にかけられ、そして火炙りになった。一六一三年の九月二四日から一〇月までの間にレーアモンデで六四人の魔女が火刑と絞首刑に処せられた。

　この事件には明らかに『魔女の鉄槌』の産婆憎悪が影を落としている。ただし断っておかなければならないが、一六・一七世紀のすべての人々が魔女狩りの熱に浮かされていたわけではない。教会の内部にも魔女狩りに批判的な人々はかなりいた。最初に、そしてそれだけに最も大胆に魔女狩りを批判したのは、イエズス会士フリードリヒ・フォン・シュペー（一五九一―一六三五）だった。彼は魔女狩りが最も激しかった一七世紀初頭のケルンにおいて『犯罪にご用心――魔女裁判に関する法的疑義』（一六三一）を匿名で刊行し、「あらゆる天災を魔女のせいにしている」異端審問官を激しく弾劾した。「魔女」などは存在しない。それは異端審問官の妄想のつくりだしたものにすぎない。自分でもあのような拷問を受けたら、犯していないどんな罪でも告白してしまうであろう。犯罪を犯す悪魔はたしかにいる。ただしそれは魔女ではなく、魔女裁判を行なう異端審問官である。彼らはまことに破廉恥で卑劣な輩である、と。シュペーは、神学者や裁判官や領主や民衆すべてに残酷な魔女狩りに対する責任があると痛烈に批判した。魔女狩りが不正であることを確かめるには、常識的な理性と自然法があれば十分なのだ、と。おそらくシュペーと同じように魔女狩りに対して内心で疑問を感じていた司祭たちはかなりいたにちがいない。シュペーの本を禁書にしようとしたイエズス会の試みが成功しなかったのは、たぶんそのためだった。しかし誰もシュペーのように、それを公然と口にする勇気は有していなかった。シュペーの偉大さは、キリスト教の内部にありながら、迫害も死も恐れず、キリスト教的デモノロジーを果敢に批判し、罪なき人々の生命を救おうとした点にある。

エーコの小説『薔薇の名前』の主人公のウィリアムにはシュペーを思わせるところが多い。イングランドやイタリアにおいて異端裁判の審問官を務めていた彼は、数多くの異端裁判において被疑者に無罪の判決を下したし、彼が自分の手で火刑に処した人は一人もいなかった。やがてウィリアムは異端審問の職務から身を退いた。というのも彼には正統的な信仰と異端的な信仰とのあいだの違いがもはや見抜けなくなってしまったからだった[38]。小説の冒頭でウィリアムは、到着したばかりの僧院で僧院長と話を交わすが、この僧院長も異端審問に対して多分に懐疑的である。彼は「人間の行ないのなかにはいつでも悪魔が入りこんでいる」と信じている。しかし彼はこっそり告白する。「けれども多くの場合、悪魔は陰で糸を引いている」のであり、「悪魔は餌食を駆り立てて自分の悪を行なわせ、善人の身に罪が降りかかるように仕向けているのです、悪魔に代わって善人が火炙りにされるのを楽しむために。異端審問官はしばしば熱心のあまりに、あらゆる手を尽くして被疑者を自白させようとします。裁判を結着させるために犠牲の山羊を見出した者だけが優秀な審問官であると考えてしまうので……」と。僧院長は悪魔の存在こそ疑ってはいないものの、異端審問の被疑者の多くが無実であると考えている。ウィリアムは僧院長の言葉をさらにドラスティックに言い換える。「異端審問官だって悪魔に唆《そそのか》されることはあるはずです[39]」。

ウィリアムは僧院長の言う意味での悪魔の存在は信じていなかった。彼からすれば、狂信的に真理や善を信じることこそ悪魔的なのだった。彼は別の箇所で語っている。「誓って申しあげるが、わたしはこの目で見てきたのです。高潔な生活を営み、清貧と貞潔とを誠実に守ったばかりに、司教と敵対してしまった人びとが、司教によって世俗権力の手に引き渡されてしまうのを」(40)と。

この小説には、悪名高き実在の異端審問官ベルナール・ギーが登場する。彼こそは、ウィリアムの言う「悪魔に唆された異端審問官」である。しかしウィリアムがいくら努力しても、ギーの残酷非道な行為を止めさせることはできない。ギーは、ウィリアムの弟子アドソがひそかに愛していた農家の娘を魔女と断じ、彼女を火刑に処してしまう。火刑を前にしたウィリアムの怒りと無力感。このくだりはわれわれ読者を震撼させる。そして同じような非道な行為が歴史のなかで数多くなされてきたことに気づいた読者は、作者エーコとともにヨーロッパの歴史を断罪せずにはいられなくなるであろう。

第三章　人食い魔女

カニバリズムというスティグマ

産婆に人食いの嫌疑がかけられていたように、魔女は胎児や赤子を食べたり、その死体を鍋のなかに入れ、魔術を用いて魔女の秘薬をつくると信じられていた。このような迷信の起源は色々あるが、その一つと考えられるのは古代ギリシア神話のラミアである。ラミアという名は「呑み込む女」を意味している。ラミアは美しかったため、好色なゼウスに愛されたが、そのためにヘラ（ゼウスの妻）の嫉妬を買い、生まれた二人の子供を奪われてしまった。悲しみのあまりラミアは醜くなったばかりか、復讐の念に燃えて他の母親の子供を奪い、その肉を食う怪物になった。（他人の子供を奪って食べるという点では、ラミアはインドから日本に伝えられた鬼子母神に似ている。）ラミアは眠っているあいだも油断しないように、自分の両眼をはずすことができたし、それどころか、さまざまな姿に変身することもできた。

ラミアはさらに好色であることでも知られていた。そのため中世になるとラミアは夢魔となり、ストリガと混同されることが多くなった。ストリガは夜、眠っている若者を襲って交わり、その血を吸う女の怪物である。おそらく古代ローマの作家ペトロニウスが言うように、ストリガはもともと自然の秩序を転倒させることのできる夜の女神を意味していたのだろう。しかし、その後のキリスト教社会においてラミアやストリガはサタンに仕える「人食い魔女」となったのである。

美しくてかつ醜いラミア。さまざまなすがたに変身することのできるラミア。好色であるラミア。邪視にも似た特別な眼力をもつラミア。このようにラミアは、いわゆる魔女の特徴をすでに十分に備えている。しかも彼女は人食いである。

ラミアが復讐の念に燃えていたことは首肯できる。しかし彼女はどうして赤子を殺し、さらにはその肉を食べなければならなかったのだろうか。ここでわれわれは、人食い、つまりカニバリズムが魔女に欠くことのできないスティグマであったことに注意しなければならない。魔女は殺人を犯す。殺されるのは無垢な子供である。さらに魔女はその肉を食う。これによって魔女のおぞましいイメージが完成する。

「ヘンゼルとグレーテル」の魔女が典型的だが、昔話に登場する魔女は聴き手である子供たちを十分に怖がらせるような存在でなければならない。見るも不気味な老婆がヘンゼルとグレーテルを猫なで声で家のなかにおびきよせる。二人を食べるために。

おばあさんは頭をがくがくさせながら言いました。「おやまあ、かわいい子どもたち、どこから来たのかい？　わたしと一緒になかに入っておいで。きっといいことがあるよ」。おばあさんは二人の手をとって家のなかへ連れていきました。そこには素敵な食事が用意されていました。ミルク、砂糖のかかったパンケーキ、りんごやくるみもありました。それから二台のきれいなベッドが用意され、ヘンゼルとグレーテルはそのなかにもぐりこんで、まるで天国にいるみたいだと思いました。

しかし、このおばあさんは悪い魔女でした。子どもたちを待ち伏せ、子どもたちをおびきよせるためにパンの家を建てたのです。そしてもしも子どもが自分の虜になると、殺し、料理し、そして食べてしまいました。そんな日はおばあさんにとってのお祭りの日となりました。（初版にもとづく）

前述したように、「ヘンゼルとグレーテル」は別にドイツ固有の物語ではない。「ヘンゼルとグレーテル」によく似た話に、フランスでできたペローの「親指小僧」がある。この昔話においても、子どもたちは貧苦にあえぐ父親と母親によって森のなかに捨てられる。ただしヘンゼルとグレーテルのような二人の兄妹ではなく、親指小僧をはじめとする七人の兄弟である。捨てられたものの、七人の兄弟は、親指小僧が道端に落としておいた白い小石のおかげで家に帰ることができた。しかし二回目に捨てられたときには、家に鍵がかかっていたために、外で小石を集めることができず、その代わりにパンをちぎって道端にまいた。しかしパン屑は小鳥に食べられ、子どもたちは家に帰る道を見つけることができなくなった。森のなかで道に迷った子どもたちは、ヘンゼルとグレーテルと同じように、ついに一軒の家を見つける。しかし、それは魔女ならぬ人食い鬼の家だった。たまたま人食い鬼は留守だった。人食い鬼の妻は子どもたちを哀れに思って、火で体を暖めてあげてから、ベッドの下に隠してやるが、帰ってきた人食い鬼は、人の匂いを嗅ぎつけ、隠れていた子どもたちをベッドの下から引きずりだしてしまう。

「ヘンゼルとグレーテル」における魔女は、「親指小僧」では人食い鬼とその妻の二人に役割が分担されている。子どもたちの身を憐れむ人食い鬼の妻は、ヘンゼルとグレーテルに食事を出し、ベッドを用意してあげる親切な魔女である。他方、人食い鬼は、子どもたちを食べてしまおうとする恐ろしい魔女である。魔女は善悪の両面を有しているのだ。そして物語の最後では、ヘンゼルとグレーテルも親指小僧も魔女(ないし人食い鬼)を退治し、財宝をもって家へ帰る。第一章ですでに論じたように、歴史的背景を無視して言えば、ここには若者が大人になるための通過儀礼が描かれている。

類似の民話はスラブ圏にもある。「小屋とヤガーばあさん」である。ヤガーばあさんはドイツのホレおばさんや日本の山姥と多くの共通点を有している。彼女は森のなかの一軒家に住んでいる。その家のまわりには人間の骨が立ちならび、骨の上には頭蓋骨がのっている。彼女は骨ばか

ビリービン「ヤガーばあさん」1902年

りの脚をもち、しかも盲目である。明らかにヤガーばあさんは死の女神なのだ。人間に出会うと、彼女は「クン、クン、クン、人間の匂いがするわい」と語る。彼女には「ヘンゼルとグレーテル」に出てくる魔女を思わせるところが多い。

『昔話の形態学』、『魔法昔話の起源』、『ロシア昔話』といった一連の著作において、世界中の昔話（民話）が普遍的な構造をもつことを明らかにしたウラジーミル・プロップによれば、「小屋とヤガーばあさん」は魔法昔話に共通の特徴を有している。

(1) ヤガーは「遠い国」との境界にある小屋のなかに住み、「遠い国」に入る入口を守っている。「遠い国」（黄泉の国）へ通じる道は森のなかに延びている。ヤガーは呪的存在である。

(2) 主人公がこの小屋にたどりつく。森は外来者を捕えるための捕獲網である。

(3) ヤガーは二面性をもっている。一方でヤガーは外来者のなかに敵の匂いを嗅ぎとる。ヤガーは恐ろしい魔女である。しかし主人公は、ヤガーに邪魔されても、試練を乗り越え、通過儀礼を全うしなければならない。

(4) 他方においてヤガーは主人公に行くべき道を指し示す。呪的贈与者（よき魔女）であるヤガーの力を借りることによって、通過儀礼を全うすることは容易になる。

(5) 「ヤガーばあさんがじぶんで子どもたちを家にひっぱってきたり道に迷った子どもたちがヤ

ガーばあさんのところへやってくる場合には、少し別のタイプのヤガーばあさんが見られる。ヤガーばあさんは子どもたちを火にあぶって焼いて食おうとする。子どもたちはかならず助かり、ときにはヤガーばあさんを炉の中に突っこんで呪物をとって逃げ、その呪物が彼らを追跡から救う。なにか昔話的な財宝をとってくることもある(1)」。

言うまでもなく「ヘンゼルとグレーテル」や「親指小僧」には、(4)ではなく(5)の場合が描かれている。しかし(5)はおそらく(3)のヴァリエーションであろう。つまり民話に出てくる人食いは、主人公が陥る試練を極端に強調したものなのである。

プロップの言うように、民話が世界中で普遍的な構造を有しているとすると、当然のことながら、日本にも似た話があるはずである。

日本各地に伝えられる「鬼の子小綱」は、「親指小僧」との類似性を感じさせるところが多い。秋田県鹿角郡に伝わる話では、悪戯小僧が村を追われ、山に逃げていくと、鉄の門のところに一人の美しい女性がいて、このあたりには人食いの鬼どもがいて、見つかると食べられてしまうからと言って、小僧をお櫃《ひつ》のなかに隠してくれる。鬼たちが現われ、「くん、くん、人の匂いがするぞ」と言う。小僧はついに見つかるが、鬼とのあいだにさまざまなやりとりのあった後、幸運にも逃げ帰ることができた。

鬼の親類である美しい女性がいる鉄の門は、明らかにこの世とあの世の境界をなしている。そして「鬼の子小綱」では「親指小僧」と同じように、悪鬼もしくは魔女の役割が小僧を助ける親切な女性と恐ろしい人食い鬼の両者に分担されている。この両者は他の昔話ではしばしば一つに合体する。その話のなかでも最も有名なものは、謡曲の「黒塚」のもとになっている福島県の昔話「安達が原の鬼婆」であろう。

安達が原の一画にある一本杉の根元にある岩屋に住む老婆は、じつは都で身分の高い姫の養育に当っていた乳母だった。しかし、この姫は生まれつき耳が不自由で、口をきくことができなかった。もしも、この病が治ったら、天皇の妃として迎えられるかもしれないのに、と不憫に思った乳母が、有名な陰陽師に相談すると、姫の病を治すためには、母親の胎内にいる赤子の生き肝を食べさせるほかない、と教えられた。都では役人の目が光っているため、乳母は陸奥《みちのく》の安達が原までやってきて、そこを通る旅人を待った。その乳母は、今となっては着物は破れ、髪はぼさぼさにふり乱れ、眼ばかりが爛々と光って、まるで鬼のような老婆の姿となっていた。

ある日、待ちに待った旅の夫婦が通りかかった。男は老婆に一晩の宿を乞う。妻が身重で、明日にでも子どもが生まれそうだというのだ。それを聞いた老婆は、男に、産湯を沸かす薪を集めてきてくれるようにと頼む。男がいなくなると、老婆は女を包丁で刺した。すると女は息もたえだえに、自分の名前を明かす。何とそれは老婆の娘の名前であった。それ以来、老婆は身も心も鬼となり、岩屋に一夜の宿を求めてくる旅人を手にかけては金品を奪いとるようになった。

ある年の秋、一人の名僧が安達が原にやってきた。日はすでにとっぷりと暮れている。人里遠く離れたところに火の光が見える。近づいてみると、それは一軒の茅屋で、そこに老婆が一人住んでいた。僧は一晩の宿を乞い、泊めてもらうことにする。あまりに寒いので、老婆は山に上がって薪を集め、火を起こしてあげようとする。小屋を立ち去るとき、老婆は「私が帰ってくるまで、この閨のなかを覗かないでほしい」と言う。覗くな、と言われれば覗きたくなるもの。覗いてみると、そこには人の死骸が累々と積み重ねられ、血が腐肉にまじり、腐乱した肉が臭気を放っている。「これこそは噂に聞く安達が原の黒塚に住む鬼の住みかである」。肝をつぶした僧は、方角も分からぬまま、足に任せて逃げていく。閨のなかを見られたと知った老女は鬼の形相をとって現われ、僧を呼び止めて、一口に食べようとする。しかし僧が、如意輪観音の木像を取り出して、経文を唱えると、老女は絶叫をあげて夜空に消えていった。

「安達が原の鬼婆」は、プロップの言う魔法昔話の一般的な特徴を基本的にそなえている。

(1) 安達が原の鬼女は「遠い国」との境界にある人里離れた荒野の小屋のなかに住み、「遠い国」(黄泉の国)のものである死骸を守っている。

(2) 僧がこの小屋にたどりつく。小屋の明かりは外来者を捕えるための捕獲網である。

(3) 鬼女は二面性をもっている。鬼女は胎児の生き肝を手に入れようとも、またこの僧を食い殺そうともする。
(4) だが他方において鬼女は、自分の仕える姫の病を治してあげようとするし、また旅の僧のために火を起こしてあげようとする善良な面をもっている。
(5) ヤガーばあさんが炉のなかへ突き落とされて死んだように、鬼女も僧の経文とともにこの世ならぬ世界へと消えていってしまう。

俗信では魔女は人(とりわけ赤子)の肉を食うと言う。そして日本の昔話に出てくる鬼女もまた人食いである。たしかに昔話「安達が原の鬼婆」、謡曲「黒塚」において、鬼女は胎児の生き肝を手に入れようとも、僧を食い殺そうともする。しかし、胎児の生き肝を手に入れようとしたのは、あの世からこの世に生まれてきたばかりの胎児を介して黄泉の国の力を借りようとしたからであり、また僧を食い殺そうとしたのは、僧が「遠い国」の入口から内部を覗いてしまったからではなかったか。つまり鬼女の使命は黄泉の国とたえず連絡をとり、その国のなかに累々と積み重ねられている死骸——とりわけ自分の娘の死骸——を守ることにあった。そのような彼女は、この世よりもむしろあの世に属しているがゆえに、この世の人々から見れば恐ろしい鬼なのであった。

難病を治すために生き肝を食するというモティーフは、昔話の「猿の生き肝」でもよく知られている。ヨーロッパでこのモティーフに似ているのは、吸血鬼の話であろう。若き娘の血を吸うことによって生き長らえる吸血鬼と人食いとは、明らかに形態学的変換の関係にある。ちなみに若者の肉を食すれば不治の病からも癒されるという俗信は、第二次大戦前のヨーロッパや日本にはまだ残っていた。若者の生気をいただくというわけだ。この俗信や吸血鬼幻想に見られるように、カニバリズムの根柢には生と死の関係を逆転させようとする幻想がある。

生と死の関係を逆転させはしないものの、この世とあの世を媒介するのは巫女である。古代の日本にも古代ヨーロッパにも巫女がいたが、彼女らの多くは日本において鬼女となり、ヨーロッパにおいては魔女となった。そして巫女が鬼女や魔女となるには、おそらくカニバリズムの俗信が必要だった。人肉を食らって生と死の関係を逆転させるなどということは人間のなしうる最もおぞましい行為だからである。そしてこのような行為に手を染めたがゆえに、鬼女や魔女は人間のなかでも最も大きな「穢れ」を身にまとった存在となった。人食いは彼女らのいわば聖痕《スティグマ》だったのである。

以上の点を勘案すれば、次のような図式が成立すると思われる。

巫女＋カニバリズム⇩鬼女、魔女

中野美代子が指摘しているように、カニバリズムは古代においてすでに峻厳たるタブーだった。(2) そしてこのタブーを破った者は、どの国でも鬼や恐ろしい怪物として表象された。ギリシアではラミアとして、ロシアではヤガーばあさんとして、インドや日本では鬼子母神として、そして中国では夜叉として。しかし忘れてはならないが、ヤガーばあさんはいつでも恐ろしい魔女であるとはかぎらない。彼女は時には呪的贈与者となる。それどころか神にまで変身した人食い鬼もいる。インドや日本の鬼子母神である。人食いを悔いた鬼子母神は後に仏陀に許され、出産の女神として祀られるにいたったのだ。

ホメーロスの『オデュッセイア』に出てくるキルケーも同様である。彼女は本来恐ろしい魔女であったが、後に一転してオデュッセウスを助けるよい魔女となった。中国の民間信仰において鬼が祖先や神に変わりうることは前述したが、古代ギリシアにおいても魔女は二義的であり、いつまでも恐ろしい魔女でありつづけるものではなかったのである。

ディオニュソス教の祭祀

同じく古代ギリシア人の眼に二義的に見えた人々がいた。ディオニュソス教の信者たちである。ディオニュソス教は、古代ギリシアにおいて熱烈な崇拝と同時に激しい抵抗の対象となった。(3) ディオニュソス的宗教体験は、一方では人々をめくるめく陶酔に導くものだったが、それは他面において従来のギリシア的生活様式や価値体系の全体を脅かしかねないものだった。アポロ的なものに安住していたギリシア人は、オリエント地方からやってきたディオニュソス的なものを前にして困惑せざるをえなかった。すでにニーチェが『悲劇の誕生』のなかで述べているが、古代ギリシアのドーリス式建築には、ディオニュソス的なものを峻拒するアポロ的なものの頑なな態度が永遠に形象化されている。(4) ディオニュソス的なものが形を超えたところに生命の高揚を求めるとすれば、アポロ的なものは形のもつ美しさを守ろうとするのである。

エウリピデスの『バッコスの信女』は、ディオニュソス的なものに対するギリシア人の恐怖の明確な証左となっている。この劇の冒頭でディオニュソス自身が語っているところによれば、アジアをまず自分の教えに従えしめた後、ギリシアを訪れたディオニュソスは、母の生まれ故郷であるテーバイでまずその教えを広めようとした。ところが彼の叔母たちはディオニュソスがゼウスの子であることを否認し、彼を神として認めようとはしなかった。怒ったディオニュソスは、母の汚名をそそぎ、神としての自分の威光を示さんものと彼女らを狂気《オルギア》に陥れた。ディオニュソスの信者となった彼女らはディオニュソスの祭礼の衣裳を身にまとい、山々を駆けまわり、狂乱的な儀式を行なうにいたった。

テーバイの新しい王ペンテウスはこの儀式を禁じた。「しばらく国許《くにもと》を留守にしておったが、ただいまかえってきけば、国では怪しからぬことが起ったそうな。女どもが、バッコスの祭であると称して、家を明け、昼なお暗い山中をうろつき廻り、ディオニュソスとかいう新来の神をあがめて踊り狂っているという。一座の中央に酒をみたした甕《かめ》を据え、てんでに人目のつかぬ場所に忍んで行っては、男どもの欲情をみたし、神に仕える巫女《みこ》の役目だなどと申しているが、じつはバッコスならぬアプロディテの祭といった態《てい》たらくであるそうじゃ。捕えた女どもはみな、手を縛《いまし》めて、置屋に入れて見張らせてあるが、捕え損じた者共は、今に山から狩りたててやる」(5)。

しかしペンテウスは逆にディオニュソスの奸計によって捕えられ、ペンテウスの母親を含む信女たちによって体がバラバラに引き裂かれてしまう。「やがてどの女も、血まみれの手で、ペンテウスさまの肉片を、毬《まり》のように投げ合って戯れるのだ」。ディオニュソス教の迫害のシンボルともいうべきペンテウスは、それゆえにディオニュソス教の秘儀の生贄となったのである。『バッコスの信女』には、ディオニュソス教の祭祀の特徴が明確に描かれている。

(1) 祭は人里離れた山や森のなかで行なわれる。
(2) 参加者は酒を飲んで、神の憑依というべき狂気とエクスタシーに陥る。
(3) 信女たちは男とオルギア的乱交にふける。ディオニュソス教においてはバッカス的祭祀が復活している。

(4) 生贄を八つ裂きにし、さらには――『バッコスの信女』では暗示されているだけだが――生贄の生肉を食らうことによって、神との交感を体験する。[6]

このような祭祀が秩序ある生活様式や価値体系の全体を脅かすものだったことは明らかである。そしてペンテウスはまさに秩序ある体制の保持者にほかならなかった。そしてペンテウスがディオニュソス教の信者たちを「秩序紊乱者」として恐れ迫害しようとしたのと同じように、後の時代においてはキリスト教社会が、ディオニュソス教の祭祀を思わせる魔女たちのサバトを「異端者」として恐れ迫害したのだった。

たしかにディオニュソス教の祭祀の特徴には、魔女たちが夜、山や森のなかでひそかに集まって開いたとされるサバトを思わせるところが多い。『バッコスの信女』では、祭は「昼なお暗い山中」で行なわれたということになっているが、古代ギリシアの壷に描かれた図を見ると、ディオニュソス教の信女たちは、夜、松明をかかげ、山羊の像を中心にして行列をなし、森や山のなかに入った。山羊はディオニュソスの象徴だった。そしてディオニュソス教の秘儀が始まると、信者たちは乱飲乱舞して忘我《エクスタシー》と陶酔《エントウシアスモス》の境地に陥り、神と同一化し、生贄(動物や人間)の肉を生で食し、さらに性的放縦にふけったとも言われる。こうしたバッカス的祭祀は古代ローマではバッカナリアとなり、さらにこれにミトラ教の祭儀が入りこんで、サバトのイメージを形づくっていったと推測されている。サバトに関する初期の言及が南欧に限定されているという事実は、この推測を強めてくれる。こうして角をもち、牡山羊の恰好をしたディオニュソスは、サバトを主宰するサタンとなった。サバトにおいてサタンが牡山羊のすがたをして現われるのは、そのためである(図)。そして松明をふりかざし、乱飲乱舞するディオニュソスの信女は、サタンに仕え乱舞する魔女たちとなったのである。(7)

ディオニュソス教の秘儀において、信者たちは動物や人の生肉を食した。しかもその秘儀の核心には、幼児ディオニュソスの体を切り刻み、それを鍋に入れて、火で焙り、食べることを擬した儀式がある。信者たちは「神」を食し、神と合体する。人食いであるはずの彼らは、神となるのだ。こうした「神」を食する儀式は、ディオニュソス教においてのみならず、多くの原始宗教に認められる。そしてこの秘儀が魔女たちのサバトとなっていったとすると、魔女たちが幼児の体を切り刻み、それを鍋に入れて、火で焙って食べるという伝説が生まれ、魔女に人食いの嫌疑がかけられたとしても不思議ではない。

幼児ディオニュソスを食べるという神話は、キリスト教の時代になってから、主としてキリスト教の著述家によって伝えられている。それによると、ディオニュソスはゼウスがデメテル(もしくはペルセポネ)と交わってつくった子であったため、嫉妬ぶかいヘラは一計を案じた。ヘラによって遣わされたティタンたちは幼児ディオニュソスを玩具で誘きだして殺し、その体をバラ

ゴヤ「魔女の集会」1797-98年

バラに切り刻んだ。さらに彼らはそれを鼎の上の大鍋のなかに放りこみ、煮て食べた。キリスト教の著述家は述べていないが、キケロの同時代人であるフィロデモスによれば、ディオニュソスは殺されたものの、穀物の女神である母デメテル(もしくは地母神レア)がその骨を拾い集めてくれたので、彼はふたたび甦った。

つまりディオニュソス教の秘儀の中核には、神ディオニュソスの死と再生という主題がある。穀物が死んで、また再生するように、ディオニュソスもまた死の国へ旅した後、人々に豊饒をもたらすのだ。つまりエリアーデが指摘しているように、「ディオニュソスは彼に捧げられるすべての儀式において、豊饒の神でしかも死の神である姿を示している」(8)。しかし後の時代になると、ディオニュソス教が豊饒儀礼であることはまったく理解されなくなり、その秘儀のもつおぞましい食人的側面ばかりが強調されることとなったのである。

人食いはキリスト教徒かマニ教徒か

さて、ディオニュソス教の信徒たちがペンテウスに代表される古代ギリシア人によって秩序紊乱者と見なされたように、初期キリスト教徒もローマ帝国内で秩序紊乱者として迫害されつづけた。その場合に彼らには、赤子殺し、人食い、近親相姦の嫌疑がかけられた。二世紀のキリスト教徒ミヌキウス・フェリクスは、異教徒がキリスト教の儀式をどのように偏見にみちた眼で見ていたかを詳述している。

新しいキリスト教徒の入会式は、すでによく知られているが、まことに胸のむかつくようなものである。赤子が一人、よほど注意深い人でもなければ赤子であるとは分からないように、身体中に粉をまぶされた状態で、これから入信しようとする者の前に連れてこられる。すると、この者はこの赤子を一突きで刺し殺す。赤子の身体には粉がまぶされているため、この者は罪の意識をもたずに赤子を刺し殺すことができるわけだ。それから、語るのもはばかれるような恐ろしい場面が始まる。この儀式の参加者たちは、赤子の血を飲み、赤子の四肢をひきちぎって分けあうのだ。彼らが真に仲間となるのは、この供犠を通してである。……祭りになると、キリスト教徒は、子どもも、姉妹も、母親も、老若男女みな一堂に会する。祭りのなかで興奮が高まり、酔いがまわって、情欲がむらむらと燃えあがると、ランプに鎖でつながれた犬の眼前に一片の肉が投げ与えられる。犬は鎖をいっぱいに引っぱって走りだす。キリスト教徒の悪行を照らしてくれるはずのランプはひっくり返され、明かりは消えてしまう。真っ暗になった闇のなかでは、いまや何をしても恥ずかしくはない。キリスト教徒たちは情欲のおもむくまま、言うもはばかられるような狂宴にふける。あらかじめすべてが計画されたとは言えないかもしれないが、ここで行なわれていることすべては近親相姦

にほかならない。(9)

キリスト教徒に対するこのような中傷は、後世ではキリスト教徒が「魔女」たちに対して行なった誹謗とまったく変わるところがないことに気づかされよう。赤子殺し、人食い、近親相姦は、人間が手を染めうる最大の穢れであり、そのような罪が仇敵に対してなすりつけられるのだ。

人を食っていると中傷されたキリスト教徒が、逆に非キリスト教徒こそカニバリストであると非難するようになったのは、三世紀後半においてである。当時、小アジアの地ではモンタノス主義と呼ばれる宗教団体が最も戦闘的な反キリスト教運動を展開していたが、ブレスキアのキリスト教司祭フィラストリウスは、モンタノス主義者にはカニバリズムの疑いがあると述べている。「噂だが、この者たちは復活祭になると、神に捧げる供物に幼児の血を混ぜ、この供物をいくつにも分けて、この誤った宗教にかぶれた各地の悪しき同胞に配っているという(10)」。実際、モンタノス主義者については、彼らは幼児の身体に傷をつけて、そこから得た血を混ぜてパンをつくるという噂がかなり広範囲に広がっていた。むろんモンタノス主義者は、このようないわれなき中傷を否定したが。

モンタノス主義者の次にカニバリズムの疑いをかけられたのは、マニ教徒だった。マニ教徒が人食いであるという俗信は、聖アウグスティヌスにおいてさえも認められる。一時マニ教の影響を強く受けていたアウグスティヌスは、マニ教の伝える宇宙創造史にカニバリズムに似た話が出てくることを知っていたからだ。マニ教によれば、世界は光と闇、善と悪、神と物質という二つの原理によって支えられている。しかしこの世において、この二つの原理はたがいに「混合」している。神は光を救い、悪魔を征服するために使者を派遣した。使者は両性具有で、そのため男の悪魔の眼には美しい全裸の乙女として、また女の悪魔の眼には美しい全裸の青年として登場した。男の悪魔も女の悪魔もこの使者と交わり、奇形児を生んだ。この奇形児は光を多量に含んでいたので、光を恐れる悪魔はこれら奇形児をむさぼり食い、それから男の悪魔と女の悪魔は交わった。こうしてアダムとエヴァが生まれたという(11)。

アウグスティヌスは、後にマニ教から離れ、マニ教を反駁するために書いた「善の本性」のなかで、異端者の男女は乱交し、仲間の子をもらい受けてそれをむさぼり食うと記している(12)。こうした記述はたしかに部分的にはマニ教の教えに由来している。しかし聖アウグスティヌスは、子をむさぼり食うというモティーフが神話的なものであることを見落とし、マニ教とカニバリズムを安直に結びつけてしまったのである。

自分の父親が異教徒であったため、異教徒の習俗に詳しかったアウグスティヌスは、アルカディア人における人身御供の儀式についても語っている。アルカディア人たちは自分たちの神リュカイオスに子どもを犠牲としてささげるのをつねとしていたが、デメネトスという男がその生贄を食してしまったので、そのためデメネトスは狼に変えられてしまった。[13] このエピソードで、人身御供とカニバリズムは等置されていないことに注意しなければならない。アルカディア人の場合、人身御供を行ないはするものの、生贄の肉を食することはタブーだったのである。

しかしアウグスティヌスは両者を等置した。彼は人身御供やカニバリズムは異教徒の行なう忌まわしい習俗であると見なし、この「悪魔的」習俗をデモノロジーの教義のなかに組み入れていった。この彼の思想は後のスコラ神学に受け継がれていった。異教徒に人身御供と人食いというレッテルが貼られるにいたった原因の一つはここにある。

ちなみに人身御供は、太古の昔、ドルイド教徒などによって実際に行なわれていたと考えられている。だが後の時代になると、この供犠は儀礼的なものとなった。そして実際に行なわれていたにせよ、単なる儀礼にすぎなかったにせよ、この供犠は狩猟民族にとっても農耕民族にとっても重要な意義を有していた。エリアーデが『世界宗教史』において説いているように、人は供犠において一度死ぬことによって、大地という母胎に回帰してゆき、その母胎からまた新たな生命を地上にもたらすのである。したがって古代の人々にとって「供犠としての死」と「受胎」とは等価だった。[14] 人身御供はたしかに「野蛮」な行為かもしれない。しかし古代の人々がこの儀式によって自然の豊かな再生を祈願したこと、そしてこの「野蛮」な儀式が、中国の鬼と同様、二義性を有していたことを忘れてはなるまい。

人身御供と豊饒儀礼

人身御供と豊饒儀礼の関係については、民俗学の宝庫である日本にも、昔からさまざまな伝承が伝えられている。『日本書紀』によると、天照大神(太陽神)の弟である月夜見尊《つくよみのみこと》が姉の指示にしたがって地上に降り、保食神《うけもち》を訪問した。保食神は食物の女神だったので、米の飯をはじめとして、山海のさまざまな珍味を口から吐き出し、食卓に並べて月夜見尊をもてなそうとした。しかし「口から吐き出したものを食べさせるとは何と穢らわしいことぞ」と憤慨した月夜見尊は、保食神を斬り殺してしまった。

天に帰ってから、月夜見尊がこの話を姉の天照大神に報告すると、天照大神は月夜見尊の行為にいたく立腹し、それ以来、両者(太陽と月)は顔を合わさないことになってしまった。

天照大神はその後、天熊人《あまのくまひと》という神を地上につかわせた。すると保食神はたしかに死んでいたが、その死体の頭からは牛と馬が、額からは粟が、眉からは蚕が、眼からは稗が、腹からは稲が、陰部からは麦と大豆と小豆が生じていた。天熊人がそれらのものを天上に持って帰ると、天照大神は大喜びし、粟と稗と麦と豆を畑の作物として、また稲を田の作物として定めるとともに、蚕の繭から絹糸も引き出した。

『日本書紀』のこのくだりには、豊饒の神の殺害とその再生というディオニュソス的主題が認められる。保食神はディオニュソスにも似た豊饒の神であった。そして穀物の生長にとって欠くことのできない太陽である天照大神は、月の神とは違って保食神の味方だったし、また動物（熊）の神格化である天熊人も豊饒を手助けする存在だった。一方、夜の世界を代表する月の神は、後で詳述するように、他界に属していたのである。

また『今昔物語』のなかには、旅人をあつくもてなし、女と食事を与えて太らせた後、生贄として猿神に捧げるという説話（巻二六第八話）がある。これは日本においても人身御供の習俗がかつてあったことを示していると言われる。『日本書紀』においては熊が、また『今昔物語』においては猿が神の「つかわしめ」だったのである。

生贄となった動物や人物は神に捧げられるものだった。そしてその捧げものを食べるのは神だけに許されることだったし、その神はしばしば動物――特に猿――だった。『今昔物語』において猿が別に神の「つかわしめ」などではないと旅人が看破する話になっているのは、動物のなかに「神」を見る古代の信仰が平安時代後期にはすでに色褪せたものになってしまっていたことを示している。

一方、アウグスティヌスが伝えているアルカディア人における人身御供の場合には、デメネトスという男が生贄の肉を食したため、彼には「神」ないしは「非人間」という烙印が捺され、「狼」として追放されなければならなかった。人食いは人ではない、それは「狼」だというわけだ。しかも古代ヨーロッパにおいて狼は単に怖れられる「自然」であるのみならず、畏怖される「神」でもあった。

ここから、古代の日本やヨーロッパにおいては次のような共通の認識があったことが分かる。

(1) 人は人の肉を食してはならない。

(2) 人を食するのは神だけである。神によって食べられた人はやがて再生し、豊饒をもたらす。人身御供はそこから生まれた儀式である。

(3) 人肉を食した者は追放された。そのとき、追放された者の妄執、怨念が怨霊として祟りをなさぬように、追放者は「神」として祀られた。しかし祀られぬまま追放された者は、魔女や山姥として迫害された。ただし日本では山の神と山姥は置換可能だったのに対し、ヨーロッパでは神と魔女が置換されるなどということはとうてい考えられなかった。

日本の説話には、山姥が人を食うという話がしばしば出てくる。『今昔物語』のなかには、「産女南山科に行き鬼にあひて逃ぐるものがたり」(巻二七第一五)という説話が収められている。ある貴族のもとに仕えていた下女がいた。身籠もったことに気づいたものの、出産は穢れであるため、主人の家で産むわけにはゆかず、山の奥深く入って産もうとした。山奥に入ると、古びて朽ちかけた小屋がある。なかに入ると、引戸ががらりとあいて、白髪の老女が出てきた。「出ていけ」と叱られるだろうと覚悟していたが、予想に反して老女はまことに親切で、お産を手伝ってさえくれた。二三日経って、女がうつらうつらと昼寝をしていると、老女がやってきて赤子を見ながら、「あな甘《うま》げ、ただ一口」と言う。それではこの老女は鬼だったのか、と知り、女は赤子を抱いてひた走りに走って逃げた。老女は人を食う山姥だったのである。

前にも述べたが、柳田国男によれば、山姥は本来は「山の神」だった。神だったのだから、山姥は自分に捧げられた生贄を食う当然の権利があった。しかも「山の神」は本来は人間ではなく、動物だった。ところが、ある時、人であるにもかかわらず人肉を食した者がいた。その者はデメネオスと同じように、人にあらずとして里を追われ、棄民となった。山や森のなかで孤独裡に生きるこのような者に対して人々が畏敬の念を捧げているときには、この者は「山の神」だった。しかし、そのような畏敬の念が失われたときから、山の神は山姥となったのである。

つまるところ日本においてもヨーロッパにおいても、カニバリズムという身の毛もよだつ行為を実際にしている人々がいるという俗信は広く認められる。ただし繰り返すようだが、日本では山の神が山姥になることはありえても、ヨーロッパの悪魔は決して神の零落したすがたではありえなかった。そしてこうした前提の下に、キリスト教独自のデモノロジーが発展していった。一二六〇年に出されたアレクサンデル四世の勅書にもこう記されている。「魔術師は近親相姦の罪を犯す。魔術師は人を殺して、煮て食べる。絞首刑で処刑された者を食し、家畜を殺し、こうしてありとあらゆる面において悪魔に仕える僕《しもべ》となる」(15)。

魔術師ばかりではない。ユダヤ人は人食いであるという俗信がヨーロッパでは広範に広がっていた。ドイツの場合、一二三五年の末にユダヤ人がカニバリズムの疑いで初めて殺された。フルダの町でこの年のクリスマスに水車小屋が燃え、そのなかから小さな子供たちの焼死体が発見された。両親はちょうど留守だった。すると間もなく、この子供たちを殺したのは二人のユダヤ人で、彼らは子供たちの血を集めて治療薬として使ったのだという噂が広がった。町の人々は三二人のユダヤ人を即座に殺し、さらにはドイツ国内のすべてのユダヤ人を殺人の嫌疑で告発した。しかし皇帝フリードリヒ二世は徹底的な調査にもとづいて、ユダヤ人は無実であること、そしてユダヤ人に対するいわれなき誹謗や告発を禁じた(16)。

この事件は、それから今世紀にまでいたるユダヤ人に対する長い迫害の始まりを告げるものだった。むろん人食いの汚名を着せられたユダヤ人も黙ってはいなかった。彼らは、キリスト教徒こそ教会での聖餐式において、イエス・キリストの体(パン)を食べ、血(ワイン)を飲んでいるではないかと反駁したが、そう言ってもユダヤ人に対する偏見を消すことはできなかった。ユダは悪魔にそそのかされてイエス・キリストを殺した。そしてユダの子孫であるユダヤ人は食人種である。この偏見にみちた共同幻想によって「ユダヤ人＝悪魔の手下」という図式が成立した。

こうした偏見が生まれた背景にヨーロッパ固有のデモノロジーがあることを忘れてはならない。前述したように、ヨーロッパにおいて悪魔は肉体をもった人間として人格化されていた。となると、その逆もまた可能になる。実在する現実の人物が「悪魔化」されるのだ。ヒトラーは悪魔である、スターリンは悪魔である、サダム・フセインは悪魔である等々。そしてこれと同種の「悪魔化」の論理がユダの子孫に対しても適用されたのである。

ギンズブルグが『闇の歴史』で説いているように、ユダヤ人に対する迫害は魔女狩りの前段階をなすものだった。「わが子をサタンに捧げ、その肉を食う魔女」が悪魔の味方であるとしたら、そのような「魔女」を告発し火刑に処す者たちは正義の味方である。こうした単純な善悪二元論にもとづく恐るべき悪業が、その後のヨーロッパやヨーロッパ人によって作られた社会ではいくたびも繰り返された。一六・一七世紀には魔女狩りとなって、第二次大戦中にはアウシュヴィッツ他の強制収容所におけるユダヤ人の虐殺となって、そしてアメリカでは第二次大戦後にマッカーシーの「赤狩り」となって。そしてこれらは、永年にわたってヨーロッパで培われてきたデモノロジーの歴史的産物だったのである。

第四章　空を飛ぶ魔女

ベナンダンティと「いざなぎ流」

「ヴィイ」でもそうだが、魔女は空を飛ぶことで知られている。空を飛んで魔女はサバトという魔女集会に参加する。ドイツ語で魔女はHexeと言う。その語源は九・一〇世紀のドイツ語のhagazussaであるが、hagaは「垣根」を、zussaは「女性のデーモン」を意味している。つまりhagazussaは「垣根を飛びこえていく女」の謂である。空を飛ぶときに魔女は、

一、魔女の軟膏を身体に塗って、動物(特に鳥)に変身するか、
二、動物もしくは何らかの道具(杖、箒など)に騎乗するか、
三、恍惚状態に陥って魂が身体から離脱する

と考えられている。図はH・バルドゥング・グリーン(一四八四?—一五四五)の描いたペン画(一五一四)であるが、前景左手の裸の女性は股間に手を入れて陰部に軟膏を塗っている。すると彼女は、後景で熊手にまたがって飛んでいる老婆の後を追って、空を飛べるようになる。

古代社会において「空を飛ぶ」ことは、ある特別な人々に与えられた特殊な能力と考えられて

H. バルドゥング・グリーン「サバトに行く準備をする魔女」1514年

いた。したがって「空を飛ぶ」というモティーフは古代ヨーロッパから受け継がれてきたもので、別に魔女狩りの歴史のなかで異端審問官によってつくられたものではない。古代ヨーロッパにかぎらない。空中を飛んで人肉を食らう夜叉をはじめとして、中国の昔話にも「空を飛ぶ」というモティーフは数多《あまた》出てくる。澤田瑞穂は『中国の傳承と説話』のなかで、『太平広記』巻四六〇禽鳥の部からヨーロッパの魔女伝説そっくりの話を紹介している[1]。

唐の開元年中、戸部の令史某に美しい妻があったが、何物かに魅入られて病に罹ったが、原因をつきとめることができない。その家に一頭の駿馬があり、いつも芻《まぐさ》は充分に与えているのに痩せ衰えてゆく。不審に思って隣家の胡人に問う。……胡人いう、「あなたが出仕して当直なさると、あなたの奥方は〔馬に乗って〕夜間に出かけられますよ。あなたはそれをご存じないだけです。もし信じないならば、当直の時に、ためしに家に帰ってお調べになれば分るはずです」と。

令史は胡人にいわれたとおり、夜間に帰宅して身を潜めていると、一更のころに妻は起き出して化粧をする。それから侍女に命じて馬に鞍を置かせ、階前に曳かせて馬に跨がる。侍女は掃帚に乗って後に従い、冉々《ぜんぜん》として空に登っていって姿が見えなくなった。令史は大いに驚き、胡人に会って告げ、どうすればよいかと問う。もう一晩だけ様子をみなさいと胡人は答えた。

その夜、令史が帰宅して堂前の幕の中に潜んでいると、妻が出てきて、「なぜ生きた人の気配があるのか」と侍女に問い、帚を燃やしてあまねく堂の内外を調べさせる。令史は慌てて堂内の大きな甕《かめ》の中に身をかくす。まもなく妻は馬に乗って出かける。帚は燃やしてしまったので、侍女には乗るものがない。「帚でなくても、何にでも乗れるでしょう」と奥方がいうので、侍女は急ぎその甕に乗ってあとに従う。令史は甕の中で身動きできず、じっと呼吸をころしていた。

やがてある場所に着いた。そこは山頂で、林間に帳幕《とばり》を張りめぐらし、筵席を設け、七、八人が集まって飲んでいる。それぞれに匹偶《つれ》があり、座上で仲よく宴飲している。こうして数更の後にやっと散会した。妻は馬に乗り、侍女は前の甕に乗る。すると侍女が驚いて、「甕の中に人がいました」という。妻も侍女も酒に酔っていて、中の男を押し出す。彼は声を出さずにいると、侍女はその甕に跨がって飛び去った。

夜が明けて令史が見廻すと、あたりに人影はなく、ただ余燼が残るだけであった。かくて険しい山路を数十里も歩き、物乞いをしながら苦労すること月余にして、やっと家にたどり着いた。妻は夫を見て何処へいっていたのかと驚き問うたが、彼は言を左右にして実を答えず、またもや胡人の家にいって処置を問う。「魅《ばけもの》は見当がつきましたよ。奥方が出かける時に、急ぎ炬火《たいまつ》で〔魅を〕焼きなされ」と。いわれたようにすると、空中に命乞いをする声が聞え、やがて一羽の蒼鶴が火中に落下して焚死した。妻の病はそれで愈えたと。

夜、皆が寝静まってから、令史の妻は馬に、その侍女は箒に跨がって、サバトを彷彿させる山上の夜宴に出かける。しかし中国人の考えでは令史の妻は別に魔女ではなく、彼女には単に魅《ばけもの》が宿っていたにすぎない。そう考えたのは、中国人が西欧的なデモノロジーの影響を受けていなかったからだ。だが、もしもこの話がヨーロッパの異端審問官の耳に入ったら、令史の妻やその侍女は魔女として確実に処刑されたにちがいない。

いずれにせよ、ヨーロッパでも中国でも、空を飛んで夜の宴に参加する人々がいるという伝承は広範に認められる。では、どうして彼らは「空を飛ぶ」ことができたのだろうか。じつはそれこそは「野生の思考」の一特性をなしている。ここでもう一度、Hexe の語源に戻ろう。たしかに hagazussa は「垣根を飛びこえていく女」の謂である。では垣根を飛びこえて果たして彼らはどこに行ったのだろうか。ヘンゼルとグレーテルは死者の国へと旅し、そこで魔女と出会った。その魔女もじつは此岸と彼岸の「垣根」を飛びこえて他界へ行った人だったのではなかろうか。

その推測を支えてくれるのは、ギンズブルグの『ベナンダンティ』である。ベナンダンティとは、北イタリアのフリウーリ地方にいた一種の魔術師のことで、彼らは四季の斎日の木曜日の夜、恍惚状態に陥って魂が身体から離脱し、動物（兎、猫など）に騎乗して広い野原に出かけ、そこで夜の集会を開く。集会では遊戯をしたり気晴らしをしたりする他、もろこしの茎（魔女の持ち物とされるいわゆる「箒のもろこし」）で打ちかかってくる魔女たちと戦う。ベナンダンティは茴香《ういきょう》（強い香りを持ち、魔よけとして用いられる）の茎をもって応戦する。魔女が勝つと、その年は不作になり、ベナンダンティが勝つと豊作になる。ベナンダンティが「よき道を行く人」を意味するのは、そのためである。

一六・一七世紀にベナンダンティのこの奇妙な風習が発見され、彼らは異端審問所で裁判にかけられた。動物への騎乗といい、魂の離脱といい、夜の怪しげな集会といい、異端審問官たちはベナンダンティの行動が魔女の行動と酷似しているのに気づいた。違っているのは、ベナンダンティが魔女と戦うという点だけである。「お前たちは魔女と戦うと言い張っているが、しかしお前たちこそ魔女ではないのか」。異端審問官はそう問いつめた。ベナンダンティはやがて異端審問官たちの巧みな誘導と強圧に屈して、自分たちが悪魔に導かれて夜の集会へ行ったことを認めた。こうしてベナンダンティは魔女とされ、彼らの風習は悪魔崇拝と見なされてしまった。

裁判記録を仔細に検討することによって、ギンズブルグは気づいた。「これは驚くべきことに一六世紀末までフリウーリという情報の届かない外縁の土地に生き生きと保存されていた農耕儀礼なのである」と。[2] ベナンダンティの魔女との戦いにこそ、古代の豊饒儀礼の再演が認められる。

古代の儀礼では、若者が二つの集団に分かれて戦ったと言われている。一方は豊饒をもたらす霊を体現する集団であり、他方は破壊をもたらす霊を体現する集団である。豊作か不作かは、どちらの集団が勝つかによる。豊饒や破壊をもたらす霊を体現するということは、よき霊あるいは悪しき霊が「憑く」ということである。つまりベナンダンティとは憑霊信仰なのだ。ギンズブルグは、この儀礼はかつては実際に行なわれていたが、やがて行なわれなくなり、集団的な夢や幻覚という形で生きのびるにいたったものだろうと述べている。では、いったいどういう形で実際に行なわれていたのだろうか。このような儀礼は今日でもいわゆる「未開民族」において見ることができる。ある定められた日に若者たちが踊っていると、誰かが霊に憑かれて倒れる。憑依状態にあるその者から、他の者たちはその年の作柄を予言してもらうのだ。その者が夢や幻覚のなかで悪霊と闘っていたのかどうかは定ではないが。

日本にもベナンダンティに似た風習が残っている。高知県香美郡物部《ものべ》村の「いざなぎ流」である。いざなぎ流の祈禱師たちは「式王子」と呼ばれる荒ぶる神霊を操作することができる。祈禱師はある人を苦しめ呪ってほしいという依頼を受けると、式王子を招霊し、「因縁調伏」の儀礼を行なう。呪詛された方もかなわないから、別の祈禱師に頼んで、「呪咀の返し」の儀礼をしてもらう。小松和彦の研究によれば、その時、両者の式王子は空中に飛んで激しく争うという(3)。

ベナンダンティと「いざなぎ流」が有している共通点を見逃してはならない。第一に、憑霊状

箒に乗って空を飛ぶ魔女．M．ル・フラン画，1451 年

態に陥った者たちが敵と闘う。第二にその時、彼らは空を飛ぶのである。

　ベナンダンティたちは、ある定められた日にそろって恍惚状態に陥る。恍惚（エクスタシー）はギリシア語の ékstasis に由来する。ék は「外に」、stasis は「立つこと」である。つまり「脱自」の謂であり、魂は身体から離脱する。そしてそのときベナンダンティは宙を浮遊しているのを覚えたにちがいない。

　一方、いざなぎ流においては「祈禱師の打つ弓弦の音によってトランスになった祈禱師自身もしくは一種の霊媒に、神が降りて託宣」[4]する。

　そしてベナンダンティも「いざなぎ流」の祈禱師も恍惚状態に陥ることによって浮遊を体験す

る。恍惚状態に陥るために、いざなぎ流の祈禱師は「弓弦の音」を必要とした。ではベナンダンティはどのような手段を用いたのであろうか。ギンズブルグは幻覚剤を使ったのだろうと推測している。そしてこれこそは、後に「魔女の秘薬」と見なされるにいたったものだった。

これらの魔女の秘薬は、ナス科の植物（チョウセンアサガオ、トリカブト、黒ナス、ジザガオなど）からつくられたＬＳＤに近い幻覚剤であると考えられている。教会も、これらの植物の抽出液と魔女の浮遊現象とのあいだの因果関係に気づいていた。一五二八年にはブールジュの地方公会議が、五七年にはヴァランスとディーの司教が、一六一八年にはサン＝マロの司教代理が、三八年にはカオールの司教が、薬草の採取者を追及したり、それを供したりすることを禁じた。(5)もう一度、バルドゥング・グリーンの画（一三〇頁）を見てみよう。前景左手の女性は陰部に軟膏を塗っている。ナス科の植物の抽出液は、皮膚から吸収され、体の組織に入ると、ただちに活性化するという特性を有している。しかも股間の陰部は人体のなかでも最も敏感な部分であるから、ここに軟膏を塗った女性はすぐに幻覚状態に陥って、「空を飛ぶ」ことができるようになる。後景では裸の老婆が熊手にまたがって飛んでいるが、魔女の乗り物として使われた箒の柄や熊手にも魔女は軟膏を塗った。しかもこの魔女は裸であるため、箒の柄や熊手に塗られたナス科の植物の抽出液はやはり股間の陰部に作用して、彼女に「空中浮遊」を体験させるのだ。

おそらくベナンダンティたちも、四季の斎日の木曜日の夜、それぞれにこの軟膏を身体に塗って「空を飛び」、夜の集会に「参加」したにちがいない。

薬の他に考えられるのは、太鼓の音である。シベリアや中央アジアのシャーマンたちは、太鼓の音に助けられて空中を飛行すると主張している。エリアーデが指摘しているように、太鼓の音は忘我の恍惚状態を準備する上で重要な役割を果たしているのである。(6)

この集会において、ベナンダンティはその年が豊作か不作か決することができる。しかし未来の出来事は此岸においては決定できない。だからこそベナンダンティは恍惚状態において日常の時間を超脱し、他界へ向って旅だち、霊的存在となって霊的な魔女と戦ったのだ。彼らが陥った恍惚状態は、一時的な死を意味していたのである。

この仮定を裏づけてくれるのは、フリウーリ地方に住む女性たちの証言である。農耕儀礼を行なっていたベナンダンティは男性だったが、それに対して女性のベナンダンティは、死者のすがたを見て言葉を交わしたり、死者とともに外出したりすることができた。このように「魂が離脱」して死者の仲間に入ることのできる女性のベナンダンティと、「魂が離脱」して豊饒のために魔女と戦う男性のベナンダンティの形態学的な類似は明らかである。レヴィ＝ストロース風に言えば、両者は形態学的「交換」の関係にある。ギンズブルグも言う。「われわれはある同一の信仰の、二本の分枝に直面しているのであり、その根は遠い過去にまで伸びているのだ」(7)と。

フリウーリ地方では、羊膜に包まれて生まれてきた人がベナンダンティになるべく定められていると信じられていた。羊膜に包まれた暗闇。それは生まれる前の世界、すなわち他界にいる状態に近い。ベナンダンティは他界とのこうした親縁関係を有しているがゆえに、他界へと旅することも容易だと考えられたのではあるまいか。

ベナンダンティと似た風習に「狼憑き」がある。ヨーロッパ北部のリトゥアニアのある老人は異端審問官に、自分は狼男であると述べた。しかし彼の話は、一般伝承で信じられているような人畜を襲って食べる狼男とはまるで違っていた。彼は年に三回、狼に変身し、他の狼男たちと地獄に降りていって、そこにいる悪い魔術師(箒の柄をもって打ちかかってくる)と戦い、悪い魔術師が奪った家畜や農作物を地上へ取り戻す。しかも興味深いことに、狼男になるのは、羊膜をかぶって生まれてきた者と定められていた。形態学的に見れば、狼男がベナンダンティのメタモルフォーゼであることは明らかであろう。

狼憑き信仰は地中海、ケルト圏、ゲルマン圏、スラブ圏といった異質な文化地域に、きわめて長期間にわたって存在していた。狼に変身しなくとも、似たような信仰は全世界にある。中国や日本に昔からある追儺式もその一つで、大晦日の夜、方相氏は熊の仮面をかぶり怪異な服装をして悪鬼(疫病神)を追い払う。悪鬼退治をする方相氏は、悪鬼が驚くような恐ろしい動物に変身するのだ。

真言密教で信仰されている荼枳尼天も、こうした民間信仰と深部においてつながっている。荼枳尼天は人の死を六ヵ月前に知ることができるので、臨終の床にある人たちの枕許に空中を飛翔して現われ、あるいは死出の旅に向う人を慰めるように抱きしめて心臓の垢をとってくれるかと思えば、あるいは死者の心臓そのものを食らう人食いともなる。天女のような荼枳尼天と鬼のような荼枳尼天。この二つの荼枳尼天は、うら若き美女と醜い老女という相反する二つのイメージに正確に呼応する。荼枳尼天は「空を遊歩する女性」を意味する。本来はヒンズー教の女神だったが、後には仏教神話中の神格となった。さらに日本において荼枳尼天は稲荷神社の信仰と結びつき、狐にまたがって空を飛ぶ美しい天女のイメージで捉えられるにいたった。動物に騎乗したヨーロッパの魔女を彷彿とさせる姿だ。荼枳尼天のまたがる狐の霊は人間に宿って功徳を授けるとも、祟《たた》りをもたらすとも信じられた。中古には狐霊を駆使する術師がいたという記録があるから、稲荷信仰もじつはベナンダンティや狼憑きにも似たシャーマニズムだったのである。

岩手県では昔、狐を呼び寄せて、その年の豊作を祈ったという。「新暦の三月のある日、夜の一一時頃から夜明けまでの間に〔狐の〕提灯の行列が現われ、次に農夫が米俵を運ぶところがみられ、最後は白狐の弓矢合戦」があった[8]。この合戦が見られた年は豊年で、見られぬ年は凶年だった。この狐信仰は、今日でも「御作立て」という儀礼となって岩手県に残っている。白狐は狼憑きを、その弓矢合戦は、ベナンダンティを想起させずにはおくまい。

狼にせよ狐にせよ、人間にはない特別な魔力を持つ動物に対する信仰は、ヨーロッパにもアジアにも共通して認められる信仰、おそらくはかつてユーラシア大陸全体に広がっていた信仰であろう。動物は悪い魔術師が住む地獄や、悪鬼のいる別の世界へ行き、そこでこの世に住む人間のために戦ってくれるかと思えば、人間を病気にし、さらには死の世界へ拉致してしまうこともある。動物は生と死の世界のあいだの媒介者なのだ。

ギンズブルグは、「魔女」のルーツの一つをベナンダンティや狼男に求めている。前述したように、魔女は「空を飛ぶ」ときに、動物に変身するか、動物に騎乗するか、魂が離脱する。まさにベナンダンティと狼男がそうしたように。

中国や日本における追儺式、あるいは稲荷信仰からも推測されるように、かつてユーラシア大陸にはその全域に、ベナンダンティや狼男と形態学的に親縁関係にある宗教的風習が広がっていた。しかしこの風習は、やがてヨーロッパでは無知蒙昧な民衆の迷信であると考えられたり、さらに時代が下ると、キリスト教の教えを否定する悪魔崇拝であると見なされるようになってしまった。おそらくその背後には、古代の「未開人」に対する文明人の恐怖があるであろう。

シャーマニズムと空中飛行

今日の人々は、魔女狩りの時代は愚かな時代だったと考えている。しかし、それと同時に、魔女が「空を飛ぶ」というのも遠い昔の愚かな迷信にされてしまった。古代の人々が有していた死の世界に対する親近感を忘れてしまった現代人は、ベナンダンティの恍惚体験を理解しようにも理解できない。一六世紀のナポリの魔術研究家G・ポルタが戸の隙間から覗き見していたところ、魔女と考えられていた一人の老婆が部屋のなかで裸になり、膏薬らしきものを体中に塗りたくった。すると膏薬の効き目が現われて、老婆は床に倒れ、深い眠りに落ちた。しばらくして目を覚ました老婆は、自分は山や谷を越えて空を飛んだのだ、と言い張った。ポルタが「私はずっと見ていましたが、あなたは眠っていただけで、空を飛んではいませんでしたよ」と言っても、老婆は頑強に「飛んでいた」と主張した。(9) たしかに老婆は鳥や飛行機のように空を飛ぶわけではない。では、魔女が「空を飛ぶ」というのは単なる幻想にすぎないのだろうか。ポルタの眼からすれば、それは入眠状態での幻想以外の何ものでもなかった。

宗教的な恍惚状態において空中浮遊をしたと言われる人物がいる。アッシジの聖フランチェスコ(一一八二頃—一二二六)や中世の聖女アビラのテレサ(一五一五—八二)などである。空中浮遊が単なる幻想なのか、実際に起きたことなのか、色々と議論はあるだろうが、そのどちらにしても空中浮遊が宗教的恍惚状態において「経験」されたことであるということは否定できない。そしてベナンダンティの空中飛行もこうした宗教的恍惚状態において「経験」されるのだ。おそらく魔女の空中飛行も、そのルーツはベナンダンティやそれに類する習俗に由来するのであろう。しかもベナンダンティは、決して単なる個人的な幻想ではなかった。ベナンダンティたちはそれぞれ、自分たちはみな動物に乗って野原へ行き、豊饒のために戦ってきたのだと信じていたし、その他のフリウーリの人々も、彼らが村のために戦ってくれると信じていた。古代の農耕儀礼は時代が下るとともに実際には行なわれなくなってしまったが、しかしそれはフリウーリ地方では人々の心のなかに生きつづけていた。つまり「定められた日に動物に乗って野原へ行く」ことも、「魂が身体から離脱して他界へ行く」ことも、「他界には豊饒を妨げる悪鬼がいる」ことも、「他界で悪鬼と夜の合戦を行なう」ことも、すべてフリウーリ地方の社会的な共同利害にもとづく「共同幻想」だったのである。しかもベナンダンティは、身体に香油を塗りこむことによって恍惚状態に陥り、自己幻想を共同幻想に同化させることができた。というよりも先に共同幻想があって、ベナンダンティは自己幻想のなかでこの共同幻想をなぞるのである。

「空を飛ぶ」ことも共同幻想の一つとして「経験」された。しかしこの共同幻想が成立するためには、「他界への旅」という共同幻想があらかじめ存在していなければならない。前述したように、古代の人々は他界をつねに意識していた。デュルは『夢の時』のなかで書いている。「家の中心である竈の穴は冥界の霊たちに通じる入口だった。そして、すでに見たとおり、なによりもそのような竈の穴には、冥界と大地の女神を表わしたとおぼしい氷河時代のヴェーヌス像が置かれた(10)」。そのため魔女は竈の穴を通って、そして後には煙突を通って空を飛びに出かけたのだった(次頁図)。

煙突を通って飛び去る魔女．16 世紀

しかし誰でもが他界へ旅することができたわけではない。他界への旅は、特別な天命を受けた者に限られていた。フリウーリ地方では、羊膜に包まれて生まれてきた者がベナンダンティになるべく定められた。羊膜は死者の世界と生者の世界を結ぶかけ橋であると同時に、銃弾から身体を守る魔力を持っていると考えられた。一般にユーラシア大陸では、他界に旅することができたのはシャーマンだった。人々は、異界と交流できるシャーマンの体からは眼に見えぬ磁力が発していると感じていた。そしてベナンダンティは、明らかにシャーマニズムの一種と考えられよう。

フリウーリ地方を含む古代ユーラシア大陸の人々にとっても、死の世界は超越的な世界であった。だからこそ生の世界と死の世界のあいだを往ったり来たりすることができる能力は、シャーマンのような特別な人物にしかないと考えられた。敷衍して言えば、シャーマンにとって死の世界に赴くことは、まるで隣村を訪れるようなものだった。シャーマンにとって生の世界と死の世界、此岸と彼岸は水平的な関係にあった。彼らは空を飛んだかもしれないが、それは天上へおもむくためではなく、瞬時にして村はずれの広い野原に到着するためだったのである。

日本人もまた他界を水平的に表象している。四方を海に囲まれた日本では、他界は海のイメージと重なりあって、常世《とこよ》となった。谷川健一の名著『常世論』(11)によれば、日本人は海の彼方に他界を見ていた。水平線の彼方には常世がある。それは死の世界であると同時に、自分たちを生んだ「妣《はは》の国」でもあった。死の世界という意味で常夜(永遠なる闇)であると同時に、妣の国という意味で常世(永遠なる世界)でもある世界。そのような世界をめざし、人は死ぬと船にのって海の上を水平方向に移動し、旅をする。するとそこには地図上にはない島があり、そこで死者は妣の胎内にふたたび抱かれる。昔の日本人はそう思い描いていた。

他界のこのような表象は、キリスト教の考える天上の世界とは大きく異なる。たとえばアウグスティヌスにおいて、天上の「神の国」と地上の「地上の国」は垂直的な関係にあった。「神の国」と「地上の国」のあいだを往ったり来たりすることはできない。二つの国のあいだには、橋渡しすることのできない隔絶がある。したがってキリスト教では死者の魂は天上へ昇ると考えられているのに対し、古代ヨーロッパやフリウーリ地方やアジアの人々において、死者の魂は地上、もしくは地中にとどまると信じられているのである。

キリスト教がシャーマニズムを忌避した理由の淵源は、この点に求められよう。忌避したばかりではない。トマス・アクィナスはシャーマニズムを悪霊の仕業とすら見なした。「時としてかれら〔悪霊〕は何らかの幻惑的出現 apparitio praestigiosa でもって将来のことがらを予告するために人々の視覚や聴覚へと入りこむのであるが、……〈占いの〉この種は〈降霊術〉nigromantia と呼ばれる」[12]。キリスト教社会でシャーマニズムは「悪魔崇拝」として抑圧されたのである。

宗教的抑圧のためばかりではない。科学的合理主義の隆盛とともに、シャーマニズムは根も葉もない迷信と見なされるにいたった。こうしてシャーマニズムの消失してしまった近代社会では、「他界」の存在もほとんど信じられなくなってしまった。「空を飛ぶ」ことが荒唐無稽なことと見なされているのは、そのことと無縁ではない。他界への旅において時空は超脱され、此岸と彼岸、過去と未来の間の垣根は消滅する。「空を飛ぶ」ことによって、魔女はこれらの垣根を越えていく。そのような意味においても、魔女はまさしく「垣根を越えていく女」なのだが、そのような魔女の能力は近代人にとってはとうてい理解しがたいものとなってしまっているのである。

第五章　夜の女神

死者の国の女神

ジャン・コクトーの映画「オルフェ」(一九四九)は、古代ギリシア神話をもとに、死者の国への旅を描いた作品として知られる。詩人オルフェ(ジャン・マレー)は、死に魅かれ、死についての詩も書いている。ある日、彼は詩人たちの溜り場であるカフェに立ち寄り、そこで黒い服を身にまとい、黒い手袋をはめた貴婦人(マリア・カザレス)に出会う。そのとき彼の眼前で、同じカフェにいた詩人セジェストが黒いオートバイにはねられて死ぬ。貴婦人はセジェストの処女詩集の出資者だった。セジェストの死体を自分の車に運び入れた貴婦人はオルフェに手招きし、車に乗るように命じる。車は貴婦人の館に着く。貴婦人は死の国の王女であり、セジェストをはねたオートバイに乗っていたのも彼女の手下だった。貴婦人は死んだセジェストとともに、鏡を通り抜けてすがたを消してしまう。生の世界と死の世界の通路である鏡を通り抜けて。

家に帰ってからもオルフェは貴婦人のことが忘れられない。妻ユーリディス(マリー・デア)が妊娠したと聞いても、うわの空である。彼は死の国の王女に完全に心が奪われている。一方、王女もオルフェを愛し、毎晩、彼の夢枕にすがたを現わす。

オルフェの愛が失われたことを知ったユーリディスは、自ら死を望んだかのようにオートバイにはねられて死ぬ。妻の死に接し、妻に対する愛を思い出したオルフェは、妻を求めて死の国へ旅だつ。オルフェの死の国への旅は二回あるのだが、その二回目でオルフェが生と死のあいだのゾーンを行くとき、彼はまるで空を飛んでいるかのようだ。

結局、死の王女の自己犠牲によって時間は逆転され、オルフェとユーリディスはこの世によみがえる。死の国へ行った記憶はすべて消し去られ、二人は昔どおりの仲むつまじい夫婦となる。まるですべては夢であったかのように。

実際、すべてはH・P・デュルの言う「夢の時」のなかの出来事だったのかもしれない。過去の時でもなければ、現在の時でもなく、また未来の時でもない夢の時。その「夢の時」のなかで、オルフェは死の王女に出会い、彼女を追い求めて死の国へ旅をした。「夢の場所」、どこにもあって、どこにもない場所へ。オルフェが死の国へ行って帰ってくると、時計は前と同じ時刻を指している。魔女が「時のはざま」(季節と季節のはざま、一二夜など)に、「場なき場」(四辻の交点など)に現われるように、オルフェも「時のはざま」に「場なき場」へと出かけたのだった。[1]

この死の国でオルフェが死の王女と対話する場面がある。「誰があなたに(死神となるように)命令するのですか」とオルフェが尋ねると、「アフリカの原住民の太鼓や樹々をゆさぶる風が命令を伝えるのよ」と王女は答える。近代人が忘れてしまった感覚、太鼓の音や樹々をゆさぶる風のなかに他界を感知する感覚をアフリカの原住民は有していた。そのことが分からないオルフェが、「誰が命令を？」と質問をもう一度繰り返すと、王女は「誰でもないわ。私たちの意識のなかにいるのよ。私たちはそれの悪夢なの」と答える。コクトーからすれば、死はわれわれの意識のなかにあり、われわれは夢のなかで死の王女をたえず追い求めている。というのも、われわれの生は他界（誕生前）と他界（死）のあいだにあるからだ。

コクトーは阿片を喫んでいたことでも知られるが、魔女の秘薬ならぬ阿片を喫んで恍惚状態においての見た夢が「オルフェ」だったのかもしれない。エッセイ「存在困難」のなかでコクトーは永遠なる世界と実生活を区分けする「あの折り目」について書いている。「夢のなかでは、この折り目が伸びて、少し開いている。そのおかげでわれわれの限界は変化し、拡大する。過去も未来ももはや存在せず、死者が甦り、われわれが身をおく場所は……緩慢な重さなしに、形成される」(2)。夢に似た非現実的な神秘を描くのに、映画は最も適した表現手段を有している。このような手段をコクトーは、「眠らずに夢の活動構造《メカニズム》を使用する一つの方法」と呼ぶ(3)。眠らずに見ることのような夢は、「われわれがある種の芸術作品との接触で経験する、われわれを無我夢中の状態に引き入れる恍惚感(4)」にほかならない。われわれは夢や恍惚状態において、そして映画という白昼夢において永遠なる死の国へと旅をするのだ。

映画「オルフェ」のシナリオには前書がついているが、そのなかでコクトーはチベットの風習に言及している。「チベットでは、新たに宗門に入る信徒たちに催眠術をかけ、時間を超える旅をさせるという。〔オルフェがあの世からこの世に帰ってくる〕ラスト・シーンで……オルフェに対して行なわれているのは、その種の作業である。それは、死者に課せられた死、つまりは、死者をよみがえらせるための死だともいえよう(5)」。死者がよみがえるときばかりではない。オルフェが死の国へ行くのも、「時間を超える旅」にほかならない。

映画「オルフェ」は現代の神話である。古代ギリシアのオルペウス神話とは違って、この映画には死の王女が登場する。オルフェは妻を求め、と同時に死の王女を求めて死の国へ旅する。ところで「女神を追い求めて死者の国へ旅する」というのは、ヨーロッパでは大昔から語りつがれてきた物語、多くのヨーロッパ人の心の奥底に眠る夢をなしている。そして――コクトーがどれだけ意識していたかは分明ではないが――この映画にはこの夢が生き生きと再現されている。

オルフェに似たグリム伝説に「よろず開きの根」がある。ある日、のんびりと家畜の番をしていた羊飼いのもとに、まばゆいほどに美しい王女が現われ、「よろず開きの根を持って私についておいで」と言う。羊飼いがついていくと、王女は彼をある洞窟のなかから山のなかへ導いていった。二人の行く手には、次々に閉じた扉が現われる。そのたびごとに、王女は根を近づけるように命じた。するとたちまち扉は開いた。どんどん進んでいくと、一番奥の部屋にたどりついた。

そこは金銀や宝石でいっぱいだった。王女が「好きなだけお取り」というので、羊飼いはポケット一杯にそれらを詰めこんだ。しかし羊飼いはよろず開きの根を置き忘れてしまった。そのため、彼が山の外へ出たとたん、扉は閉まり、山に入る入口は二度と見いだすことができなかった。

これに似た昔話として、岡山県に伝わる「開け岩」の話やアラビアの『千一夜物語』のなかの「開けゴマ」の話を想起する人も多いだろう。いずれも山のなかに別の国があり、そこに行って財宝を手に入れて帰還するという物語である。しかし「開け岩」において財宝の山に案内してくれたのが小さな蛇であり、また『千一夜物語』において「開けゴマ」の呪文を知っていたのが盗賊であったのに対し、グリム伝説では美しい王女がこの別の国へ案内してくれることになっている。明らかに王女は死者の国の女神であり、羊飼いが入った山は死者の国だったのだ。この伝説に見られるように、死者の国の女神は彼女についていく者に、ありがたい秘密を色々と教えてくれる。だからこそヨーロッパにおいては多くの人々がこの女神を信仰し、この女神の命じるままに、彼女につきしたがっていったのである。

こうした女神信仰は、キリスト教社会では異端信仰以外の何ものでもなかった。九〇六年頃、元プリュムの修道院長だったレギノが司教たちのために記録した無名の著者による『教会典範』は、当時の教会の公式見解を示すものだが、このなかには次のように記されている。「サタンの追随者となり、デーモンの空想と幻覚に惑わされている性悪な女どもがいる。夜になると、彼女らは異教徒の女神ディアナと一緒に、また他の多くの女性と一緒に、ある種の動物にまたがり、静寂な真夜中に遠い彼方へ駆けていくというのだ。女神は自分たちの女主人であり、女神の命令があれば、自分たちは特定の夜に出かけていき、女主人に奉仕する、と彼女らは公言してはばからない」(6)。さらにレギノが続けて記しているところによれば、これらの女性がディアナのところに出かけていくのは、夜、眠っているときなのである。

もっともレギノは、「悪魔の空想に捉われていた」これらの女性を、「魔術の邪悪な業とサタンによって考えだされた悪事」に従事する者から区別し、前者に対しては穏やかな罰しか与えなかった。すなわち彼らは、四〇日間か一年間か二年間、贖罪を行なうべく命じられた。キリスト教独特のデモノロジーの発展にともない、前者と後者が同一視され、前者も「魔女」として火刑や絞首刑に処せられるようになるのは、一五世紀に入ってからのことであり、そのときディアナは「魔女の女王」となり、ディアナにしたがって夜、空を飛んだり、空へ飛びたいと思ったりしている女性たちは「魔女」と化したのである。

レギノはサタンやデーモンについて語っているが、こうしたキリスト教的デモノロジーの意匠を除いてみれば、これらの女性が特定の夜に恍惚状態に陥ったこと、恍惚状態において動物に騎乗し、空を飛んで死者の国へ行ったこと、そして彼女らが仕えるディアナは死者の国の女神だったことが分かるであろう。

レギノの教会法規に依拠して後に書かれた文書のなかには、ディアナに並んでヘロデアの名前が出てくるし、他の文書ではディアナの代りにホルダの名前が挙げられている。ディアナやヘロデアやホルダ。それらは「魔女の女王」などではなく、古代ヨーロッパの庶民が信じていた死者の国の女神にほかならない。

ディアナとかぐや姫

折口信夫にならって言えば、わが国において死者の国は妣が国、常世国などとして表象されてきた。その死者の国から訪れるのが「まれびと」である。「まれびと」の概念を西欧にも適応することが許されるとすれば、映画「オルフェ」に登場する貴婦人もディアナも「まれびと」である。しかし「まれびと」はやがて再び死者の国へ帰っていく。日本の最も古い物語の一つである『竹取物語』は貴種流離譚として知られるが、たしかにかぐや姫は貴種であり、「まれびと」の一種である。彼女は本来は月の天女(月の女神)なのだが、竹を通してこの世を訪れ(誕生し)、最後にはふたたび月の世界に帰っていく。月の女神であるからこそ、彼女は貴族たちの求婚にも帝《みかど》の求愛にも応じることができない。しかしこの世を去る前に姫は、帝に不死の薬を与える。グリム伝説の「よろず開きの根」において王女が羊飼いに財宝の数々を授けたように。そして彼女は迎えの人々とともに月へ昇っていく。かぐや姫を迎えにきた月の都の人々は、「かの都の人はいとけうらに、老いもせずなむ、思ふこともなく侍るなり」と記されている。そこに住む人々はみな美しく、歳をとることもなく、どんな憂いにとらわれることもない。つまり月の世界は「この世」の憂さも醜さも知らぬ楽土なのだ。

かぐや姫がこの世に別れを告げ、月に帰っていくのは八月一五日の夜のことである。八月一五日での死というモティーフは、『源氏物語』でも葵の上の死、紫の上の死、夕顔の君の死などに見られるが、古代の人々は、十五夜の月の満ちた夜、古い魂が死に新しい魂と入れ替わるという信仰を有していた(7)。それは祖霊があの世からこの世にやってきて、そしてふたたびあの世に戻っていく日である。この日、満月は一晩中、夜空に輝いている。その夜、かぐや姫は月の世界に帰っていく。つまり月の世界は死者の帰っていく「あの世」であり、その世界の天女であるかぐや姫は、月の女神であると同時に死者の国の女王であると考えられよう。

月へ昇る女神の伝承は中国に古くから数多くあり、『竹取物語』もおそらくその影響を受けている。君島久子はニコライ・ネフスキーや石田英一郎の説に拠りながら、月と不死の観念がユーラシア大陸全体に広がるものであること、そしておそらく月の女神もユーラシア大陸全体に見られる伝承であろうと推測している(8)。たしかに月は満月から次第に欠けはじめ、新月になって光を失うと、逆に再び満ちはじめる。そのような月を見て、古代の人々は月を永遠なる「あの世」と捉えたにちがいない。そしてそのような月に対する憧憬が「かぐや姫」と古代ローマのディアナ信仰を結んでいるのである。

さて、かぐや姫が竹藪のなかで竹のなかから生まれたのにも似て、ローマ神話のディアナ、およびその前身であるギリシア神話のアルテミスは本来は森のなかに住む森の女神だった。ディアナの有する多義的な性格は、この点に由来している。後述するように、彼女は第一に狩猟の女神であり、第二に誕生や多産の女神であり、第三に人間や動物の子供の守護神であり、第四に牝熊である。しかも彼女はセレネ、ヘカテとともに、月の三美神をなしている。もっともこの最後の点については幾多の疑義があり、後述するように、ディアナが有する月との密接な関係は、後世に他の地方の民間信仰と結びついて生み出されたものと考えられている。

森に住むディアナは狩猟の神として森を駆けつつ、見つけた動物に矢を放ち、殺した動物を死の国へ導いていく。これがディアナの本来の務めである。このようにディアナは死の世界と密接な関係を有していたために、後に月や夜と結びつけて表象されるようになった。男性神アポロンが太陽の神であり、昼の世界を支配しているのに対して、アポロンの妹ディアナは月と夜の世界を司るのだ、と。女性は月経によって月と深い関係にあるため、女神ディアナが月の女神であるというイメージは女性たちに広く受け容れられた。こうしてヨーロッパでは、ディアナにつきしたがって特定の夜に死者の国へ向って旅をする女性が現われた。というのも第二章で述べたように、女性たちは死者の国を訪れて、そこから新しい生命をもらってくる必要があったからだ。

じっさい枯れた植物が春になって地下から再び芽を出すように、死者の国へ行った者は新しい生命を連れて戻ってくる。こうしてディアナは誕生と多産の神となる。小アジアのエフェススは、長いことディアナ信仰の聖地だったが、ここの神殿には数多の乳房をつけていることで知られるディアナ像がある(図)。言うまでもなく、この数多の乳房は多産と豊饒の象徴である。ディアナは多産と多くの狩りの獲物を約束してくれることから、豊饒とも結びつけられたのである。

豊饒のモティーフは『竹取物語』にもある。竹取の爺が竹の筒のなかからかぐや姫を見つけた後、竹を取りにいくと、竹の節と節のあいだの空洞のなかに一再ならず黄金を発見し、竹取爺はにわかに長者になる。竹取爺に豊かな富を授けたのは、ディアナならぬ「かぐや姫」である。かぐや姫が月に帰っていく八月一五日は、祖先の霊を迎える日であると同時に、農作の神である祖霊を迎え祀る日でもあった。農作の神に対して、その年に収穫した初穂をささげたのであり、ここにも豊饒のモティーフが見いだされる。

また、かぐや姫に求婚した貴族は五人いたが、そのうちの一人である中納言石上麿足に対しては、燕の持つ子安貝をもってきてくださったら、結婚しましょうという課題が与えられた。子安貝は燕の腹のなかにはないものなので、これは叶えられるはずもない難題なのだが、しかし燕の持つ子安貝は月の女神であるかぐや姫にこそふさわしい贈り物である。燕も子安貝も多産と豊饒に結びついたモティーフだからである。南方熊楠や三谷栄一によれば、春になってどこからか突

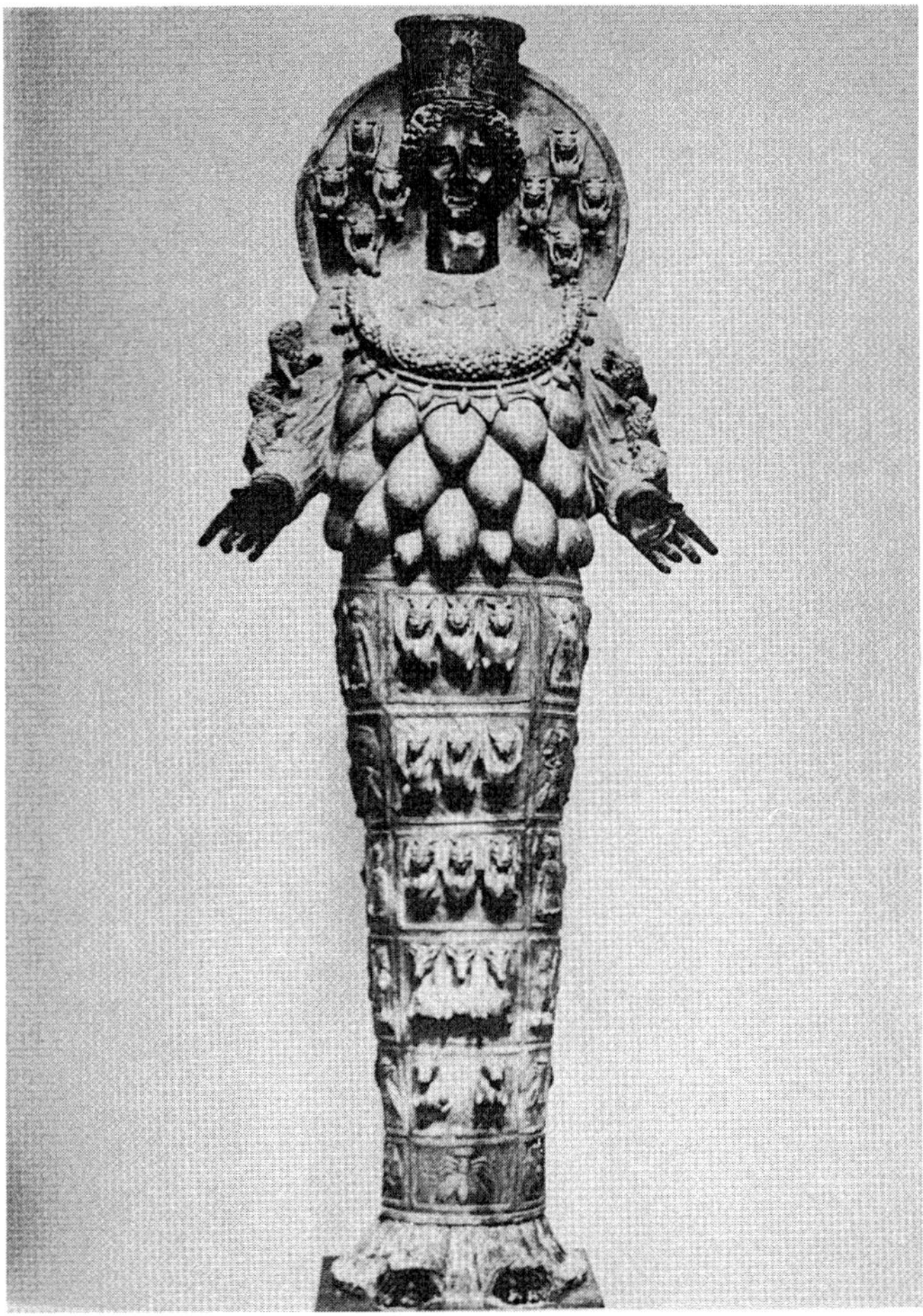

エフェススのディアナ．２世紀

然すがたを現わす燕は、古来から日本では米や金銀財宝をもたらすものとして歓迎されていた。しかも燕のもつ母性愛や夫婦愛から、燕は愛についても吉兆をもたらすと信じられた。一方、昔の中国で貨幣として用いられた子安貝は、これを保持すると財宝が集まると考えられた。そればかりではない。その特殊な形態から、子安貝は生殖上の神秘な力をもつものと見なされ、安産の護符としても用いられた。(9) 神聖なる燕と霊験あらたかなる子安貝。この両者が不可思議にも合体した「燕の持つ子安貝」こそ、かぐや姫にふさわしい豊饒と安産の印だというのである。(10)

さて誕生を司るディアナは、出産を助ける産婆の役割をも果たした。そのため陣痛を軽くしてもらおうと思う妊婦たちがディアナに祈る風習は長いこと続いた。前述したように、魔女狩りの嵐の吹き荒れた時代に産婆がしばしば魔女にされたことを思えば、ディアナが産婆でもあったということは、はなはだ興味深い。

さらにディアナは、生まれたばかりの乳幼児の世話もする。つまりディアナは乳母でもあった。ここから、ディアナが牝熊と同一視されたことが説明できよう。牝熊がことのほか子供を慈しむことは、古代ギリシアやローマではよく知られていたのである。

つまるところディアナは「母」であった。恐ろしさと優しさを兼ねそなえた「大いなる母」。しかもこの「母」は死の世界に住み、此岸に住むわれわれを支配している。この死の世界は、かぐや姫においては天上の月の世界だったが、枯れた植物が地下の世界に導かれることから、地下の世界ともなった。古代の地母神信仰はこうして誕生した。そしてディアナは、いつの頃からか地下の世界とばかりではなく、天上の月の世界とも深い関係を有するにいたったのである。

プルタルコスは「マルケルス伝」の第二〇章で、シチリアにエンギュオンという町があり、ここには「母たち」と呼ばれる女神が出現すると述べている。シチリアの人々は「母たち」を畏怖しながら信仰し、「母たち」を祀る神殿にさまざまな供物を捧げた。今日ではエンギュオンにおける「母たち」の信仰の起源はクレタ島にあると考えられている。

プルタルコスの「マルケルス伝」を読んだゲーテは、『ファウスト』第二部の「母たち」の場を書いた。メフィストから「母たち」という言葉を聞いたファウストは、「母たちだと！　聞くたびにぎくりとする。耳にしたくない言葉だ」(六二六五—六行)と言うが、それは「マルケルス伝」を読んで冥界を覗きこんだときのゲーテ自身の思いでもあったろう。古代ギリシア神話における冥界への旅に精通していたゲーテは、エンギュオンの母たちが多産の女神であると同時に死者の女王であることを洞察することができた。「寂寞たるところに女神たちが厳かな玉座についている。そこには時間もなければ空間もない。……それが母たちなのです」(六二一三行以下)。それは時空を超えた黄泉の世界、映画「オルフェ」において考察した「時のはざま」、「場なき場」である。「この永遠に空虚な彼岸には何も見えず、歩む足音も聞こえず、腰を休めるものもない」

（六二四六行以下）。そしてこの死者の世界へファウストはメフィストとともに、古代ギリシアの死者ヘレナを求めて降りていくのである。

『ファウスト』第二部において、ファウストはヘレナと結婚する。しかしファウストと結ばれるために、ヘレナは黄泉の国から甦ってこなければならなかった。そのためにファウストは黄泉の国へ降りていき、母たちからヘレナを受け取るのである。

ケルト世界やゲルマン世界における地母神信仰

地母神信仰は、かつて全世界に広汎に存在していた。ただし各地方によって、その形態は当然のことながら多種多様だった。地母神は、シチリアのエンギュオンにおいては「母たち」という複数形で現われていた。一方、ケルト人が住んでいた地域では――フリウーリもその一つだが――地母神は「夜の女神」となった。しかも、これらの地域では「夜の女神」を信仰する人々は、恍惚状態において夜の女神にしたがって夜空を騎行し、他界へと旅する。ところが、こうした夜の女神にしたがう夢の旅は古代ローマにはなかったものなのである。

たとえばフランスのブルターニュ地方はケルト文明の残っているところだが、ブルターニュの古城には「白い貴婦人の幽霊」が出るという伝説が数多く見られる。またケルト民族の英雄アーサー王の伝説に登場する王妃グイニヴィアには多くの騎士が忠誠を誓うが、グイニヴィアという名前は古ケルト語で「白い幽霊」を意味している。「白い貴婦人の幽霊」といい「白い幽霊」といい、それらはケルト信仰の「夜の女神」につながっていると考えられる。(11)

先にディアナは地下の世界のみならず天上の月の世界とも深い関係を有していたと記したが、このように考察してみると、ディアナが月の女神であるということは、後世において付加された特性であったと推測されよう。つまり夜の女神とは本来はディアナではなくケルトの女神たちだったのだが、これが後にディアナと混同されるにいたったのである。そこからギンズブルグは、「夜の女神」信仰においては、「ローマ的な外皮がケルト的果実を包んでいた」と結論している。『竹取物語』における月の世界がこの世の穢れを知らぬ美しい浄土であったように、古代ケルト人の信仰においても他界こそは楽園である。その楽園を支配するのは、金髪をなびかせる美しい女王、母なる女神である。そしてこの「母たち」の楽園を求めて、ケルト人たちは幻想のなかで夜空を遠く旅したのである。

一方、ゲルマン世界では地母神は「ホルダ」(「優しい女性」の謂、別名ホレ、フルダ、フレ)となった。グリム童話は「ホレおばさん」の典型的なイメージを伝えてくれる。美しくて働き者の継子があるとき糸まきを井戸のなかに落としてしまい、継母に叱られて井戸のなかへ飛びこむが、気を失ってしまう。するとそこは陽光の輝き、無数の花の咲き乱れている野原だった。娘がしばらく歩いていくと、ホレおばさんに出会う。娘はホレおばさんの家でよく働いたので、家に帰るとき、ホレおばさんから糸まきを返してもらったばかりではなく、数多の黄金をもらう。継子の話を聞いた継母は、実の娘も井戸の底に送りこむが、この娘は怠け者だったので、ホレおばさんに愛想をつかされ、体に真っ黒なコールタールをつけられて家に送り返される。体にこびりついたコールタールは死ぬまでとれなかったという。

おそらく二人の娘は井戸のなかへ飛びこんで死んだのであろう。死の世界がお花畑であるということは、臨死体験をした多くの人の証言にある。つまり井戸の底(地底)は死の世界なのであり、そこに住むホレおばさんは地母神であると同時に死の女神だったのである。

ホレおばさんは働き者のよい子には宝を恵んでくれるが、悪い子には不幸を与える。

グリム伝説(四番)にも、ホレおばさんには良い面と悪い面があると書かれている。ホレおばさんのところに熱心に詣でる人には健康と子供が授けられる。ホレおばさんは年に一回、国中をまわって田畑に豊作を恵んでくれる。ところが時には荒ぶる軍勢の先頭に立ち、森や荒野を駆けぬけ、人々を恐怖におののかせる。つまり後のキリスト教的デモノロジーとは違って、古代ゲルマン信仰における地母神は、善き霊であると同時に悪しき霊でもあったのである。

ホルダやホレは森と狩猟の女神であり、大勢の伴をつれて空を駆けていく。彼女は農作業を助けてくれる豊作の女神でもある。さらには結婚と多産の女神でもある。同時に彼女は夜の女神ないしは死の女神である。要するにホルダやホレはディアナによく似た特性を有していた。しかも興味深いことに、これらの特性の一部はホルダの夫であるヴォータン(ゲルマン神話の主神)にも認められる。ヴォータンは、荒ぶる死者の軍勢を率いて森を駆ける「夜の嵐」と「狩猟」と「戦闘」の神なのだ。(ちなみに同じ性格はイギリスのアーサー王にも認められる。)父権制の社会において男神が女神の特性を奪おうとしたためなのか、それともヴォータンとホルダは夫婦としてともに死者の国を統治しなければならなかったためなのか、容易には決しがたいが、ヴォータンが妻ホルダの持つ霊力を分有していることは明らかである。

さてキリスト教徒の眼から見れば、ホルダ信仰は農民の愚かな迷信にほかならなかった。一三世紀にシトー会修道士が書いた文書のなかにはこう記されている。「クリスマスの夜、彼らはホルダおばさんと呼ばれる天の女王のために食事の用意をし、自分たちを助けてくれるように頼むのである」(12)。このシトー会修道士は、農民がよりにもよってクリスマスの夜に異教の神ホルダに祈るのを嘆いているが、じつは古代の異教徒にとって一二月二五日はもともと冬至を祝う重要な祭日であり、一二月二五日の夜から一月六日の朝までの一二夜(昼が最も短く、太陽の死んでいる期間)は、死者がさまよい歩く期間だった。この日をキリストの誕生日と定めたのは、むしろ異教徒を徐々にキリスト教に改宗させるための教会の巧妙な策略だったことを、このシトー会修道士は知らなかったのである。

またスコラ神学の完成者であるトマス・アクィナスは『神学大全』のなかで、「悪霊たちは、そうしたことがらを信じている異教徒たちをして、その誤謬に却って確信を持たせるため、屢々自ら死者の魂たるをよそおうものなのである[13]」と記している。トマスは夜の女神を悪霊と見なしたのだった。

夜の女神にしたがって森や荒野を駆けていく人々は、キリスト教徒や都市に住む人々からすれば薄気味の悪い存在だった。彼らは、J・B・ラッセルが指摘しているように、「人間、けもの、精霊の面を併せもち、中世の森林をうろついていると考えられた〈野生の男女〉……に近かった」。その多くは女性だったが、こうした〈野生の女〉のもつ独自の思考や死者の国への旅は、文明化されたヨーロッパ人にはすでに理解できないものになっていた。そのため、ラッセルによれば、「〈野生の女〉はしばしば人を殺し、小児の肉を食べ、血を吸うと考えられた[14]」。〈野生の女〉ばかりではない。彼らの信奉する夜の女神もまた魔女にされてしまった。たとえば優しくて善良であったはずの女神ホルダは、古典的な魔女と同じように、長い鼻と長い歯をもち、もじゃもじゃの髪をした醜い老婆としてイメージされるようになった。こうしてキリスト教社会は、古代の信仰を次第に駆逐することに成功したのである。

アーサー王伝説とモーツァルトの『魔笛』

神聖な夜の女神から魔女へ。こうした歪曲をこうむった女神は少なくない。よく知られている話のなかから二つ例をあげておこう。アーサー王伝説については前にも触れたが、この伝説においてはアーサー王の異父姉であるモルガン・ル・フェイ（一六七頁図）に大きな役割が与えられている。モルガン・ル・フェイは「妖女モルガン」と訳されることもあるが、「ル・フェイ」に当たるフランス語が「妖精」であることからも分かるように、彼女は本当は人間ではなく、アイルランドの女神モリガンとウェールズの女神モドロンが合体してできたケルトの女神だった。モリガンは後世の「魔女」に通じる特徴を数多く有している。第一にモリガンは魔女のように空を飛び、魔術を行使することができる。第二にモリガンは変身の術を有し、ゴーゴリの「ヴィイ」に登場する魔女のように、好色な絶世の美女にも、恐ろしくて醜い老婆にも、さらには動物にも姿を変えることができる。第三にモリガンは、魔女のように薬草に通じ、人の病を治すことができる。

この治癒能力が、ウェールズの女神モドロンと結びついたと考えられる。モドロンは人々を守る「母」なる女神、ウェールズの人々の地母神だったからである。

こうした特性を有するモルガン・ル・フェイは、アーサー王伝説の初期の形態では善悪の二面性を有した女神だった。ところがこのような女神の存在はキリスト教にとって具合が悪かった。古代の神話がキリスト教社会のなかで教化的な意味をもつものへとつくりかえられていったことはジャン・セズネックの『神々は死なず』に詳しいが[15]、キリスト教の教えが広汎に流布するとともに、モルガン・ル・フェイは女神から妖精へ、そしてさらにアーサー王伝説のより後世の版では悪い魔術を使ってアーサー王を苦しめる魔女ないし妖女へと化していった。[16] こうしてアーサー王伝説においては、アーサー王と円卓の騎士たちを中心とするキリスト教的な世界とモルガン・ル・フェイに体現される古代的な秘教の世界、そして男性の世界と女性の世界とが対置され、時代が下るほどに前者が善で、後者が悪であるという色分けが明確にされていく。

アーサー王を生涯苦しめたモルガン・ル・フェイは、アーサー王伝説の結末ではふたたび善意の女性として姿を現わす。アーサー王が死ぬと、彼女はその死を悼んで泣き、彼を異界の谷アヴァロンに連れていく。明らかに彼女は古代ケルト神話の死の女王だったのである。

もう一つの例は、モーツァルトのオペラ「魔笛」に登場する夜の女王である。周知のように、「魔笛」の最初のプランでは夜の女王は善玉であり、ザラストロが悪玉だった。それが後に、なぜかザラストロこそ善人で、夜の女王は悪女であるという風に筋書きが大幅に変更されてしまった。このオペラの冒頭で、パパゲーノはタミーノに夜の女王のことを「星のごとく輝く女王」だと説明している。その呼称を聞いて、タミーノが不思議そうにその名を繰り返すのだが、じっさい彼女はその直後に「星空の前に」、つまり空中に姿を現わす。星のように輝きながら夜空に現われる女性。空中を飛翔する女性。その女性はタミーノに超自然的な力をもつ「魔法の笛」(魔笛)を手渡す。そのような女性が悪玉であるはずがあろうか。彼女はまさしく「夜の女神」だったのではなかろうか。

A. F. A. サンズ「モルガン・ル・フェイ」1862年

作家ブリジッド・ブローフィは『劇作家モーツァルト』のなかで、夜の女王は古代世界の秘教にたずさわる人物であるという説を提起している。[17] ブローフィの言う「古代世界」とは古代エジプト・ギリシアの世界のことであり、ブローフィはこのオペラのなかに、古代神話における冥界訪問のモティーフを見いだしている。たしかにこのオペラにおいて、タミーノは地底訪問という一時的な死を経て「叡知」を獲得し、再生する。タミーノにそのような任務を与えたのは、イシスという古代エジプトの夜の女王だった。しかしもはや言うまでもあるまいが、冥界を支配する女神としてのイシスは、じつはケルト的な「夜の女神」に似た属性を有しているのであり、このオペラにおいては「エジプト的な外皮がケルト的果実を包んでいた」のではなかったか。

夜の女王は、近代的啓蒙主義を体現するザラストロが登場すると悪の権化と化してしまった。それは、キリスト教の伝播とともに古代の異教的世界が悪魔化された過程に類似している。こうして「星のごとく輝く」夜の女王の光は、途中からザラストロという啓蒙主義の昼の光にとって代わられてしまった。「魔笛」の筋書きの複雑さは、この点に求められなければならない。それは、E・ノイマンの言うように、母権の光と父権の光との戦い、古代世界の母権制とキリスト教社会の父権制との確執でもあったろう。[18] そして言うまでもなく夜の女王の体現する母権制は、ザラストロに代表される父権制によって打ち負かされ、ついには「悪」の世界に押しこめられてしまったのである。

第六章　悪女エヴァと娼婦ヴィーナス

女は悪魔の戸口

ゴーゴリの「ヴィイ」において、魔女は醜い老婆であると同時に、ヴィーナスを思わせる絶世の美女でもあった。ホルダのイメージも、中年の普通のおばさんから、気味の悪い老婆や、そしてそれとは正反対に男の心を惑わす美しい乙女にまで及んでいる。また日本の謡曲「紅葉狩り」に登場する紅葉もまた絶世の美女であるが、ひとたび形相を変えると、恐ろしい鬼女となる。同一人物のなかに醜い老婆としての魔女とうら若い美女が同居しているのだ。おそらくそこには男性の女性に対する怖れと憧れが投影されているのであろう。それは、吉本隆明にならって言えば、男性が女性に関して抱く〈対なる幻想〉にほかならない。そしてこの幻想がキリスト教社会のなかの共通の理解となったとき、〈対なる幻想〉は〈共同幻想〉となり、彼女らは「魔女」に仕立てあげられていった。

「若い魔女」幻想においては、妖艶でグラマーな女性が登場し、男性を誘惑する。デューラーの弟子H・バルドゥング・グリーンはこうした女性を好んで描いた。「二人の魔女」（一七一頁図）

では、若い二人の裸女は豊かな肉づきを誇示し、髪をふり乱しながら、この絵を見る男性を挑発し、魔界に引きずりこもうとしている。魔界は右手の魔女が片手にもつ魔女の秘薬によっても示されている。彼女がそれを子供が携える高杯に注ぐと、たちまちのうちに嵐がやってくる。つまりここに描かれているのは、嵐を呼ぶ「天候の魔女」なのだ。

バルドゥング・グリーンの生きたルネサンスという時代は、魔女狩りが猖獗をきわめた時代でもあった。魔女狩りの時代がルネサンスと重なっているのは、決して偶然ではない。バルドゥング・グリーンの生きた北方ルネサンスをイタリア・ルネサンスと同一視することはもとよりできないとしても、中世末期からルネサンスにかけての時代は、それまで長いこと抑圧されてきた肉体と官能が解放された時代でもあった。そのような時代に、バルドゥング・グリーンの絵に描かれたような、社会の規範に逆らい、胸をはだけ、髪をふり乱して男性を挑発する女性、文明に反逆してあえて「野生」に生きる女性が登場した。しかし肉体の解放の後にはすぐに肉体の抑圧が訪れた。一六〇九年、バスク地方の魔女裁判官は述べている。「彼女たちは肩まで垂れる髪を風になびかせているが、美しく飾られたその髪に、陽の光が雲間を通すかのように射し入ったときのきらめきは筆舌に尽くしがたく、その眼の輝きは燃えるようだ。その眼からは魔法の力が発している。だから彼女らを見て恋の虜になるということは、魔女の虜になることと同じように危険なことなのである」(1)。この魔女裁判官は、まるでバルドゥング・グリーンの「二人の魔女」を見

H.バルドゥング・グリーン「二人の魔女」1523年

ながら語っているかのようではあるまいか。

バルドゥング・グリーンのもう一枚の絵(次頁)を見てみよう。美しい乙女が髪をふり乱し、その肉感的な裸体を誇示している。まるでピンナップ・ガールのようだ。彼女の足元にいる龍の口から放たれた火は、乙女の股間を貫いている。龍は蛇ではない。しかし鳥と蛇と蜥蜴の複合体としてイメージされたこの伝説上の怪物は、ヨーロッパの絵画史においてはしばしば蛇に似せて描かれた。この図もそうだ。龍の口から放たれた火は男根もしくは射精を象徴しているが、それは蛇のもつ精力を強調しているかのようだ。雌雄が一〇時間の長きにもわたって交合する蛇は、性的力のシンボルとなりやすく、古代オリエントや古代ギリシアでは蛇は男根の象徴として神のように崇められた。しかも脱皮して大きく生長する蛇は穀物の再生のシンボルでもあった。その意味で蛇は地母神と密接な関係にあった。だがキリスト教の登場とともに大転回が訪れた。性を抑圧するキリスト教の下で、蛇は神の地位から悪魔の地位へと転落した。しかも、全身を鱗でおおわれ、翼をもって空中を自由に飛びかい、口から火や毒をはく龍は、蛇よりもはるかに恐ろしい存在だった。こうして東洋の龍とは違って、ヨーロッパの龍は悪魔の化身となった。そのため魔女狩りが始まると、龍は他所で盗んできた宝を魔女に与えるという民間伝承すら誕生した。そしてまさしくバルドゥング・グリーンの絵に描かれた龍は悪魔の化身にほかならず、この絵は悪魔と魔女の性的オルギアを表わしているのだ。

H. バルドゥング・グリーン「魔女と龍」1514 年

悪しき龍と親密な関係にある魔女。このモティーフは、旧約聖書におけるエヴァと蛇の関係を明らかに暗示している。狡猾な蛇はエヴァを誘惑して禁断の木の実を食べさせた。エヴァは木の実をアダムにも与えた。そのため二人は性に目覚め、裸であることを恥じるようになった。二人が知恵の木の実を食べてしまったことを知った神は、次のような裁きを下した。

(1) 蛇は永遠に這って歩かなければならない。
(2) 蛇と女、蛇と人間は永遠に敵対しあう。
(3) 女は男を渇望し、男は女の支配者となる。

ギリシア・ローマ神話において、龍にはヘスペリアの国にある不老不死の黄金のリンゴを見張る役が与えられている。この神話が旧約聖書と結びついたとき、龍は蛇と同定され、両者はともに恐ろしい悪魔となった。しかし裸女と龍を描いたバルドゥング・グリーンの絵において、女は龍を少しも恐れてはいない。いや、女は龍との交接を楽しんでいるかのようだ。だからこそ、この女は神から離反した女性、つまりは魔女なのである。

バルドゥング・グリーンは龍をまるで蛇であるかのように描いているが、『創世記』以来、ヨーロッパの人々にとって蛇は、「禁断の木の実」ならぬ「禁断の性」への誘惑者にほかならなかった。蛇はその体をよじらせて、女性の脚のあいだにある門口へ入りこむ悪魔であり、エヴァはその悪魔の手下にほかならない(図)。そのため教父テルトゥリアヌス(二二五年頃没)は女性を

「悪魔の戸口」と呼んだ。

キリスト教には病的とも思われるほどの激しい女性蔑視が見られるが、その淵源は言うまでもなく『創世記』にある。(2)『創世記』の記述にもとづいて、ヨーロッパのキリスト教社会では長いこと女性蔑視の思想が培われてきた。中世における女性蔑視の思想の頂点をなすのは、トマス・アクィナスの『神学大全』だった。トマスは女は「偶々できそこなった男」であるという。男は完全であり、女はできそこないである。しかもトマスによれば、子を生む能動的な力は男のうちにのみ存し、女は男の精子を養うために必要な容器にすぎない。(3)

トマスの教えを受けたドミニコ会士らが後に魔女裁判に異常な執念を燃やしたとき、彼らのなかにはこうした女性蔑視の思想が牢固として巣食っていたのである。

中世における女性蔑視は、エーコの小説『薔薇の名前』のなかでも問題にされている。ウィリアム神父は他の多くの修道士とは違って、女性には女性固有の美徳があることを認めようとするが、そのときに大きな障害になったのは、やはり『聖書』のなかの女性憎悪だった。彼は永い歴史をもつ「女＝悪魔」説を紹介している。

誘惑の火種としての女については、すでに『聖書』が充分に語ってきた。女について『集会書』は、その話し方は火のごとしと言い、『箴言』は女が男の高貴な魂を我がものにして、はなはだしい場合には破滅させると言う。『集会書』は、さらに言う。死よりも苦いものは女であることを発見した、と。それは猟師の罠のごときものであり、その心は網であり、その両手は鎖だ。そしてまた他の者たちは、女が悪魔の船だと言った(4)。

さらに『薔薇の名前』のなかには、修道士たちの多くが抱いていた「女＝悪魔」説をウベルティーノという神父に代弁させている。彼はアドソを前にして、ゲラルド・セガレッリの異端運動について語る。「彼(ゲラルド)は自分の意志の力と克己心を験《ため》すために、女たちといっしょに寝ても肉体的関係を持たなかったという。しかし、彼の弟子たちがそれを真似たときに、結果はまったく違うものとなった……ああ、若者が知るべき事柄ではない、女性こそは悪魔の回し者なのだから(5)」。さらにウベルティーノ神父はアドソに忠告する。「覚えておくがよい、男の心のなかに悪魔が忍びこんでくるのは、女を介してなのだ(6)」と。

キリスト教のなかのこうした女性蔑視の伝統の下に、前述した『魔女の鉄槌』が刊行された。そこには、今日から見れば異常としか思えない女性憎悪が長々と記されている。「女性はみな多かれ少なかれエヴァである」という共同幻想は、ヨーロッパのキリスト教社会を永く支配していたのだ。『魔女の鉄槌』は一四八七年から一五二〇年までの間に一三版、一五七四年から一六六九年までの間に一六版を数えるほどのベストセラーとなった。本書によって、魔女妄想はもはや単なる教会のドグマではなく、民衆の間に定着するにいたったのである。本書から、その激しい女性憎悪をうかがわせる箇所を一部引用してみよう。

女性は死よりも、悪魔よりも不気味である。……というのも、悪魔がエヴァを罪に誘ったのは確かだとしても、アダムを誘惑したのはエヴァだからである。〔……〕女性の心は四方に張りめぐらされた網であり、そこには底の知れない意地悪さがひそんでいる。〔……〕すべては飽くことを知らぬ女性の肉欲に発する。だから女性はその肉欲を鎮めるために、デーモンたちとも関わりをもつのだ。この点についてはさらに詳述できようが、しかし知的な方々にはすでにお分かりであろう。魔女という異端に陥りやすいのは、当然のことながら男性よりも女性の方が多いのだ。したがって異端と名づけられるべきは魔男(Hexer)ではなく魔女(Hexe)であり、それによって異端者の大部分を名づけたことになる。男性をこれまでこのような破廉恥からお守りくださったイエス・キリストをこそ誉めたたえよう。イエス・キリストは男性のすがたをしてお生まれになったのであり、それゆえ男性の方を優遇してこられたのだ。(7)

アダムの前妻リリト

アダムを誘惑した悪女エヴァ。この悪女のイメージは、エヴァと結婚する前のアダムの妻リリトにおいてさらに強調されている。ヨーロッパでは比較的よく知られている話だが、エヴァはアダムの後妻であるという説が昔からある。この説の淵源も『創世記』にある。『創世記』第一章において、「神は自分のかたちに似せて人間を創られた。すなわち神のかたちに似せて人を創られ、男と女を創られた」というくだりを読んだ人々の多くは、それに続く第二章において、神はまずアダムを創られ、次いで眠っているアダムの脇腹からあばら骨を取って、それから女を創られたとあるのを読んで、当惑したであろう。女性の創造についてのこの矛盾する二つの話を解決するために人々が考えついた解釈の一つは、『創世記』第一章と第二章で創られた女性は別人であるというものだった。その際、バビロニア神話の女性鬼神ベリティリがユダヤの神話に吸収され、アダムの最初の妻リリトとなった。つまり第一章で創られた女性がリリトであり、第二章で創られた女性がエヴァだというのだ。リリトはアダムと同時に創られた以上、二人は当然のことながら対等である。ところがアダムはリリトと交わろうとするときに、ユダヤ教やキリスト教の是認する「伝道の体位」(男性上位の体位)をとろうとした。それが彼女の怒りを買った。彼女からすれば、この体位は女性を男性に隷属させるものだったからである。リリトはすぐにアダムのところから逃げだし、紅海の近くに住みついて、デーモンたちと交わり、毎日百人もの子をもうけるにいたった。神は彼女をエデンの園に戻そうとしたが、この申し出はとうてい彼女の肯んじえるものではなかった。仕方なく神はアダムのために、もっと男性に従順な女性を創りださなければならなかった。こうしてエヴァは誕生したが、しかしリリト神話を知る人々は、エヴァのなかにも悪女の血が流れていると考えたのである(8)。

リリト(Lilith)の名は民間伝承では百合(Lilie)、すなわち女陰を表わす花に由来するとも、夜(lajil)に由来するとも言われる。つまりリリトは百合を思わせる美女であると同時に、夜、好色淫乱な夢魔のすがたとなり、夢を見ている男を手あたり次第に誘惑して騎乗位で交わるのだ。僧院の修道僧は睡眠中にしばしばリリトに襲われ、夢精した。すると修道僧を嘲笑するリリトの淫猥な笑い声が僧院に響きわたったと言う。

アダムとエヴァがエデンの園から追放されたとき、リリトはそこにいなかった。したがってリリトは不死であり、いまだに生きていると信じられた。そのためキリスト教社会でリリトは「地獄の娼婦」として恐れられた。

『旧約聖書』のなかでリリト伝説は「イザヤ書」三四章一四節を除いて排除されてしまったが(9)、上山安敏は『魔女とキリスト教』においてリリト神話を詳細に検討し、リリトはじつはユダヤ＝キリスト教以前の母権制の時代における地母神であったと指摘している(10)。彼女はアダムの好戦的な遊牧民族に抵抗したカナンの母権制農耕民族の女神にほかならない(11)。母権制を擁護しなければならない彼女の立場からすれば、男性上位の体位を認めるわけにはいかなかったし、リリトとアダムの争いには、母権制と父権制の対立があったのである。

バッハオーフェンが指摘するところによれば、キリスト教が伝来するはるか以前のヨーロッパは母権制の社会だった。そしてヨーロッパが父権制になってからも、あるいはキリスト教が伝来してからも、一般庶民のなかには「母なるもの」を崇拝する心情が生きつづけていた。しかしリリトやエヴァのような悪女を女性の鑑《かがみ》とするわけにはいかなかった。そのためキリスト教は「愚昧なる」異教徒を啓蒙するためにマリア信仰というものをつくりだした。こうして池上俊一や上山安敏の指摘するように、ヨーロッパ社会において女性はマリア的「聖女」とエヴァ的「魔女」の二つに分極化していった。(12) しかし、この両者のあいだにどれだけの違いがあるというのだろう。両者はともに同じ女性ではあるまいか。それこそは、『薔薇の名前』においてアドソの心を悩ました問題だった。彼は僧院のなかの文書庫で何冊かの書物を開きながら、そこに描かれた聖処女（マリア）の彫像とバビロン（バビロニア）の娼婦の細密画を比べてみた。マリア像につづいて「また別の女性の姿が、目に入った。しかし、今度のは、バビロンの娼婦だった。その姿や形は、さほど私の心を惹かなかったが、彼女もまた同じ女性であることを思うと、一方があらゆる悪の巣窟でありながら他方があらゆる善の容器であるというのは、いったいどういうことなのか、と考えこんでしまった(13)」。

その答をアドソは厨房のなかで自ら見いだす。そこには、貧しい農民の娘が食用の肉を盗みに入りこんでいた。彼女はそれまでにも欲望に飢えた修道僧に身を任せて、その報酬として得た品物で自分の身と家族とを養ってきた。しかしアドソはそれら修道僧よりもはるかに若くて美しかった。彼女は今回は無償でアドソに身を投げ出した。アドソは彼女と抱擁する。そして「私の喜びが頂点に達しようとしたとき、ほんの一瞬ではあったが、自分の経験しつつあるものが、もしかしたら夜更けに現われた真昼の魔王かもしれない、という思いがよぎった……しかし、すぐに、私は確信した。悪魔が住んでいるのは、むしろ、私の躊躇《ためら》いのなかである、と。なぜなら、そのとき自分の味わいつつあったもの以上に、正しく、優れて、尊いものは、他にあるべくもなかったから(14)」。後にアドソはこの娘を「エヴァの姉妹」と呼んでいる。「他の罪深い男たちにわが身を売ってきた……哀れにも穢れた卑しいあの女が、すべてのエヴァの姉妹たちと同様あまりにもか弱い存在であるがために何度となくおのれの肉体をひさいできた、あの娘が、それにもかかわらず、私の目には怪しくも素晴らしいものと映った(15)」。この娘は「他の罪深い男たちにわが身を売ってきた」という意味ではリリト的娼婦なのかもしれないが、しかしアドソの眼にとっては聖なるマリアだった。聖性と穢れとがいわば同居しているところに、この娘の神秘がある。だからアドソは言う。「彼女こそは(いかに罪深い女であっても)やはり被造物についての偉大な書物の一章であり、宇宙によって歌いあげられた偉大な讃歌の一節なのだった(16)」と。「被造物についての偉大な書物」とは「自然という書物」のことであり、彼は――キリスト教の女性憎悪に反対して――女性こそは賛美すべき自然だと言っているのである。

ヒルデガルトの女性賛美

アドソと同じように女性を賛美した実在の人物が一二世紀にいた。ビンゲンのヒルデガルトである。ビンゲンの町に近い修道院の院長だった彼女は、啓示を受けたかのように、宗教的にして知的なヴィジョンを次々に得ることができた。そのヴィジョンは口述筆記され、幾多の書物となって結実した。『愛の秘密』と題された書物のなかで彼女は、救済史における女性の意味について語っている。救済史というのは、アダムとエヴァの原罪に始まり、キリストの登場を経て最後の審判にいたる人類の歴史のことだが、その歴史の始めと終りにおいて女性は男性よりもはるかに重要な役割を演じていると彼女は言う。

だから女性をこそ誉め称えよう。たしかに一人の女性がその胎内に死を宿し、死をこの世にもたらした。しかし輝ける処女がこの女性のもたらした死の怖れを打ち消した。この勝利のために、あらゆる被造物にもまして女性の形態には豊かな祝福が与えられている。というのも永遠なる神は、慈悲深くもいとおしい処女のなかから人間となって生まれてこられたからだ。

エヴァが死をつくった
その死を処女が滅ぼした。
だからこそ女性の肉体は
あらゆる世界にもまして称賛に値する
神がこの肉体を選ばれ
処女が神を生んだのだから
ありとあらゆる被造物のなかでも女性にこそ最高の賛美がふさわしい(17)

「その胎内に死を宿し、死をこの世にもたらした」女性とはエヴァである。彼女が禁断の木の実を食べ、さらにアダムにもこの木の実を食べさせたことによって、二人はエデンの園を追われ、それ以来人間は死を免れることができなくなった。しかし「この女性のもたらした死の怖れを打ち消した」聖なる処女がいた。聖母マリアである。聖母マリアを通して神はイエス・キリストとなってこの世に生まれ、罪深き人々を救われ、天国における永遠なる生を約束された。したがって女性は原罪をもたらしたばかりではなく、救済をも与えてくれた。原罪から救済へといたる救済史。この歴史は女性とともに始まり、女性とともに終わる。だから女性の存在は男性の存在よりも重要だというのである。

しかしヒルデガルトのような見解は、ヨーロッパ社会のなかでは主流を占めることができなかった。近年、ヒルデガルトの思想の再評価の機運が盛んだが、それというのも彼女の思想はヨーロッパ史における輝ける例外をなしていたからである。一〇九八年に生まれたヒルデガルトは、一一七九年に当時としては驚くべきほど長い八一歳の人生を閉じたが、もしも彼女が一四・一五世紀に生きていたら、彼女は確実に魔女として処刑されていたにちがいない。

排除の論理

一四・一五世紀。それは今日、「偉大なる中世末期」として再評価されつつある時代だ。そして小説『薔薇の名前』の中心主題は、この時代において盛んだった実在論と唯名論とのあいだの普遍論争にある。

普遍概念は個物よりも先に存在すると主張する実在論(トマス・アクィナスなど)からすれば、悪魔や魔女は明らかに「実在」する。一方、存在するのは具体的な個物だけであり、普遍概念は個物の後にくる「名前」にすぎないと考える唯名論(オッカムなど)からすれば、「悪魔」も「魔女」もただの名前にすぎない。アドソが愛した娘は、ごく普通の農民の娘である。そのような女性に「魔女」という「名前」を刻印するのは、実在論的な虚構である。アドソの師であるバスカヴィルのウィリアムは、彼の友人であるオッカムのウィリアムの思想をほとんどそのまま受け継いでいる。彼はかつて異端審問官だったが、しかし一度も容疑者に「魔女」という判決を下したことはなかった。彼はよく知っていた。「魔女」という名前を刻印することによって、教会は邪魔者を「排除」することができるのだということを。「恐れたほうがよいぞ、アドソよ、預言者たちや、真実のために死のうとする者たちを(18)」とウィリアムは言う。むろんそれは実在論者たちのことである。

要するに実在論は悪魔や魔女を存在論化していた。それに対して唯名論はこのような存在論化やキリスト教のなかに巣食うデモノロジーに果敢に挑戦し、よりよきキリスト教を構築しようとしたのだった。

『薔薇の名前』のなかには、「癩病人は、要するに、排除の証《あかし》だ(19)」という有名な言葉がある。肉体的な癩病を病んでいる人々ばかりではない。ウィリアムによれば、既成の社会秩序から排除された人々全体が「癩病人」という「名前」で呼ばれたのだった。

> 何世紀にもわたって、教皇と皇帝とが権力闘争の激越な論議に明け暮れしているあいだに、群れを追い出された者たちは一貫して外縁を生きつづけた。彼らこそは真の癩病人たちなのだ。そしてふつうの癩病人たちは、このすばらしい言葉の喩えをわたしたちに理解させるた

めに神が配剤された、一つの形象に過ぎないのだ。そして〈癲病人〉と呼ぶことによって、彼らが〈排除された者たち、貧しい者たち、素朴な平信徒たち、無一文の者たち、田舎の根無し草たち、都市の賤民たち〉であることを、わたしたちにわからせるのだ。……権力者側は、つねに見抜いていた。排除された者たちの再統合は、自分たちの特権の減少をもたらすものであるということを。それゆえに、この排除に目覚めた者たちは、彼らの教義に関係なく、異端の烙印を押されていった。……異端とはみな、排除という現実の旗印である。異端を突けば、必ずや癲病人が出てくるだろう。異端への攻撃は、いずれもこの一点に収斂する。(20)

アジア的なリリト像

「癲病人」ばかりではなく「魔女」もまた排除された者たちの代名詞であることは明らかであろう。しかも「魔女」を「排除」しようとする男性のなかには、女性に対する誇張された恐怖心がある。リリト的魔女がその典型だ。リリトの類話はじつはアジアにもある。

第四章でも述べた荼枳尼天は、アジア版のリリトだと言えよう。ダーキニー(荼枳尼天)は古代インドにおける地母神だったが、豊饒が生殖と結びつけて考えられたため、紀元前三世紀以降、愛欲の女神として信仰された。その官能的な肢体の美しさは古代インドの数々のヒンズー彫刻に明らかだが、見る者を恍惚とさせずにはおかないその妖艶なすがたで荼枳尼天は男を誘惑して殺し、さらにはその心臓やその肉を食して、自らの身体（すなわち大地）を肥やすのだと言われている。荼枳尼天という地母神において、破壊は創造と結びついているのである。[21] 荼枳尼天は仏陀を誘惑したヤクシー神と同一視されることもあるが、その場合には破壊面が強調されているわけだ。ヨーロッパ人が荼枳尼天のこうした素性を聞けば、かならずリリトないし人食いの魔女を連想するだろうが、しかしヨーロッパとは違って性や肉体を大らかに肯定するアジアにおいて、荼枳尼天は官能的な女神として崇拝され、仏教神話でも神として位置づけられた。

荼枳尼天は男を誘惑して殺す。しかも一説では、殺した男の肉をそのヴァギナで食するという。[22]ここで想起されるのは、「ヴァギナ・デンタータ」（歯のはえた膣）として分類される昔話である。これには色々な異本があるが、小松和彦がミクロネシアのヤップ島で採集した昔話は、その典型と見なされるものだ。昔、モグモグ島に三人兄弟がいた。ある日、長男が化物島として恐れられている近くの無人島へ行った。島に上陸すると、一人の老婆が現われ、「この島には化物が出るから早く帰りなさい」と忠告して立ち去った。恐ろしくなった彼が立ち去ろうとすると、これまで見たこともないほどの絶世の美女が現われ、彼を呼びとめた。娘に誘われるままに彼女の家へ行った彼は、甘い誘惑に勝てず、彼女をきつく抱擁し、いきり立つ彼の一物を彼女の女陰に突き刺すと、激しい悲鳴をあげて彼は息絶え、彼の体はバラバラにされて料理鍋のなかに放りこまれた。この美女は鋭利な歯のはえた膣をもっていて、それで男の一物を切断してしまう人食鬼なのであった。数日後、次男が兄を探しに化物島に来たが、彼もその娘によって殺されてしまった。しかし一番末の弟が娘の誘惑にも負けず、ついにこの化物を退治する。(23)

この娘は、(1)絶世の美女である、(2)男をセックスへと誘惑する、(3)男を滅ぼすという三点においてリリトとの共通項を有している。さらにこの若い娘は最初に現われた老婆と同一人物なのではないかとも推測される。だとするとこの昔話はゴーゴリの「ヴィイ」と同じ構造をもっていることになる。さらに男を滅ぼす女の恐ろしさは、料理鍋の暗示するカニバリズムにおいて強調されている。

小松和彦は「ヴァギナ・デンタータ」の説話の類話として、日本の「三人兄弟・化物退治」型の昔話のなかから「蛇女退治」をあげている。この話では、化物島が深い山奥に代えられ、絶世の美女は歯のはえた膣をもつ代わりに、男をぐるぐると巻きつけて殺してしまう大蛇になっているが、彼女は、(1)絶世の美女である、(2)男をセックスへと誘惑する、(3)男を滅ぼすという点で、リリトと同一の性格を有している。

絶世の美女に対する男性のもつ恐怖心は、きわめて古いものと考えられよう。そこに「美女＝悪女」伝説が生まれる土壌があった。そしてこのような土壌をもとにして、日本では「道成寺」のような謡曲が生まれ、またヨーロッパではヴィーナスが魔女とされていったのだった。

L. クラナッハ「ヴィーナスに不平を言うキューピッド」1529 年

ヴィーナスの悪女化

しかしヴィーナスが魔女となるにいたるには、さらにもう一つの背景があった。ヴィーナスは言うまでもなく古代ローマ神話における愛と美の女神であり、古代ギリシア神話のアプロディテに当たる。たしかにヴィーナスは愛と美の女神である。しかしその場合の「愛」とは、精神的な愛ではなく肉体的な愛を意味していた。つまりヴィーナスは性愛の女神だったのであり、彼女の吹きこむ恋情はまことに激しいものだった。そのためヴィーナスは売淫の女神と見なされたばかりか、キリスト教社会ではリリトと並んで「好色な女性」の典型とされた。クラナッハの「ヴィーナスに不平を言うキューピッド」(前頁図)では、ヴィーナスはりんごの木の傍らに立ち、悪女の顔つきで男性を誘惑しようとしているように見える。この絵に見られるようなヴィーナスとエヴァとの同一化は、ヨーロッパ社会では決して珍しいものではない。ヴィーナスはもはや「女神」ではないのだ。古代の神々はその座から追放され、「世俗化」された。そればかりではない。古代ギリシア・ローマで賛美されていたはずのヴィーナスは、キリスト教受容後のヨーロッパでは次第に悪女化されていった。詩人ハイネは、柳田国男の妖怪論に大きな影響を与えた『流刑の神々』(一八五三)のなかで、古代の神々がその後のヨーロッパの歴史のなかで著しく歪曲され、悪霊と化していったのはキリスト教のためであると断定している。

民間信仰は今ではギリシア・ローマの神々を、たしかに実在するが呪われた存在にしてしまっている。その意味ではキリスト教会の教えとまったく一致しているのである。教会は古代の神々を、哲学者たちのように、けっして妄想だとか欺瞞と錯覚のおとし子だとは説明せず、キリストの勝利によってその権力の絶頂からたたきおとされ、今や地上の古い神殿の廃墟や魔法の森の暗闇のなかで暮らしをたてている悪霊たちであると考えている。そしてその悪霊たちはか弱いキリスト教徒が廃墟や森へ迷いこんでくると、その誘惑的な魔法、すなわち肉欲や美しいもの、特にダンスと歌でもって背教へと誘いこむというのである。(24)

古代ギリシアとキリスト教社会では、「性」の捉え方が一八〇度ちがっていた。性の自由を謳歌する世界と禁欲を奨励する世界。肉体を肯定する思想と肉体を否定する思想。古代ギリシアにおいて「陽」であったものが、キリスト教社会においては「陰」に反転した。しかし、その歩みは徐々に進行した。中世ヨーロッパにおいて性の自由はなるほど非難されたが、それでもまだ大目に見られていた。ところがルネサンス期になって絵画の世界で性が自由に表現されると、逆に世間では性の自由に対する警戒心が増大した。つまりこの時代において、一方では性に対する関心が解放されたものの、他方では性の自由な発現が抑圧され、性は想像力の世界に閉じこめられていった。そのような時代に魔女狩りは酸鼻をきわめた。魔女裁判においては好奇心にみちた若い男性審問官が、「魔女」の嫌疑のかけられた被告がサバトにおいて悪魔とどのような性的交渉を行なったかと、いやらしいほどに根掘り葉掘り尋ねることが多かった。サバトにおける性の狂宴は多分に審問官たちの想像力がつくりあげたものだったのである。

しかし、審問官たちの想像力はまったく根拠のないものではなかった。古代のバッカス祭祀にサバトの前身を見る見解については第三章で詳述したが、さらに最近、「魔女」と呼ばれた女性は空想裡のサバトにおいて性の自由を謳歌していたのではないか、と主張する見解が現われた。第四章においても触れたクリアーノの名著『ルネサンスのエロスと魔術』である。彼は、「魔女」たちは「魔女の秘薬」を用いて自慰行為を行なっていた可能性があると推測している。幻覚作用をもつこの秘薬を膣に塗ると、秘薬はすぐに吸収され、「そこから炎症と感染が生じ、このことがおそらく恒常的な刺戟と相俟って、特殊な性夢を生じさせる衝迫に固有な感覚を生起させるのである。幻想の次元では、ほうきの柄との接触による肉体的苦痛と軟膏の吸収が、ときに鱗をもった巨大な男性性器をもった相手との交渉に転化されるのである」(25)と。性に対する関心は開放されたものの、自由な性が抑圧されていた時代に、このような幻覚剤を隠れて用いていた女性がいた可能性は否定できない。ＬＳＤの起源は少なくともこの時代に遡るであろう。

幻覚の次元では女性優位の世界が現出している。リリトはアダムの求める男性上位の体位を拒否し、女性優位の原理を求めたが、幻覚によって生み出されたサバトにおいて女性は男性の圧迫から逃れ、自由な空気を呼吸することができた。かつての母権制の時代と同じように。そしておそらくリリトは、社会が母権制から父権制へと代っていった後でも、男性の優位に反抗し、自らの権利を主張した女性の代名詞なのである。

母権制 vs. 父権制

したがってリリトとアダムの対立の歴史はきわめて古い。その争いの芽はすでに古代ギリシアにあった。古代ギリシアは、その初期の段階においては、古代エジプトや古代オリエントなどと同じく母権制の社会だった。そのため古代ギリシアが父権制に徐々に移行するとともに、それまで受け継がれてきた母権制を抹殺することが大きな課題となった。母権制に対する父権制社会の恐怖と反撥。それはおそらく「ヴァギナ・デンタータ」の昔話に見られる女性に対する男性の恐怖に通じるものであろう。キリスト教社会における性の否定と、父権制社会の母権制に対する恐怖。この二つがあいまってリリト伝説や「ヴィーナス＝魔女」説を生み出していったのである。

前述したように、ヴィーナスは売淫の女神でもあった。バッハオーフェンが『母権論』において唱えているところによれば母権制には二つの段階があり、第一の段階はアプロディテ的（ヴィーナス的）「乱婚制・娼婦制」、第二の段階はデメテル的な「婚姻的女性支配」である。バッハオーフェンは言う。乱婚制・娼婦制は、たしかに野蛮なものかもしれないが、じつはきわめて自然に即した制度である。というのも「肉体の原理はいかなる制約をも拒否し、あらゆる束縛を憎み、またいかなる排他的な性の専有関係をもその神に対する冒瀆と考えるからである」(26)。「乱婚制・娼婦制」が性愛の女神アプロディテを讃えるのに対して、「婚姻的女性支配」は偉大なる地母神デメテルを範と仰ぐ。その場合、「地上の母は、人間の母であると同時に地母神の人間界での代弁者」(27)でもある。そしてそのような母のもつ位置は娘に受け継がれ、母と娘の結びつきが重視される。一般に理解されている母権制は、このデメテル的な「婚姻的女性支配」である。

果たして原初の社会形態は本当に母権制であったのだろうか、それとも父権制であったのだろうか。バッハオーフェンの『母権論』に触発されて、一九世紀以降この問題については多くの議論が交わされてきた。バッハオーフェンを支持した人のなかには、マルクスの友人だったエンゲルス、そしてロバート・ブリーフォールトがいた。両者はともに母権制と乱婚制の関係を鋭く洞察していた。ブリーフォールトはその『母』においてこう主張している。あらゆる社会組織の起源をなす母権制において、女性は政治、経済、宗教を支配していた。その宗教には、男性神をあがめるものと、女性神をあがめるものの二種類があった。男性神をあがめる社会では、女王がその神と結婚した。彼女は神の妻であるため特定の男性と婚姻生活を営むことはできなかったものの、多数の男性と性交渉をもつことが許されていた。一方、女性神をあがめる社会では、この女神に仕える複数の巫女がおり、彼女たちは積極的に男性と交わることによって、植物の受粉を模

ルーベンス「ヴィーナスの祝祭」(部分) 1635-40年頃

倣し豊饒を祈願した。こうした神聖娼婦から派生したのが世俗的な売春である。そこでブリーフォールトは、売春は本来は宗教売春であると言う[28]。

ブリュフォールトの説に対しては幾多の異論もあるが、古代ギリシアにアプロディテ(ヴィーナス)の神殿がいくつかあり、そこには多くの神殿売春婦がいたという事実は、彼の説をかなり裏づけてくれる。ルーベンスの大作『ヴィーナスの祝祭』(一六三〇—四〇頃)(図)では、上図右手のヴィーナスの立像のまわりで何組もの男女が愛と官能の歓びにふけっている。

画面の左上端には神殿が描かれ、この神殿がヴィーナスの神殿であることが分かる。愛の女神アプロディテ〈ヴィーナス〉はその魅惑的な裸体によって見る者すべてを恍惚とさせると同時に、売春や乱交を聖なる行為として奨励したのである。

しかし肉体の原理に忠実に生きる乱婚制・娼婦制は、やがて変貌を余儀なくされた。母権制を支えるはずの乱婚制は、かえって女性を男性に屈従させるものだったからである。この制度においては、女性はしょせん男性の欲望のままに遊ばれ、凌辱されてしまう。このため乱婚制に対する女性の意識的な抵抗の所産として、デメテル的な「婚姻的女性支配」が確立されることになった、とバッハオーフェンは言う。ただしデメテル的な原理が勝利をおさめる上での困難は、女性が婚資、すなわち持参金を調達しなければならないことにあった。「自由な性交渉〈乱婚・売春〉を根絶するためには、家族の側から娘に婚資を与える必要があった。そこから〈婚資〉をもたぬ女に対するあの軽蔑が生まれ、後には婚資なき者とのいかなる婚姻をも罰するという法律が定められた[29]」。

バッハオーフェンによれば、母権制を廃絶せしめたのはディオニュソス教だった。東方から古代ギリシアに伝来してきたこの宗教は、一方で母権制を否定して男性の優位を承認させると同時に、他方では女性をアプロディテ崇拝の自然主義と乱婚制へと回帰させてしまった。デメテル的な厳格な婚姻制度を窮屈なものと感じはじめていた女性たちに、ディオニュソス教のバッカス的祭祀は歓呼して迎えられた。バッハオーフェンは書いている。「感覚的な輝きと超感覚的な輝きをかねそなえて、二重に魅惑的な力をもつこの神ディオニューソスは、ますます喜んで受け入れられ、女性たちは、ますます抵抗し難く、その崇拝に熱狂せずにはいられなかったのである」(30)と。

母権的な人間観から父権的な人間観へ。前者においては母と子のあいだの物質的・肉体的な結びつきが自然の事実として前提されている。しかし肉体的な結びつきを欠いている父権的な体系においては、父と子の精神的な結びつきという従来になかった新しい考え方を導入するほかない。こうして母権制から父権制へと移行するにともない、肉体に対する精神の優位が確立されるにいたる。そしてこのような精神主義は、その後、ソクラテス以降のギリシア社会やキリスト教社会においてますます強められていったのである。

ホメーロスの『オデュッセイア』に登場するキルケーは、母権制の第一段階に属していると言えるだろう。キルケーが娼婦の原型と言われるのはそのためである。彼女は男たちを甘い言葉で誘う「誘惑者」である。しかも誘惑された男たちを魔術を使って豚に変えてしまう「魔術師」でもある。「ヴァギナ・デンタータ」の昔話において長男と次男が絶世の美女に殺されたように。しかしオデュッセウスは魔よけの小枝をもっていったので、キルケーの魔術にはかからず、逆にキルケーを屈伏させる。そのためキルケーはオデュッセウスの滞在中は彼の妻となり、さらには彼のその後の航海を助ける「援助者」となる。オデュッセウスは「ヴァギナ・デンタータ」の昔話における末弟に当たる。

ホルクハイマーとアドルノは、誘惑者であると同時に援助者でもあるキルケーのこの未分化にこそ、乱婚の本質、娼婦的なものが表われていると指摘しているが(31)、ここではさらにこう付言したいと思う。敵対者であると同時に援助者でもあるキルケーのこの未分化にこそ、日本の山姥や中国の鬼にも似た悪霊の二義性が表われている、と。しかしこのような未分化は、啓蒙化されたヨーロッパ社会においては忌避すべき恐ろしいものだった。そのためキルケーは「太古の魔女」の代名詞となった。ヴィーナスのような甘美な「誘惑者」であると同時に黒い魔術を行使する魔女。しかも彼女は男たちを動物に変えてしまう。魔女が自分自身を動物に変身させるように。

前述したように、ドイツ語の Hexe（魔女）の語源は hagazussa（垣根を飛びこえていく女）である。魔女は此岸から彼岸へ、この世からあの世へと垣根を飛びこえていく。だから魔女は死の穢れを身に宿してもいるし、男を死の淵へと誘惑もする。しかし同時に彼女は、彼岸から此岸へ、あの世からこの世へと贈り物を携えて垣根を飛びこえてやってくることができる。そのとき魔女は、あるいは「オルフェ」の貴婦人に、あるいはかぐや姫や羽衣伝説の天女に、あるいはオデュッセウスを助けるキルケーとなるのであり、魔女のもつ聖性と穢れの二重性はこの点に由来すると思われる。

第七章　サバトと豊饒儀礼

農民の性風俗

「サバト」と称せられる集会に参加した庶民は、ディオニュソス教のことはまず知らなかったであろう。しかしキリスト教社会になってからも、ヨーロッパの農民のあいだではアプロディテ的な乱婚がほぼ公然と行なわれていた。ヨーロッパ人の道徳観は階級によってまちまちだった。不道徳で知られていたのは貴族階級だったが、農民の風俗も古代からさほど変らぬ放縦であけっぴろげなものだった。前述したようにキリスト教が確立していたのは都市部だけで、近世にいたるまで農村部では土着的な信仰がいまだに強く根を張っていた。E・フックスは『風俗の歴史』のなかで、中世ドイツの農民の性風俗について次のように記している。

　いちばんかんじんなことは、妻が子供を生むということであったから、夫との抱擁が不妊であるならば、妻はじぶんの寝台へ、子種を仕込んでくれると、夫がはっきり見こみをつけた男を、つぎつぎに招かねばならなかった。……この場合個人的な愛情などはどうでもよく、男の生殖力だけが決め手であり、このために妻は子を生む動物として取り扱われ、子を生まない場合は、今日は甲の男へ、明日は乙の男へと送りこまれた。

今日でも、子供をたくさん持つことが、農村経済にとって重要だという事実から、その結果として、姦通にたいして農民の間にひろく行なわれた、寛大な考え方も現われた。農民の妻が夫のかわりに、たくましい農奴や隣人をえらんで、大切な家族を増産して夫を助ける場合、農村の夫は今日でも、ほかの階級で見られる場合よりももっと多く、見て見ぬふりをしている。(1)

ルーベンスに「フランドルのケルミス」(一六三〇—三二頃)と題する油彩画(図)がある。村祭の日、農民たちは——E・フックスのことばを借りれば——「バッカス的な陶酔」、「底抜けの愛欲」にふけっている。(2) 多分に誇張されているとはいえ、この絵は、祭の日にはアプロディテ的な乱婚、バッカス的な祭祀が農民のあいだでほぼ公然と行なわれていたことを示している。陽物崇拝によって豊饒を祈願する風習は多くの国に伝えられている。日本でも宮本常一の言うように、「作物の生産と、人間の生殖を連想する風は昔からあった」(3)。その例として宮本常一は、田植歌のなかにセックスをうたったものが多いこと、正月の初田植の行事に性的な仕草をともなうものが多いこと、そして田植のときのエロ話をあげている。そして後述するように、祭りの日には特に

ルーベンス「フランドルのケルミス」(部分) 1630-32年頃

豊饒儀礼が性の解放と結びつけられるにいたった。

すでに第三章や第五章で述べたように、いわゆる魔女の「サバト」は、祭りの日のバッカス的祭祀が豊饒祈願やディアーナ信仰と結びつけられ、その異端的性格が強調されたことによって作りだされたものだった。しかも農民たちは彼らの古来からの祭を、教会の司祭や異端審問官に教えられるがままに、自ら「サバト」と誤解してしまった。ギンズブルグは指摘している。「魔女にまつわる信仰や空想的美化が解体すると、幻滅をもたらすような、みじめで陳腐な現実が姿を現わす。人々が集まって、踊り、乱行にふけるだけなのだ。ある場合にはサバトは実際にこうしたものだったのだろう。いや、正確に言えば、こうした場合もあったのだろう[4]」と。

古代や中世のヨーロッパにおける農民の農耕儀礼や祭礼と比較できる日本の習俗がある。春祭りである。田を耕作する自分たちの周囲には、それを邪魔しようとする鬼がいる、と農民は想像を逞しくした。折口信夫の説によると、他界から来訪する「まれびと」を迎えて鬼の仕業を抑えてもらうのが「春祭り」にほかならない。また収穫が終わると、ふたたび「まれびと」を迎えて「秋祭り」を行ない、その年の収穫を報告し感謝を捧げる。フリウーリ地方では恍惚状態に陥ったベナンダンティがこの世からあの世へ行き、豊作をもたらすために闘うのだが、日本ではあの世から神を迎えて悪鬼を退治し、豊作を予祝するのである。

こうした祭りのときには踊りだけでなく、男女の自由な性的交渉が行なわれた。古代においては春と秋に行なわれた歌垣が男女の性的解放の場であったが[5]、その後の農村や漁村における祭りや盆踊りはこの歌垣の変化したものと見なされている。「性的解放」といっても、この祭りの日に特定の場所にかぎって行なわれるもので、むろん今日風の「性の解放《フリーセックス》」ではない。ルーベンスの「フランドルのケルミス」に見られるように、日本でもヨーロッパでも豊饒を祈願する祭りの日には非日常的な時間と空間が出現し、そのハレの日の「聖なる遊び」として性の解放が行なわれたのだった。

この点に関連して想起されるのは、古代オリエントにおける客人饗応の風習である。フレイザーは『金枝篇』のなかで、この風習を紹介している。

その昔キュプロスでは、すべての女が結婚に先だって、その名はアプロディテとかアスタルテーとかあるいはその他のものであっても、この女神の聖所において外来の異人にその身を委ねることを慣習によって余儀なくされていた。これと同じような慣習が、西アジアの多くの地方にも普及していた。その動機がどうであろうと、この慣習そのものは決して淫蕩な遊興とは考えられないで、その本体が異ならないのに所によって名の異なる西アジアのかの大母女神への礼拝で執り行なわれる厳粛な宗教的義務と明らかにみなされたのである。たとえばバビロンでは、女たちは誰でも、富める者も貧しい者も、一生に一度は、ミュリッタの神殿で、つまりイシュタルあるいはアスタルテーの神殿で外来の異人の抱擁にその身を委ね、この聖化された売淫によって得た報酬をその女神に奉献しなければならなかった。聖域は顧客を待つ女たちでいっぱいであった。ある者は何年もそこで待っていなければならなかった。廃墟となった神殿の印象的な宏壮さをもって聞こえるシリアのヘリオポリスあるいはバールベクでは、アスタルテーの神殿ですべての乙女がその身を外来の異人に委ねることを国の慣習が要求し、人妻もまた乙女たちと同じやり方でこの女神に対する信心のほどを証明した。

コンスタンティヌス皇帝はこの慣習を廃棄し、神殿を毀ち、その代わりに教会を建てた。(6)

「外来の異人」とは古代の日本における「まれびと」ではあるまいか。古代オリエントにおいて他国からの来訪者は神の化身として遇され、乙女の身が捧げられた。そしてこの性的供犠が行なわれるのは、ギリシアのアプロディテの神殿、フェニキアのアスタルテーの神殿、バビロンのイシュタルの神殿においてだった。したがってこの習俗は、売淫というよりもむしろ宗教的行為と見なされるべきものだったのである。

似た習俗は日本ではつい最近まで残っていた。古い記録としては、延暦八年(七八九)に書かれた『高橋氏文』がある。このなかには、始祖の磐鹿六雁命《いわかむつかり》が東国に赴いたとき、「東方諸国造十二氏、枕子隠一人進《たてまつ》りき」と記されているが、大和岩雄が指摘しているように、これは、客人《まろうど》神《がみ》と見られた磐鹿六雁命に「枕子」が俗に言う「貸妻」ないし「一夜妻」として供されたものと解釈される。(7) 客人神に娘ないしは妻を供することによって、一家や集落の繁栄を図るという風習は古くは世界各地に見られたものだった。ではどうしてこのような供犠が行なわれたのであろうか。考えられる解釈は三つある。神の機嫌をとらなければならなかったという解釈が一つ。外来の異人と交わることによって、近親婚をできるだけ防ごうとしたのだという解釈が一つ。他の一つは、「まれびと」である神がその性的交渉によってその集団に「種」を播くというものである。

女性は畑、男性は種を播く

折口信夫によれば、春祭りは「まれびと」を迎える行事であったが、地母神（大いなる母）や豊饒の女神を祀る祭りは、農耕文化を営む世界のほぼ全域に認められる。多くの農耕民族は、女性と畑、性行為と農作業とを象徴的次元において同一化した。女性は畑であり、男性は種を播くものだというのだ。そのため「まれびと」は一夜妻に種をまかねばならなかったし、さらに豊饒儀礼においては、性的狂宴《オルギア》が欠かせぬものとなった。

たとえばギリシアのアプロディテとしばしば同一視されるアスタルテー女神は豊饒と性愛の女神だった。そのためこの神殿においては、外来の異人に乙女が身を捧げるばかりではなく、毎年、正月の元日には王（もしくは神官）が神殿娼婦と儀礼的に交わることによって植物の受胎と生長を象徴的に再生しなければならなかった。それが王に課せられた聖なる務めだったのである。さらにこうした儀礼的婚礼には民衆たちの乱交がつづいて行なわれた。こうした乱交もまた豊饒を祈る儀式の一部をなしていた。

冬至とほぼ同時期である正月元日。それは太陽の死（冬至）の直後、太陽が再生する時である。したがってアスタルテー神殿における祭祀は、豊饒儀礼であると同時に太陽の再生を祝う祭りでもあった。そして王と神殿娼婦との儀礼的婚姻は太陽神と地母神との聖なる婚姻を表わしていた(8)。

日本において神殿娼婦に当たるものは、采女である。折口信夫や倉塚曄子の説によれば、采女は天皇という現人神に仕える神妻にほかならない。[9] 大和朝廷の政権下において各地の豪族は天皇に采女を貢上した。折口信夫によれば、この采女を召して「宮廷の神に仕へさせると言ふことは、宮廷の神の信仰を、采女の出た国々の信仰の上に据ゑようとすることである」[10]。しかも采女はしばしば新嘗の豊明りに奉仕していたことが知られている。新嘗祭はむろん豊饒儀礼である。この新嘗祭において、天皇は「日の御子」（太陽神）として采女と神婚秘儀を行なう。[11] つまり新嘗祭において大和政権下の人々は、王と神殿娼婦との婚姻、太陽神と地母神との婚姻を祝い、豊饒を祈願したのである。

このように豊饒儀礼において人々は大地と性を称え、自然を賛美する。こうした風習が禁欲を標榜するキリスト教と相容れないことは明らかであろう。古代の宗教に由来する多くの儀礼や祭りを改変してその機構のなかに取り入れていったキリスト教も、豊饒儀礼に対しては寛容でありつづけることはできなかった。ベナンダンティに端的に見られるように、自然との対決姿勢を明確にした近代初頭において、豊饒儀礼は悪魔崇拝と見なされるにいたったのである。

占いと悪魔崇拝

キリスト教が退けたものには、豊饒儀礼の他に魔術や占いがあった。

ベナンダンティが茴香《ういきょう》をもって戦う儀礼もその年の作況を占うものだったが、同種の占いが日本の春祭りでも古来から行なわれていた。その年が豊作になるか不作になるか、一年の吉凶を占う年占いである。年占いの一つに岡見の習俗がある。大晦日の夜に蓑を逆さに着て、高い岡の上から下を見下ろし、翌年の作況を予見するのである。折口信夫によれば、蓑は変身の道具であり、それを身につけることによって超自然的な能力が得られるという。蓑はヨーロッパの魔女の箒に相当するものであり、魔女が箒にまたがって空を飛んでいったように、逆蓑を身にまとったとき、魂は身体を離脱し、現実の向う側を透視することができると信じられたのである。

逆蓑を用いての年占いこそ廃れてしまったものの、占いは日本では今日でも広く行なわれている。占いを迷信と考える人は多いだろうが、だからといって占いを禁じようという動きは日本やアジア諸国にはない。しかしヨーロッパではそうではなかった。

ヨーロッパでも、古くは占いの風習が広く行なわれていた。しかしキリスト教社会になると、占いは古代的ないしは異教的な風習と見なされるにいたった。そこで重要な役割を果たしたのはトマス・アクィナスだった。彼は『神学大全』のなかで占いの問題に多くの頁を費やし、占いを悪魔と結びつけて解釈した。彼は考えた。神の啓示に頼らない占いは、悪魔の力によるものではないか、と。ここに、「悪魔との契約」や「悪魔崇拝」という後世の魔女狩りにおいてお馴染みのものとなる観念が登場する。「すべての占いは悪霊どもの働きから生ずるのであって、それは将来のことがらを明示してくれるようにと悪霊どもにあからさまに expresse 願い求められるからであり、あるいは悪霊どもが人々の精神を空虚な営みにまきこむために、将来のことがらについての空しい探求に介入するからである。……占いは、或る者が悪霊どもとの何らかの暗黙的 tacitum あるいは明示的な expressum 契約を援用しているかぎりにおいて、悪霊礼拝〔悪魔崇拝〕に属する[12]」。

N・コーンは『魔女狩りの社会史』において、このくだりを次のように解釈している。「アクィナスの考え方によれば、自然の諸力を超越した何かをなし遂げようと期待して、悪霊からの助力を受け容れる人間はだれでも、その悪霊と契約を結んだのである。そのような契約は明示的である場合もあるし、暗黙的である場合もある。人間の側が働きかけて悪霊の助力を呼び起こす場合には、それは明示的である。……換言すれば、呪文で悪霊を呼び出す行為は、明示的な契約を伴う。暗黙的な契約は、呪文による悪霊の召喚なしに、自然には起り得ない何らかの結果、そして、神の介入からもまた期待できない何らかの結果を期待して、人間がある行為を行う時に、とりむすばれるのである[13]」。キリスト教徒が神と契約しているとすれば、悪魔と契約している人々がいても不思議ではない、とトマスは考えた。スコラ神学の完成者であるトマスの思想はヨーロッパ社会に多大の影響を与えた。当時の教皇庁は、手相術や籤引きによる占いのような「暗黙的な契約」はとりあえず不問に付し、「明示的な契約」を特に問題にした。異教的な儀式を通して悪魔と明示的に契約した者は悪魔の手下であるというのだ。そしてこの観念に導かれてトマスの弟子というべきドミニコ会士らは、後に凄惨な魔女狩りを行なうにいたるのである。

第一章で述べたように、トマスとともに「魔女」の歴史は新しい一頁を迎えた。彼の『神学大全』は、悪魔と契約した者を「魔女」と規定する解釈を内包していたからである。しかし「悪魔との契約」という観念はトマスをもって嚆矢とするわけではない。アンドルー・マッコールは『中世の裏社会』のなかで、「人がサタンと契約を結ぶという観念は古く、少なくとも四世紀にまで遡る」と述べているが、[14] 四世紀とはアウグスティヌスの時代である。悪魔との契約という観念、悪魔と性交する人間がいるという観念、悪魔は空を飛ぶという観念、そして農民の豊饒儀礼は悪魔崇拝であるという観念。これらのデモノロジー的観念は――最近のヨーロッパにおける研究[15]によれば――聖アウグスティヌスに由来する。

異教徒の父親と熱心なキリスト教徒である母親のあいだに生まれたアウグスティヌスにとって、異教とキリスト教の対決は最初から彼に課せられた大きな課題であり、異教徒の信じる神々が実在することは自明のことだった。だが彼は、それら異教の神々を悪霊と見なした。彼が拠りどころとしたのは、『旧約聖書』のなかの「異教徒たちのあらゆる神々は虚無なるものである」(詩編、九六の五)というくだりだった。この言葉につけた注釈のなかで、彼は『新約聖書』のなかの言葉(コリントの信徒への手紙、I、一〇の二〇)を引きながら述べている。「したがってすべての

十字架を踏んで，悪魔への忠誠を誓う．17 世紀

異教徒たちは、神々という名の悪霊をもっていた。彼らが神々と名づけたものは悪霊だった。使徒がしばしば語っているように、〈異教徒たちが献げている供え物は、神にではなく、悪霊に献げられているのだ[16]〉」。彼は、異教徒が捧げた供犠の肉を食してはならないとキリスト教徒に警告している。というのも、それによって供犠の食事に参加した者と悪霊とのあいだに密接な関係が生じてしまうからだ。一方にカトリックにおける秘蹟があるとすれば、他方には悪霊に対する帰依がある。こうしてアウグスティヌスは、「悪霊との契約」が実際に行なわれていると確信

悪魔による洗礼．17 世紀

するにいたった。彼はその証左をふたたび『旧約聖書』のなかに見いだした。「われわれは死神と契約を結んだ。われわれは黄泉の国と協定を結んだ」(「イザヤ書」二八の一五)というくだりに。

コンスタンティヌス帝がキリスト教を公認してから間もない当時、キリスト教徒の数はまだ少なく、彼は無数の異教徒に取り囲まれていた。彼の眼にふれるいたるところで異教徒の礼拝や「いまわしい習俗」が行なわれていた。そのなかに彼は悪霊(異教徒の神々)との交わりの具体例を見いだした。偶像崇拝、いけにえの儀式、神々からの託宣、神々への呼びかけ、呪文、魔術、占い、占星術などだ。「よきキリスト教徒は、占星術師や罰当たりなあらゆる占い師に対して用心を怠ってはならない。さもないと悪霊との交際によって魂は籠絡され、悪霊たちの仲間入りをしてしまうことになるだろう」[17]。彼から見れば、異教徒の偶像崇拝や魔術はまさしく「精神の悪徳」にほかならなかった。

アウグスティヌスは、占いや予言を単なる迷信として片づけるわけにはいかなかった。異教徒の占いや予言はなぜよく当たるのだろうか。その理由を彼はこう説明している。軽やかな体をもつ悪霊は空中を矢のように飛ぶことができ、そのため悪霊はどこかで起きる出来事を人間よりもはるかに早く知り、それを人間に伝えることができるのだ、と[18]。

アウグスティヌスはまた悪霊が人間と性交することができると確信していた。「多くの人びとが確認しているのであるが、一般に〈インクブス〉とよばれているシルウァヌスやパーンたちが、しばしば野卑な仕方で女たちに振舞い、かの女らと交接をなしとげたというのである。また、ガリア人たちが〈ドゥシウス〉とよんでいるあるダエモン〔悪霊〕らが、この淫らな行為をこころみとなんでいるのを実際に見ていたと多くの者たちが主張しており、これを否定することは恥知らずであるとおもわれるのである」[19]。古代ローマにおける荒野と森の神であるシルウァヌスは、古代ギリシアにおける牧羊神パーンとしばしば同一視された。アウグスティヌスによれば、これらの古代の神々が女性の枕元にインクブスという夢魔となって現われ、夢のなかで女性を犯す。したがって古代ギリシアや古代ローマの神々は、ダエモン（悪霊）にほかならないと彼は考えた。古代の神々に対するアウグスティヌスのこうした攻撃は、さらにケルト人の神であるドゥシウスにまで向けられている。詩人ハイネは古代の神々がキリスト教文明の下で「流刑」の運命を甘受しなければならなかったと指摘したが、こうした「神々の流刑」に教父アウグスティヌスは積極的に関わっていたのである。

「神の国」と「悪魔の国」

悪魔と契約した人間は「悪魔の国」に堕ちざるをえない。これはアウグスティヌスの上記の思想から導きだされる当然の帰結だった。そこで彼は、世界は二つあると考えた。「神の国」と「悪魔の国」である。異教の神々を悪魔（サタン）ないしは悪霊（悪魔の手下）と同一視した彼からすれば、異教の神々を信仰している人々は、みな「悪魔の国」の住人にほかならない。ところが四世紀という彼の時代においては、異教徒ばかりではなく、キリスト教徒も古代の神々を礼拝したり、迷信や占星術に捉われたりしていた。そこで彼は、悪魔が「いわば深淵のなかにあるごとくに、人びとの暗く深い心のうちに閉じ込められている」(20) ことを深く憂慮した。これらの者たちも異教徒と同じように「神の国」には入れず、「悪魔の国」の住人となってしまうかもしれない。いずれ悪魔は「力のかぎりをつくして自分に味方する者らと共に三年と六ヵ月のあいだ、荒れ狂うであろう」[21]が、そのとき彼らは悪魔の手先となって働かされるにちがいない。使徒パウロの「テサロニケの信徒宛ての手紙二」(二、九―一〇)にアウグスティヌスが加えた解釈のなかには、悪魔の存在を確信していた彼の「迷信」を窺見することができる。パウロは言う。「不義なる者はサタンの働きによって現われ、あらゆる偽りの力としるしと不思議な業とを行ない、そしてあらゆる不義を用いて滅びゆく者たちを欺くのである」と。アウグスティヌスの解釈によれば、「不義なる者」とは「反キリスト」のことであり、反キリストが「あらゆる偽りの力やしるしや不思議な業」、そして「あらゆる不義」を人々に対して行なうことができるのは、悪魔の力を借りているからにほかならない。[22]彼にとって異教徒たちが「不思議な業」を行なうことは疑いようのない事実だった。そしてその「不思議な業」は、神のなす「奇蹟」からは峻別されたのである。

悪魔や反キリストが手がける「しるし」や「不思議な業」。それこそは、その後の魔女狩りの嵐のなかで、魔女がサバトなどで行なう不思議な悪行とされたものだった。「悪魔の国」には悪魔と契約し、悪魔と性交し、悪魔の力を借りて空を飛び、悪魔を反キリストとして崇める魔女たちがいる。魔女たちはキリスト教の秘蹟の極端な倒錯である黒ミサを行なっている。そう信じた人々は、魔女の「しるし」を必死に探し求め、さらには拷問によってサバトにおける身の毛もよだつ光景を聞き出そうと努めた。こうした異端審問官らの尋問に、アウグスティヌスは決定的とも思える影響を与えた。魔女狩りの教典となった『魔女の鉄槌』のなかには次のような言葉があ

F. フランケン「魔女のサバト」(部分) 1607年

る。「迷信にもとづく術のすべては、人間と悪霊との提携にその起源を有し、それによってペストがもたらされるということは疑いえない真実であると、われわれはアウグスティヌスとともに言うことができる」[23]。ちなみに小説『薔薇の名前』――この小説は魔女狩りの始まりつつあった一四世紀を時代背景としている――のなかで主人公のウィリアムは、アウグスティヌスやトマス・アクィナスの思想を正面きってこそ批判はしていないものの、悪魔実在論者の胡散臭さを次のように指摘している。「よろしいですか、悪魔の存在を証明する唯一のもの、それはおそらく、そのような瞬間にあって、すべての人びとが悪魔の仕業を知りたいと願っている熱烈さにこそあるのです」[24]と。そして小説の最後では、真に「悪魔」と呼ばれるべき人は、神への過多な愛から悪魔の存在を信じて疑わないホルへのような陰欝な人物であることが明らかにされる。ウィリアムは言う。「反キリストは、ほかならぬ敬虔の念から、神もしくは真実への過多な愛から生まれて来るのだ」[25]と。

神を深く信じる者は、悪魔の存在をも深く信じざるをえないのではあるまいか。これが『薔薇の名前』において作者U・エーコが投げかけている深刻な問である。ルターが悪魔の存在を信じていたことは広く知られているが、その後、啓蒙主義時代を迎えてから、プロテスタンティズムは神の存在のみを信じて悪魔の存在を信じることをやめようと努めた。しかし悪魔の存在を否定することは、神に対する信仰を弱める危険を秘めていた。これがプロテスタンティズムの陥ったディレンマだった。ヒトラーやスターリンやサダム・フセインが「悪魔」と見なされたことは前述したが、ヨーロッパ的な思考様式ではもしかすると悪魔の存在が不可欠なのかもしれない。

アウグスティヌスが悪魔や悪霊の存在を信じたのも、神への過多な愛ゆえであったろうか。いずれにせよ、彼には特別な歴史的使命が課せられていた。キリスト教がまだ少数派だった時代において、彼は異教の諸宗教と闘わなければならなかったのである。彼が異教徒の神々を虚偽の神々であると見なし、神々を祀る古代からつづけられてきた祭礼を否定したのもそのためである。イタリアにおけるリーベラーリア祭（生産と豊饒の神のための祭り）も彼の攻撃の的となった。この祭礼ではブドウの神リーベルと女神リーベラのために男性の巨大なシンボルが祀られ、このシンボルに気高い婦人が花冠を捧げる。類似の習俗は今日でも日本各地で見ることができるが、このように男性と女性の性交を模した儀式によって、古代イタリアの人々は昔から植物の受粉と豊饒を祈願していた。ところがアウグスティヌスによれば、こうした祭りが行なわれたのは「不浄な魂が神々をますます多くする機会を得ようとしたためであって、この不浄のゆえにまったく正当にも唯一真実の神から見捨てられ、ますます多くの不浄を求めて、多くの虚偽の神々のあいだにゆだねられ、そしてかの瀆神の行為を祭礼と呼び、汚らわしいダエモン〔悪霊〕の群に、おかされ汚されるように、その身をささげようとしたためであった」[26]。古代の豊饒儀礼と悪魔崇拝の同一化はすでにアウグスティヌスにおいて始まっていた。そして彼の教義の影響下に、ヨーロッパにかつて存在していた豊饒儀礼の祭祀は次第に消滅していかざるをえなかったのである。

ゲーテの詩「最初のヴァルプルギスの夜」

魔女狩りを熱心に推進した異端審問官らの思想の根柢にアウグスティヌスやトマス・アクィナスのデモノロジーがあったということは、最近、ヨーロッパの学者のあいだで活発に取りあげられるようになった。しかし一八世紀においては、悪魔との契約や魔女のサバトがローマ教会や異端審問官のでっちあげた虚構であると主張することは、まだまだ勇気のいることだった。このタブーにあえて挑戦した人の一人にゲーテがいる。彼の書いた詩に、「最初のヴァルプルギスの夜」（一七九九）というバラードがある。ヴァルプルギスの夜とは、四月三〇日から五月一日にかけてドイツのブロッケン山において行なわれるサバトのことであるが、このサバトは別に悪魔崇拝などではなく、古代の民衆祭儀に由来することを、ゲーテはこの詩で明らかにしようとした。じっさいP・ヒューズによれば、「ヴァルプルギス」は「母なる大地《ヴァルプルグ》」という名の女神にちなんで名づけられた有名な修道女の名前で、彼女の祭日（二月二五日、もしくは五月一日）と、五月一日に夏の訪れを祝う異教徒の祭儀が重ねあわされたのだった。[27] さてゲーテは一八一二年一二月三日付けのツェルター宛ての手紙のなかで、この詩を書いた意図を次のように説明している。

さてここで、「最初のヴァルプルギスの夜」に関する貴兄のお問い合わせにお答えしなければなりません。この詩には次のような成立事情があるのです。歴史家のなかには寓話や伝承というものはいかに空想的で馬鹿げていようとも、その現実的な根拠を求めることができるし、昔話の外皮の下に隠された中核的な事実をいつでも見いだすことができると考えている人々がいます。このような人々に対して私は尊敬の念を禁じることができません。

こうした研究方法にわれわれが負うところはとても多いでしょう。というのも、こうした課題に挑むためには、多くの知識、知性、機知、想像力が必要だからで、この方法を取ることによって詩を散文にすることもできるからです。たとえばドイツの古代研究家の一人は、ブロッケン山に魔女と悪魔が空を飛んでやってくるという、大昔からドイツに流布している伝承の歴史的起源を掘り起こし、立証しようとしました。それによると、民衆にキリスト教が押しつけられるようになった頃、聖なる森から追い出されたドイツ太古の異教徒の司祭や祖先たちは、春のはじめ、彼らの忠実な従者を連れてハールツ地方の近よりがたい荒涼たる山々へおもむき、そこで昔どおりに、天と地の形なき神に焚火を囲んで祈りを捧げました。しかも武装したキリスト教徒の探索の眼を逃れるために彼らが考えついたのは、何人かの仲間を仮装させ、それによって迷信深い敵〔キリスト教徒〕を遠ざけ、こうして悪魔の仮面をかぶった仲間に守られて、純正な礼拝を執り行なうということだったのです。

私はずっと前にこの解釈を読んだことがあるのですが、その著者の名前はもう忘れてしまいました。[28] しかしこの着想は気に入りましたので、私はこの寓話風の物語を詩的な寓話に仕あげたのです。

魔女のサバトと呼ばれているものは、じつはキリスト教以前から細々と受け継がれてきた農耕儀礼であり、春祭りであり、古代の民間信仰であるという一歴史家の説に、ここでゲーテは大いに賛同の意を表している。古代の異教徒にとって森こそは彼らの神々の住むところだった。ブロッケン山は、そうした聖なる森の一つである。そのブロッケン山で、彼らは春のはじめ、その年の豊作を祈って、彼らの神々に祈りを捧げたのだった。そしてサバトに登場する悪魔は、彼らの仲間が仮装したすがたにほかならず、それによって彼らはキリスト教徒を脅し、遠ざけようとしたというのだ。（恐ろしい仮面をつけていたことは十分に考えられるが、それはキリスト教徒を脅すためではなく、ベナンダンティの風習に見られるように、不作をもたらす悪霊を追い払うためだったと思われる。）

ゲーテの詩「最初のヴァルプルギスの夜」において、異教徒はドルイド教徒として登場する。樫の木を聖木として崇めるドルイド教は、カエサルの『ガリア戦記』のなかですでに詳しく紹介されている古代ケルト人の信仰であり、その後、ヨーロッパ各地に広まった。たとえば「アーサー王伝説」に登場する魔術師マーリンにはドルイド教徒の面影が認められよう。たしかにドルイド教徒の礼拝にはサバトを思わせるところがある。一年に一度行なわれる集会は、樫の森などの聖なる森で深夜に行なわれ、教徒たちは聖なる火焔を囲み、太鼓をたたき、聖なる賛歌をうたい、法悦状態で乱舞した。さらには人間や動物を供犠として捧げる儀式が行なわれた。生贄は小枝で編まれた籠のなかへ入れられ、絞首刑にされたとも、生きたまま火炙りにされたともいう。輪廻転生を信じていた古代ケルト人にとって、生贄は豊饒の女神に捧げられるものであり、生贄に供せられた人物は再生すると信じられていたのだが、これは後に、子供を生贄として火焔にくべる魔女たちのおぞましいサバトのイメージの淵源の一つとなった。

イギリスではドルイド教徒は空を飛ぶことができると信じられていたが、これはむろん「空を飛ぶ魔女」のイメージにつながっている。さらにドルイド教徒は魔術を行なうことでも知られる。彼らは薬草やヤドリギの枝(解毒作用や病の治癒効果がある)をもって呪文を唱えもすれば、蛇が怒って吐いた唾からつくられた魔法の卵を使って秘術を行ないもした。薬草、ヤドリギの枝、蛇の吐いた唾などは、魔女がつくる秘薬を想起させる。またドルイド教徒の礼拝の儀式の中央に置かれた聖火は、サバトの絵に描かれている妖しげな火焔とおそらく無縁ではあるまい。しかもドルイド教はキリスト教による迫害にあっても、じつに長いこと存続した。特に一六・一七世紀にはドルイド教の復興運動が行なわれたが、この時期は魔女狩りの最も盛んな時期でもあった。そのように考えると、ゲーテの推測はかなり正鵠を得ていたと思われる。
ゲーテの詩「最初のヴァルプルギスの夜」においても、ドルイド教徒の「聖火」や「生贄」が重視されている。時は五月一日、五月は笑い、森は開かれ、緑の野原に歓びの歌が湧く。いまや聖なる春祭りの時である。ドルイド教の司祭はうたう。

われらは急いで山にのぼり
昔からの聖なる祭儀を執りおこなおう
万物の父をたたえるのだ
火焔よ　煙を貫いて燃えさかれ
そうすればわれらの心も高められよう

しかし民衆は司祭の大胆な行動をいましめる。キリスト教徒たちが私たちのすることを見張っているのです、ここで春祭りを開いたら、彼らの網にかかってしまいますよ、と。だが司祭たちは民衆の警告に耳を貸そうとはしない。

今日いけにえを捧げることを

ためらったりしたら
必ずや罰を受けることになるだろう

結局、祭りを行なうのは夜まで待ち、さらに見張りの男を何人か立てることになる。見張りの男は言う。

あの陰気なキリスト教の坊主らめ！
奴らを思う存分たぶらかしてやろう
奴らのでっちあげた悪魔のすがたをして
奴らを驚かせてやろうぞ
みんな集まれ　熊手や大きなフォーク
松明やガラガラ音の鳴る杖をもって
夜のあいだ　狭い岩間をくぐって
一騒ぎしてやろう

これを見たキリスト教徒は、恐怖のあまり、悪魔や魔女が襲ってきたと思いこむ。

わあ　助けてくれ　仲間よ
地獄が大挙してやってくる
魔女の身体がどれもこれも
焔に真っ赤に燃えている！
狼男や女の龍が
空を飛んでいる！
なんと恐ろしい物音だろう
逃げるんだ　さあ　みんな逃げるんだ
頭上では焔が燃え　悪魔が駆けている
地上では　あたり一帯
地獄の靄がたちこめている

「恐ろしい物音」や頭上に燃える焔は、キリスト教徒から見れば、悪魔や魔女の「しるし」であり、空中飛行は彼らの行なう「不思議」にほかならなかった。それがいかに愚かな空想であったか。この詩には、すでに魔女狩りに対するゲーテの強い憤りがこめられている。この詩は彼の好んだ「とても真面目な冗談」の一つだったとする説もあるが、しかしこのバラードをカンタータに作曲したメンデルスゾーン宛てのゲーテの手紙（一八三一年九月九日付け）を読むと、この詩は彼にとって決してただの「冗談」ではなかったことが分かろう。

貴兄が「最初のヴァルプルギスの夜」の作曲とこれほど真剣に取り組まれたのは、私にとってとても嬉しいことです。というのも、この詩を評価してくれる人は――すぐれた洞察力をもったツェルターを含めて――これまで一人もいなかったからです。この詩はじつは高度の象徴的な意図を有しています。というのも、古くから基礎づけられ、吟味され、人々の心を慰撫するようになっていたものが、新しいものが現われるたびに遠ざけられ、駆逐され、排除され、そして抹殺はされないまでも、狭いところに押し込められてしまうということは、世界史においてたえず繰り返されることだからです。古いものと新しいものとに挟まれた時代には、両者のあいだの憎悪がはっきりと現われるものですが、そのような時代がこの詩には深い含蓄をこめて描かれていますし、そして〔古き時代の宗教的〕熱狂が、破壊を免れた喜ばしいすがたで、いま一度、栄光のうちに明確に燃えあがっているのです。

「古くから基礎づけられ、吟味され、人々の心を慰撫するようになっていた」古代宗教が、キリスト教が「現われるたびに遠ざけられ、駆逐され、排除」されたばかりではない。「魔女」や

「狼男」というありもしなかったものが勝手に捏造されたのだ。

魔女のイメージが次々に膨れあがっていった背景には、異教徒とキリスト教会とのあいだの角逐があった。すでにアウグスティヌスやトマス・アクィナスにおいて見られたように、キリスト教的デモノロジーは、異教徒が崇める神々を「悪霊」ないし「悪魔」と見なした。

さらに一一・一二世紀に南ヨーロッパにカタリ派の異端運動が広まると、強い危機感を覚えたキリスト教社会は異端運動を悪魔崇拝と結びつけることによって、カタリ派が邪道であることを説こうとした。清貧を説くカタリ派と比べれば、当時のローマ教会が腐敗していることは明らかだったし、それだけにローマ教会としては、カタリ派に「悪魔崇拝」の烙印でも捺さないかぎり、弾圧を正当化することは難しかったのである。

こうして古代の豊饒儀礼に対する弾圧、、ギリシア・ローマのバッカス的祭祀に対する弾圧、ディアーナ信仰に対する弾圧、カタリ派に対する弾圧などが何重にも重ねあわされながら、黒ミサの行なわれるサバトのイメージが次第につくりあげられていった。古代の豊饒儀礼も、ギリシア・ローマのバッカス的祭祀も、ディアーナ信仰も、ドルイド教徒も、カタリ派も、みな排除されなければならない。魔女狩りを天から与えられた使命だと考えた人々は、自分たちのしている残虐な行為が正義だと信じて疑わなかった。魔女狩りで火刑台の露と消えた人々は、こうした過多な正義感と排除の論理の犠牲者だったのである。

第八章　ヴァルプルギスの夜の宴
——ゲーテの『ファウスト』を読みなおす

改竄された『ファウスト』

一七七二年一月一四日、フランクフルト・アム・マインで二四歳の旅館の召使ズザンナ・マルガレータ・ブラントが嬰児殺しの罪で斬首刑に処せられた。一七七〇年の冬、旅館に投宿したオランダ人に強姦され、子を身ごもった彼女は、やがて洗濯場で男児を出産した。当時、私生児を産んだ女性は後ろ指をさされ、社会的な辱めを受けることを甘受しなければならなかった。気が動転し、困惑の極に達した彼女は、思わず生まれたばかりの子供を扼殺してしまった。

一七七一年八月三日、逮捕され、裁判にかけられた彼女は、すべてはサタンに唆されてしたことだ、と告白した。その裁判記録には次のように記されている(1)。

(問い)あなたは子供を殺す計画を立てましたか、また、それはいつのことですか。

(答え)子供の命を感じたときから、サタンが、大きな家の中なら内緒でお産するのは簡単で、子供も殺して隠してしまえるし、ひとにはまた生理があったんだと嘘をつけばいい、と私の頭に吹き込んだのです。嘘じゃありません。

(問い)被告人は分娩中に助けを呼びませんでしたね。

(答え)はい。でも呼べなかったのです。もうサタンに惑わされていましたし、子供を殺せとサタンが私の頭に吹き込んだからです。そうするために私は洗濯場の戸も後ろ手に閉めてしまいました。

裁判官によって巧みに誘導された可能性も否定はできないが、無学だったマルガレータは、自分の頭の錯乱した状態を自ら「サタンに惑わされた」と解釈したと考えてよいだろう。すでに第二章で述べたように、魔女はサタンの命じるままに子供を生贄として捧げる。したがってマルガレータは、一七世紀だったら確実に魔女として処刑されていたにちがいない。しかし一七七一年には、この程度の自白にもとづき魔女裁判を行なうことはすでにできなくなっていた。マルガレータ・ブラントの弁護士も、嬰児殺しはサタンに唆されてしたことなのだから、どうか情状酌量してやってほしいと言っている。そこでマルガレータ・ブラントは、魔女という罪によってではなく、嬰児殺しという罪によって斬首刑に処された。

しかし、この裁判記録に見られるように、当時でも人々はまだサタンの存在を信じていたし、マルガレータは「魔女」の烙印こそ捺されないですんだものの、彼女に「魔女」の面影を見た人々は多かったにちがいない。

この裁判にことのほか強い関心を抱いていた人に、ヨーハン・ヴォルフガング・ゲーテがいた。シュトラースブルク大学で法学得業士の資格を得て、一七七一年八月一四日、故郷のフランクフルトに戻ったゲーテは二二歳にして弁護士を開業した。それはちょうどマルガレータ・ブラントに対する裁判の行なわれているときだった。マルガレータ・ブラントに死刑の宣告を下したのは、ゲーテの伯父であり当時の市長だったJ・J・テクストルであり、逮捕状を出したのはかつてのゲーテの家庭教師ティームだった。しかもゲーテは弁護士である。彼がこの裁判に無関心でいられなかったのは、当然のことだった。

だが、ゲーテがこの裁判に対して並々ならぬ関心を寄せたのは、単にそれだけの理由によるものではない。彼は、男にもてあそばれ私生児を産んだマルガレータ・ブラントに、自分がかつてシュトラースブルクで愛し、そして結局は捨ててしまったフリーデリーケ・ブリーオンの運命を見た。しかも、すでに非キリスト教的な性向を有していたゲーテは、明らかにこの裁判に一六・一七世紀の魔女裁判の名残を見てとったのだった。

こうしてゲーテは、『ファウスト』第一部の中核をなすグレートヒェン悲劇を構想した。ファウストを愛し、その子を身ごもり、出産した嬰児を殺害し、処刑されるグレートヒェンは、明らかにマルガレータ・ブラントの名前に由来している。グレートヒェン(Gretchen)はマルガレータ(Margaretha)の愛称だからだ。

一八世紀に魔女狩りの嵐はすでに過ぎ去っていたとはいえ、嬰児殺しと聞いて「魔女」を連想する人々は少なくなかった。第二章で詳述したように、魔女は嬰児の手首を斬り取り、その手首から魔法の粉薬をつくって、さまざまな悪事をはたらくことができると信じられていたからである。

こうしてゲーテの本来の構想では、グレートヒェンは単に嬰児殺しの罪で処刑されるのではなく、殺害した嬰児によって魔法を行なう「魔女」として処刑されるはずだった。もともと『ファウスト』第一部は、グレートヒェン処刑の場を描く「ヴァルプルギスの夜」で閉じられることになっていた。しかし、その場面はあまりにもむごたらしく、かつ反キリスト教的な立場が明らかなので、世間から弾劾されることを恐れたゲーテは、「ヴァルプルギスの夜」を今日見られるような形に改竄してしまった。そのため『ファウスト』第一部のなかでも、「ヴァルプルギスの夜」の場だけが分かりにくいものになってしまった。

では改竄される前の本当の形はどうだったのか。それが分かれば、今日世界中で刊行されている『ファウスト』第一部は全部書き改められなければならなくなるであろう。

Ａ・シェーネは、一九八二年に刊行された『神々のしるし・愛の魔力・悪魔崇拝』(2)において、残された遺稿をもとに本来の「ヴァルプルギスの夜」を見事に復元した。詩「最初のヴァルプルギスの夜」とは違って、この「ヴァルプルギスの夜」では、一六・一七世紀に信じられていたサバトのおどろおどろしい光景が描かれている。ブロッケン山に蝟集した男女は、誰かれ構わず交媾する。それは、気違いじみた性の狂躁である。

たしかにファウストはグレートヒェンを激しく愛した。しかし、いざ「グレートヒェンが俺に捧げてくれた胸」と彼女の「甘い肉体」(四一九七―八行)を味わいつくし、彼女を妊娠させてしまうと、彼の愛情はどうやら冷めはじめる。あるいはグレートヒェンのことをしばらく忘れ、メフィストに案内されるままにブロッケン山へと出かける。時はたまたま四月三〇日と五月一日のあいだの夜である。せっかくブロッケン山でヴァルプルギスの夜の宴が開かれるというのに、この機を逸してよいものだろうか。魔女という名の若くてピチピチした娘たちが「素っ裸」(四〇四六行)で踊りながら男を誘惑する淫猥な性の宴に、俺もいちど参加してみたいものだ。これが、ファウストがヴァルプルギスの夜の宴に出かけた理由である。

ゲーテが「ヴァルプルギスの夜」の場を書いたのは、グレートヒェン悲劇を描いた『ファウスト初稿』から約二十数年後、一七九七年から一八〇五年にかけてのことである。一八〇一年には彼はヴァイマルの図書館から悪魔や魔女や異端裁判についての文献を大量に借り出して読みあさ

た魔術の宴」1620 年頃

M. ヘル「神なき呪われ

ったといわれる。そのなかでも彼が最も依拠することが多かったのは、一七世紀中葉に描かれたミヒャエル・ヘル(一五九一―一六六一)の「神なき呪われた魔術の宴」と題する銅版画(図)だった。以下、この図を見ながら、ゲーテの「ヴァルプルギスの夜」を考察することにしよう。画面の中央にB. Bergとあるのは Blocksberg、すなわちブロッケン山のことである。画面の左上端には、「光も弱々しい赤い半月」(三八五一―二行)が出ている。「夜の女神」の章ですでに考察したが、夜の女神も魔女たちも太陽ではなく、月を崇拝するのだ。画面の上部には「箒」(三八三五行、三九七六行、四〇〇〇行)や、「逞しい雄山羊」(三八三六行)や、「熊手」(三九七六、四〇〇一行)や、「杖」(四〇〇〇行)に跨がった人間が空中を飛んでいる。「空を飛ぶ魔女」の章で見たように、魔女や魔術師はこのようなものに騎乗してサバトへ駆けつけるのである。

画面の各所に、ドルイド教徒たちの祭祀に出てくる「火焔や渦巻く煙」(四〇三八行)が見られるが、これらの火焔や煙の下では、魔女たちが殺したばかりの嬰児や動物の死体を鍋のなかに入れて、ぐらぐら煮つめ(四〇五八行)、怪しげな秘薬を作っている。画面の中央部では大鍋のそばに裸の妊婦が立っているが、その腹のなかの胎児もこの大鍋のなかに供されるのだ。「腹のなかの子は息がたえ、母親の腹ははじける」(三九七七行)。大鍋の下にはいくつもの頭蓋骨や骨が置かれているが、それらはすでに料理された胎児や動物のものであろう。(図の右下端にも馬の頭蓋骨と胎児の骨が描かれている。)動物の名前はメフィストーフェレスの台詞のなかにも多数出てくるが、それらのうちのいくつかは、ヘルの銅版画にヨーハン・クラーイ(一六一六―一六五六)という人がつけた八行詩のなかに認められる。サバトにおいて人々は、蛇やフクロウやイモリやネズミなど、一般には嫌われている動物を釜に入れて魔女の秘薬をつくるのだ。

右手下方でも黒魔術の光景が描かれている。樽の上には頭蓋骨、切り取られた片手、針の刺された人形(呪いに用いられる)が置かれている。樽を囲んでいる人々は、あるいはフラスコのなかにホムンクルス(人造人間)をつくり出し、あるいは人形に針を刺し、あるいは魔術の教科書を読んでいる。その上方では魔法の輪の中央に小人の魔術師が立っている。周囲や上方には、ヒエロニムス・ボッシュの絵さながらの奇怪な怪物やヒキガエルや蛇が魔術師を食い殺そうとうかがっているが、ゴーゴリの「ヴィイ」に登場する怪物たち(悪魔の手下)と同様、魔法の輪(星々に縁どられている)に阻まれて近づくことができないでいる。

ヘルの絵は、当時の民間伝承で信じられていた魔女のサバトや魔術師の世界をじつに生き生きと描きだしている。これはいわばヨーロッパ人の異界幻想の大百科事典となっている。

しかし、この幻想のなかにも幾分かは歴史的真実がある。P・ヒューズは『呪術』のなかで、サバトの原初の形態は「新世界」に住むオベヤー族の踊りや、ブラジル奥地の未開人が営む秘儀、さらには西アフリカの「悪魔の踊り」などに似たものだったのだろう、と考えている。これらの踊りを目撃した者は、「貧乏人も金持ちもおそらく裸になり、仮面をかぶり、硫黄の火が燃える松明（硫黄の成分を含んでいたのである）をかかげ、列をつくって踊っている様を見ただろう。〈栄光の手〉――どの指もろうそくのように燃えている――を見たかもしれない[3]」。ゲーテの「ヴァルプルギスの夜」にもその情景が描かれている。ヘルの絵にある通り、サバトに参加する人々は、浮かれ騒ぎながら長い列をなし、ブロッケン山の頂上へ向っている。彼らを先導しているのは、両手に松明を持ち、尻尾を出した悪魔であるが、これをゲーテはどうやらメフィストーフェレスと解したらしい。ゲーテのメモには「メフィストの燃える指」という言葉がみられるからだ。それは、民間伝承にいう〈栄光の手〉（切り取った赤子の手を燭台にしたもの）なのかもしれない。メフィストと思しき悪魔がもう一人いる。画面の前面で翼を拡げている悪魔で、この悪魔には立派に角も尻尾もついている（二四九八行参照）。しかもこの醜怪な悪魔は、口から嘔吐すると同時に、小便と糞をしている。（これほど明確ではないが、ゲーテにおいてもスカトロジーは三九六一行、四〇一八行で、また四一四四行以下の尻に霊を観るニコライの下りで示唆されている）。その右手にいる若い魔女はそれを見て恍惚状態に陥っている。また左手の若く美しい（どうやら貴婦人である）は、老齢の悪魔と抱き合っている。若い女性と老人という組合せも、倒錯した魔女の夜宴を示している。

山の頂上で大きな樽の上に座っているのは牡山羊の恰好をした悪魔の大王サタンである。サタンの背後には楽士がいて何かの楽器を奏でているが、その音楽に合わせて魔女たちは踊り狂う。

古代の宗教的儀式や祝祭において、舞踊は欠くことのできないものだった。踊りながら人々は宗教的法悦にひたるのだ。この舞踊には音楽の伴奏がつけられているが、この音楽は魔女にとっては妙なる楽の音であっても、文明化されたヨーロッパ人にとっては野蛮な不協和音と聞こえたにちがいない。メフィストにとってもそうだった。「何やら楽器の音が聞こえてきますね。いやな音だ。慣れない者には耐えられん」(四〇五〇―五一行)。こうしてサタンに踊らされながら、「大勢の人々が魔王のところへ集っていく」(四〇三九行)。それを見ながらファウストは、「あそこに行けば、いろんな謎も解けるだろう」(四〇四〇行)と言う。身の毛もよだつ悪魔礼拝、黒ミサの儀式がその謎を解いてくれるのである。

サタンを称える黒ミサの儀式

本来この「ヴァルプルギスの夜」にはサタンの場が挿入されていた。「俺はあの上の方に行ってみたい」(四〇三七行)と語るファウストは、メフィストーフェレスとともにブロッケン山の山頂に登って、そこでサタンを称える黒ミサの儀式を見物することになっていた。しかしこの場面は思わず眼をそむけたくなるような恐ろしさ、むごたらしさにみちているため、すでに原稿はほぼ完成されていたにもかかわらず、ファルクとの対話によれば、ゲーテは、これが発表されたら、世間の人々は自分をなかなか許してはくれなくなるだろうと予想して、これを最終稿からは除いてしまった。そのためファウストは群集と一緒に山頂に行こうと思っていたのに対し、メフィストは彼を横の方へと案内する(四〇二七―三三行)という不整合が生じることになった。こうして解けるはずだった謎も解けなくなり、「ヴァルプルギスの夜」の場はひどく分かりにくいものになってしまった。そこでA・シェーネは前記の書物のなかで、一八八七年に初めて明るみに出されたこの場面の草稿をもとに、「ヴァルプルギスの夜」の本来の姿を復元してくれている。それを読めば、「ヴァルプルギスの夜」に描かれているのが、キリスト教的な理想を逆転させた悪霊跋扈の世界、すべての価値が転倒した地下の暗黒、まさにミヒャエル・ヘルのいう「神なき呪われた魔術の宴」であることが分かるであろう。

場所は寂寞たる荒野。ラッパの音がすると、上空には稲妻が光り、雷鳴がとどろく。あちらこちらに火焔が立ち昇り、煙がたちこめている。煙のなかに聳える岩壁の上にサタンが姿を現わす。『ファウスト』補遺四八に描かれたこの場は、シェーネによれば旧約聖書が下敷きになっている。神がシナイ山に現われたとき、「雷鳴と稲妻と濃い雲が山をおおい、ラッパの音が高まりゆき、すべての民は営にあってふるえた」(「出エジプト記」一九の一六―一八、関根正雄訳)。神が現われたのと同じ背景のもとに、サタンは出現する。群衆は歓呼の声をあげる。

見よ、あの方が山を登っていかれる。

遠くに人々が群がり、
信者たちは賛嘆の眼《まなこ》で祈りを捧げている。
あの方は勝利者として来られたにちがいない。
（補遺四九）

サタンが山頂に坐し、その周りを大勢の人々が取り囲む。彼らはひざまずきながら、ここへ来られたことを喜び、こぞって帝王サタンの鉤爪に口づけをする。だがメフィストーフェレス扮する儀式官が、鉤爪ばかりではない、サタン様の尻にも口づけをしろ、と命じる。すると彼らはサタンの前や後に接吻する。小説『薔薇の名前』のなかには、アドソが恋い慕う農村の娘が魔女として捕えられる場面があるが、この娘を前にして悪名高き実在の異端審問官ベルナール・ギーは、黒猫こそ悪魔の化身であり、悪魔の信者たちはサバトのたびごとに悪魔の肛門に何度も口づけしてきたのだ、と娘の罪状を列挙する。(4) 魔女裁判の記録によれば、サタンの尻への口づけは中世以来、何世紀にもわたってサバト儀式の不可欠の要件をなしている。そしてベルナール・ギーらの異端審問官らが信じるところでは、魔女はキリスト教徒が行なう司祭や法王の手への口づけを、胸のむかつくようなやり方で模倣し、価値を転倒させることによって、神からの離反とサタンへの忠誠を誓うのである。

ゲーテの『ファウスト』草稿も、魔女裁判におけるこうした迷信をもとにして描かれている。

サタンの尻への口づけ．17 世紀

尻の穴に口づけした信者は、こう語っている。

この巨大な口からはいい香りがしてくるな。
天国でもこんないい匂いはしないだろう。
この出来のよい割れ目のなかに入りこんでいきたいものだ。
（補遺五〇）

倒錯した悪魔崇拝の儀式が終り、信者らの信仰心が十分に試されると、サタンは玉座の上に坐り、説教を始める（補遺五〇）。「天上の序曲」における主に代って、今や反キリストが「山上の垂訓」を授けるのだ。サタンから向って右手には牡山羊(男の信者)が、左手には牝山羊(女の信者)が控えている。

右手に向ってサタンはこう説く。

お前たちには二つのものがある。
素晴らしくて大きいものが。
輝く黄金と
女の門が。

また左手に向ってはこう語る。

お前たちには二つのものがある。
素晴らしい輝きをもったものが。
きらきら光る黄金と
輝く尻尾が。

「黄金と尻尾、黄金と門」と言われても分らない娘にメフィストは教える。「悪魔が言っていることを知りたいなら、わしの隣にいる男〔ファウスト〕のズボンのなかに手をつっこんでごらん」と。神と愛ではない、ここは金と性について説かれるところなのだ。そこでサタンは言う。

昼は清らかにすごし、
夜は淫らにふるまうことだ。
そうすればお前たちの
成功はまちがいなしだ。

岸繁一は、この悪魔崇拝のくだりでゲーテが語句を注意深く選んでいると指摘している。キリストではなくサタンを「主」と呼ぶ民衆の合唱は、

主はお前たちに示される、
深遠なる自然の
永遠なる生命の痕跡を

と歌う。「永遠なる生命」だったらよいだろう。しかしサタンの説く自然の生命は「永遠なる生命の痕跡」である。愛は「永遠なる生命」そのものかもしれないが、肉欲は「永遠なる生命の痕跡」にすぎないというわけだ。(5)

サタンによる「山上の垂訓」が終わると、いよいよ乱痴気騒ぎが始まる。人々は嬌声をあげながら輪舞を踊り、そしてこの踊りは、やがて気違いじみた性の躁宴へと移行していく。

すべての秩序を打ち砕いたこの躁宴に、ファウストもメフィストとともに参加しようとする。この部分は決定稿にもあるが、そこでメフィストはこう言っている。「若い魔女たちは素っ裸だ。……労は少く、楽しみは大きいですよ」(四〇四六―九行)。どの女も誘えば応じてくる。最初に目についたのはリリトである。第六章で見てきたように、リリトは「地獄の娼婦」とも呼ばれる好色な女性だったから、メフィストはリリトについて、「彼女がその美しい髪で若い男をいざものにすると、もうなかなか手放してはくれませんよ」(四一二三―四行)とファウストに忠告する。「永遠に女性的なるものがわれらを率いて天へ昇りゆく」(一二一一〇―一一行)代りに、淫売の女神リリトは人々を率いて欲望の地獄へと降りていくのである。

ファウストが選んだのは、別の若くて美しい娘である。この娘も素っ裸である。彼女と踊りながらファウストはそのむき出しの乳房を眺めて、「一本のリンゴの樹があった。つやつやと輝く木の実が二つ。登って取ってみたい気持ちになった」(四一二九—三一行)と甘い声でささやきかける。禁断の木の実であるリンゴは、いうまでもなく禁じられた性の象徴である。明らかにファウストも、ヴァルプルギスの夜宴を支配している動物的な性欲の虜になっている。ところが娘の口からは赤いネズミが飛び出してきて(古い魔女文献からとられたモティーフ)、ファウストは我に返る(四一七九行)。

ファウストを我に返らせたのは、じつはグレートヒェンである。「蒼ざめた美しい女の子」として彼女の幻影がそこに現われるのだ(四一八四行)。一般にはこれは、ファウストが放埒な性の宴に興じていたとき、ふと彼女のことを思い出して、我に返ったのだと解されている。しかしゲーテ時代には心霊現象が大きな関心の対象で、心を深くこめて祈れば、遠く離れていても相手に逢えるのだと信じられていた。「魔女」として処刑される前にグレートヒェンは、恋しいファウストに想いを馳せたにちがいない。そのため棄却された草稿では、グレートヒェンはヴァルプルギスの夜の宴に幻影として姿を現わし、彼女はファウストの幻影のなかで「魔女」として処刑されるのである。

しかも処刑によって流されるグレートヒェンの血は、ヴァルプルギスの夜の悪魔礼拝からすれば神聖な意味を有している。黒ミサには、生贄として捧げられる子供もしくは若き娘の生きた血が必要なのだ。そして劇作上、グレートヒェンの処刑は黒ミサのおぞましくも聖なる儀式と重ねあわせられている。「火刑台に登ったグレートヒェンは全裸で、両手が後ろに縛られている。顔や恥部を覆い隠すものは何もない」(補遺五〇)。悲劇的な終末が近づく。グレートヒェンを「魔女」として処刑する異端審問官は、魔女裁判の定石どおり灰色の僧服を着たフランチェスコ会修道士(「灰色の信徒」)と黒い僧服を着たドミニコ会修道士(「黒い信徒」)である。(一般の司祭は魔女の存在を本当には信じていなかったか、あるいは自分の町に騒ぎがおこるのを恐れて、魔女狩りには熱心ではなかった。そのためローマ法王はフランチェスコ会修道士とドミニコ会修道士を特別に魔女狩りのためヨーロッパ各地に派遣した。この役に特に熱心だったのはドミニコ会修道士だった。というのもこれまで詳述してきたように、一三世紀のドミニコ会修道士トマス・アクィナスが魔女と悪霊を弾劾する文章を残していたからだった。)しかし魔女裁判を弾劾するゲーテの眼から見れば、フランチェスコ会修道士もドミニコ会修道士も敬虔なキリスト教徒であるどころか、「人間の熱い血」を求める残忍なるサディストにほかならなかった。グレートヒェンがいよいよ処刑されるとき、彼らはいかにも嬉しそうに歌う。

　人間の熱い血が流れるとき、
　その匂いはあらゆる魔術にとって喜ばしい。
　灰色の信徒も黒い信徒も

新たな仕事のための力を得るのだ。
血を示唆するものはわれわれにとって好ましく、
血を流すものはわれわれにとって有難い。
火と血のまわりで輪舞を踊ろう。
血は火のなかで流されるのだ。
（補遺五〇）

異端審問官がこう歌うと、「首は落ち、血がほとばしり、火は消える」（補遺五〇）。あたりは真暗になる。まるですべての希望の火は消え、世界の終末が訪れたかのように。（一九八六年に筆者がアーヘンで見たすぐれた公演では、恐ろしいほど静まりかえった暗闇のなかで終末感が強調されていた。）決定稿でメフィストは、ヴァルプルギスの夜宴を訪れた似非政治家や似非文士を指しながら、「こいつらが最後の審判を受けるのも、そう遠い先のことではありますまい。……世も全く末になりましたよ」（四〇九二―五行）と語っているが、それは同時に作者の本心でもあったであろう。内なる性欲に駆られてヴァルプルギスの夜の宴を訪れたファウストは、そこにはからずも終末の光景を見た。ファルクとの対話によれば、長期間にわたってこの場面の執筆に従事していたゲーテは、ヴァルプルギスの夜を跳梁する魑魅魍魎たちに自分自身が苛まれる思いだったという。彼はそこで地獄を目のあたりにした。無実な女性が「魔女」として処刑される地獄、人間性の失われた地獄を。

シェーネによれば、グレートヒェンが処刑されるこの幻想の場に「曇れる日」の場が続くことになっていた。恋人が処刑されることを知ったファウストはメフィストをなじる。どうしてその事実を自分に隠しておいたのか、捕えられたグレートヒェンを放っておいて、どうして自分をヴァルプルギスの夜宴などへ連れていったのか、と。するとメフィストは「別にあの子が初めてというわけでもありませんさ」とぬけぬけと言う。『ファウスト』全巻のなかでも最も恐ろしい言葉である。魔女狩りの盛んな時代にも、魔女裁判を胡散臭いと感じていた人は少なくなかったろうが、彼らも、迷える一匹の羊を救おうとする代りに、「別にあの羊が初めてというわけでもないさ」とその羊を見殺しにしてしまったにちがいない。こうしてグレートヒェンの後でも第二、第三のグレートヒェンが次々と「魔女」として処刑されていった。「補遺五〇」のなかの次の言葉(棄却された草稿の最後)は、明らかにこの歴史的事実を示唆している。

血の湧き出る泉は一つじゃない。
ほかの小川が流れこみ、
村から村へいくたびに
流れはふくれ、大河となる。

グレートヒェンを「魔女」として処刑した「流れ」はやがて次第にふくらみ、いずれ魔女狩りの「大河」を生むであろう。「ヴァルプルギスの夜」のなかの棄却された場面には、魔女狩りを生んだヨーロッパ近代史に対するゲーテの痛烈な批判と憤りがこめられているのである。

第九章　善悪の基準を超えて——ミシュレの『魔女』を読む

「ヴァルプルギスの夜」の草稿においてグレートヒェンの首は斬り落とされるが、これは魔女に対する処刑としては寛大な方に属していた。というのも、魔女は通例、生きたまま火刑に処されたからである。ただし斬首刑にした後で死体が焼かれることも、またイギリスのように斬首刑にされるだけの国もあった。

生きたままにせよ、死んでからにせよ、魔女を火刑に処さなければならなかったのは、首を斬り落としただけでは魔女のなかに巣食っている悪魔は死なないと信じられていたからである。魔女以上に怖れられたのは狼男だったが、狼男の処刑はもっと残酷だった。図は一五八九年、ケルンでの狼男の処刑を描いた同時代の「宣伝用ちらし」から取られたもので、狼男に関する一事件の経緯を追っている。まず左上は、一人の男に襲いかかった狼の左の前足が切り落とされるところだ。この事件の後、左手のない男が発見された。この男に狼男の嫌疑がかけられる。男は車刑という古代ローマ時代以来の古典的な拷問を受ける。手足が車輪に縛りつけられる。火(図左下)で真っ赤に焼かれたやっとこで胸の肉がひきちぎられる。狼男は眼を使って特別な魔術を

狼男の悪行と処刑．1589 年

行なうと信じられていたので、魔術を行使できないように目隠しがされる。図の中央下では、斧で男の骨が砕かれる。それからやっと、虫の息となった男の首がはねられる（右下）。首はさらし首にされる（中央上方）。しかし、それだけではまだ男が甦ってこないともかぎらない。首のない死体が火刑場にひきずられていき、代母や娘ともども火炙りになる。

火を用いて焼いてしまわなければ悪魔は退治できないという「神話」は、死霊やグレムリンなどを扱った一連のホラー映画のなかにも現われている。死霊の首を斬り落としても、死霊は死にはしない。死霊を滅ぼすには心臓に剣を突き刺すか火で焼くしかないというのは、これらの映画のなかに繰り返し現われるモティーフだが、魔女が火刑に処せられたのも同様の神話的モティーフにもとづいている。殺した動物の骨を皮に詰めて、動物の再生を図る古代の儀式については第一章で詳述したが、近代ヨーロッパにおいても、魔女の肉体のなかに棲みついている悪魔は、骨さえあれば甦ると信じられていたのである(1)。

現代のホラー映画の根柢にあるのが生と死に関する神話的モティーフであるように、魔女狩りを支えていたのも、高邁なキリスト教精神とはほど遠い神話的思考だった。異端審問官たちは「普遍的真理」を求めているつもりだったが、じつは彼らもまた神話的思考に支配されていた。異端審問官は異教徒や「魔女」たちの「蒙昧な信仰」を攻撃しながら、自分たちもまた同じような「前近代的」な思考の虜になっていることにまったく盲目だったのである。

異端審問官たちの神話的思考においては、最初に神と悪魔との闘いがあり、最後には神が悪魔に打ち勝つ。しかも魔女という名において悪魔の役を演じさせられたのは、大半が女性であったことを思えば、この神話は、男性の原理と女性の原理の闘いでもあった。そしてこの神話は、火に包まれた魔女の処刑、悪魔殺しの儀式において大団円を迎える。ここにおいて悪魔は滅び、神が勝利するという天地創造の神話が完成される。

異端審問官のなかでも歴史上もっとも悪名が高いのはベルナール・ギーである。前述したように、小説『薔薇の名前』においても彼は主要な悪役の一人として登場する。ウィリアム神父が看破しているように、「ベルナールは、犯人の発見よりも、罪人を焼き滅ぼすことのほうに、熱心(2)」

だった。そしてベルナールが火刑に異常な熱意を燃やしたのも、魔女の姿を借りて現われている悪魔が焼き滅ぼされる場面こそ、ベルナールたちの魔女神話のハイライトをなすものだったからだ。

ベルナールたちの魔女神話の手本の一つをなしていたのは、中世末期に好んで上演された大衆的宗教劇だった。この宗教劇においても悪魔の存在は欠くことができなかった。かつてのアメリカの西部劇映画においてインディアンが悪役を一手に引き受けていたように、中世の演劇において悪魔は紛れもない悪役であり、この悪役は最後にはキリストもしくはマリアによって打ち負かされるのである。

中世の演劇を通して人々の脳裡に刻みこまれた「神vs.悪魔」という神話的図式は、その後の魔女狩りにおいても決定的な役割を果たした。西欧的な神や悪魔ではもとよりないものの、日本の昔話にも神や鬼が登場することからも分かるように、「神vs.悪魔」という二項対立は、おそらく人間の心性の奥深くに根を下ろしている。しかしヨーロッパの歴史が特異なのは、「神vs.悪魔」という二項対立をしばしば現実の人物や組織に当てはめてきた点にある。たとえばヒトラーはユダヤ人を「悪魔」だと考えた。他方、その後のヨーロッパ社会はヒトラーこそ「悪魔」だったと見なしている。この点において大戦後のヨーロッパは、残念ながら決してヒトラーよりも賢明になったわけではない。そしてルネサンス期の教会は、この二項対立にきわめて独特な脚色を加えることによって魔女裁判を生みだした。そこでは教会が善玉を、魔女が悪玉を演じる。言いかえれば、魔女を悪玉にすることによって、教会は自らを正当化することができたのである。そこでミシュレはこう断言する。

〔魔女は〕ローマ教会の世界が生んだ深刻な絶望から生まれたのだ。わたしは、ためらうことなく、「〈魔女〉はローマ教会の犯した犯罪である」と言おう。(3)

そしてこう書いたがために、ミシュレの『魔女』は一九世紀においてカトリック教会によって禁書に指定されてしまった。

結局、すぎさった魔女狩りの悪夢からわれわれが知ることのできる教訓の一つは、善は悪を含み、悪は善を含むということだ。別して異端審問官はあまりにも単純だった。魔女狩りに熱意を燃やせば燃やすほど、彼らはいっそう深く悪魔の実在を信じ、本来否定すべきはずのマニ教的二元論に陥っていった。自分たちは神に仕える僕《しもべ》であり、自分たちに敵対する者は悪魔に仕える僕《しもべ》である、という二元論に。こうしたあまりにも単純な善悪二元論が存在しているかぎり、ゲーテが指摘したように、魔女狩りという愚行は形をかえて永遠に繰り返されるにちがいない。しかし幸いなことに、単純な善悪二元論からは縁遠い世界がある。東洋である。前述したように、中国では神と鬼とが置換可能だった。同じことは、日本の山の神と山姥についても言える。おそらく東洋人は、自然ないし地母神が神でもあり鬼でもあることをよく知っていたのだ。そしておそらくわれわれが求めなければならないのは、こうした善悪二元論を超えた視点ではなかろうか。

ミシュレの『魔女』の中心主題は「自然」にある。人間によってつくられた善悪の基準を超越した自然。しかしこのような自然は、ヨーロッパの歴史において次第に厄介者扱いされていった。歴史学者であったミシュレの眼から見れば、人間の自然からの疎外の過程はキリスト教とともに始まる。自然敵視の思想は特に初期キリスト教において強かった。「神々の死」と題された『魔女』第一章の冒頭でミシュレは書いている。

何人かの著者が断言するところによれば、キリスト教の勝利のわずか前に神秘的な一声がエーゲ海の上にひびきわたって、「大いなる神パーンは死せり」と言ったという。〈自然〉という古代の、普遍の神はその生命をおえたのである。〔……〕キリスト教を記念する初期の書物を調べてみると、その一行一行に、〈自然〉が間もなく消えてなくなり、生命はその炎を消し、ついに人びとは世界のおわりに近づくという希望が見出される。生命の神々はついにその役割を果しおえ、生命への幻影をこんなに長いあいだひき延ばさせてきた神々とは、これで縁切りになるというわけである。すべてが地に落ち、崩れ去り、奈落に落ちこむのだ。

〈すべて〉が虚無に帰する。〈大いなる神パーンは死せり！〉[4]。

現世や此岸を「地上の国」として却け、彼岸や終末のなかにこそ「神の国」を見るキリスト教の教えからすれば、否定されるべきは此岸の〈自然〉であり、この世での〈生命〉であり、そして生命や自然の諸力の象徴である〈神々〉だった。しかも神々は神の座から失墜したばかりではない。すでにハイネが指摘していたように、神々は「悪魔」と化してしまったのだ。神々ばかりではない。神々が象徴していた〈自然〉もまた悪魔的なものと見なされるにいたった。「初期のキリスト教徒たちは、総体にわたって、また細部にわたって、過去においても、未来においても、〈自然〉そのものを呪っている。彼らは〈自然〉全体を断罪し、そのあげく一輪の花のなかに肉体のかたちをとった悪、悪霊《デモン》を見るところまでいく[5]」。ミシュレの『魔女』を精神分析学的に解読したアラン・ブザンソンによれば、「自然＝悪魔」というキリスト教の公式を生みだしたのは、「抑圧」の原理にほかならない。「こうして自然全体が悪魔的になります。というのもキリスト教が自然全体を抑圧するからですが、それはキリスト教という抑圧されたものの反動に他なりません[6]」。異教によっていじめられたキリスト教徒たちは、自分たちをいじめた異教徒とその神々（自然）を抑圧したというのである。

しかしキリスト教が自然を呪い断罪したとしても、民衆は自然を捨てることができなかった。

民衆にとって自然こそは慰藉であり、大いなる自然に包まれているとき、自分が孤独とは感じられなかった。しかしキリスト教が自然の諸力の象徴としての神々に代って唯一神を打ち立てたとき、それらの神々は夜の世界に身を隠さなければならなくなった。そして民衆が夜、ひそかに崇めているこれら古代の神々を、キリスト教は「サタン」と呼んだ。つまりサタンとはキリスト教的「神」のアンチテーゼであり、ミシュレにとってそれは「自然」のほぼ同義語だった。ミシュレの『魔女』第一部には、「魔女」と呼ばれる一人の女性とサタンが登場するが、この魔女は民衆の代表であり、サタンは自然の擬人化された姿にほぼ等しかった。サタンとともに生きようとする魔女、それは自然とともに生きようとする民衆そのものの姿だった。

　しかし、すべての民衆が魔女になるわけではない。ミシュレの『魔女』第一部には、一人の魔女の三百年にわたる生涯が描かれている。彼がそこで試みたことは、「どのようにして女が〈魔女〉になりうるか」[7]ということの歴史的・心理学的解明だった。つまりミシュレの『魔女』は、通時的な横糸と共時的な縦糸とによって織りなされた不思議な書物、R・バルトの言葉を借りれば、歴史書であると同時に小説でもある書物、すなわち歴史的神話学にほかならない[8]。

魔女の誕生

ミシュレは、農奴制の確立とともに魔女が誕生したと考えている。領主と農奴の関係は搾取する者と搾取される者の関係だった。しかも農奴から搾取されるのは、年貢ばかりではなかった。領主農奴はこれから結婚しようとする妻をも初夜の前に領主に差し出さなければならなかった。領主の有する初夜権という権利、罪なき女性を凌辱する権利は、古代の奴隷制度においてすら許されてはいなかったが、そのような非人道的な権利がヨーロッパの封建制社会においては法的に保証されていた。そして、もしも結婚を前にした男が、自分の将来の妻を領主に差し出さなくて済ますためには、高額の婚姻税を払わなければならなかった。しかし農奴にそれができるだろうか。まず領主の前に屈伏した男は、次には「金」の前に屈伏しなければならない定めにあった。

ミシュレは、自分の妻を金で買い戻そうとした一人の哀れな男を描いている。

不幸な男はおのれのもつすべてを差し出しても何の役にも立たない、相手の女のもってきた持参金までも……。それでもまだ少なすぎる。……彼は押しやられ、突き落される。彼に向って人びとは言う、「汚ならしいやきもちやきめ、汚ならしい不景気づらめ、おまえの女房をとり上げるわけではない、今晩返してやる、そして、この上ない名誉として、胎ませてやるぞ！……」――すべての者が窓にへばりついて、婚礼の衣服を着て帰ってゆくこの男、この死者の奇怪にゆがんだ顔かたちを見ようとする。(9)

妻を奪われた男、そして領主に凌辱された女。うちのめされた二人に耳を貸してくれるのは、囲炉裏端の小さな精霊しかいない。女はこの精霊に自分の嘆きを訴える。すると、精霊は甘い誘惑にみちた声で女に話しかける。「おまえのきれいな魂をあたえることだ」。「そうなれば、おまえの夫は金持になろう。おまえは権勢をもつようになり、ひとはおまえを恐れることになろう」。「では、おまえは、隠された宝物のありかを知る悪霊《デモン》なのね？」

この精霊は、ヨーロッパの古い伝説である「小瓶のなかの精霊」である。「恐るべき時代、それは金の支配する時代である」。そのような時代に人々は思った。「金、ああ！　いったいどこにそれを探せばいいのだ？〔……〕いったいどこの地面をほじくったら、大地が隠している宝を奪いとることができるのか。ああ！　われわれがもし、ひめられた宝のありかを知る〈精霊〉にみちびかれていたら、どんなにいいだろう！」(10)。スティーヴンソンの短篇小説「瓶の小鬼」に描かれているように、小瓶のなかの精霊はそれを持つ者に次々と宝を恵んでくれる。その代わり、その小瓶を持つ者は最後には地獄に落ちなければならない。

そして女も小瓶のなかの精霊の力を借りて大金を得る。女は領主の手先となり、民衆を迫害する方にまわる。だが、女がますます金持ちになり、その身なりも領主の奥方の身なりを圧倒するようになったとき、領主の郎党たちも民衆たちも女に襲いかかり、彼女の服を引き裂き、全裸にし、その身体をさらに鞭で打った。こうして女は生きながらにして地獄を経験することになった。

女は〈金〉という悪魔と契約したが、それは彼女が結ぶべき真の契約ではなかった。彼女は領主の手先となるのではなく、民衆を迫害する封建制社会そのものと闘うべきだったのだ。やっとそう気づいた女は、社会に復讐するためにサタンと契約を結ぶにいたる。女は言う、「あなたさま、ただ悪事をしでかしたいのでございます」。女はいまやサタンとともに既成の秩序、善悪の秩序を転倒させようとする。こうして女は〈魔女〉となる。

この女と同じように絶望のどん底まで落ちた民衆は多かったであろう。ミシュレによれば、「サタンとの契約」はこうした民衆の絶望のなかから生まれた。人がサタンと契約するにまで追いつめられるのは、「最後のどたん場におちいり、すべてのものに絶望し、凌辱と悲惨との恐ろしい圧迫を蒙るとき、はじめて起こる[11]」。R・バルトはそのミシュレ論のなかでこう指摘している。「ミシュレが、まったく正当にも、後世ひとが疎外の名で呼んだ一切を一種の洞察で見抜きながら、〈魔女〉の誕生をしるすのはここにおいてである[12]」。

巫女としての魔女

女にとってサタンは自然そのものである。したがってサタンと契約したということは、彼女が自然のなかで自然とともに生きようと決意したということだ。ここで「都市vs.自然」、「文明vs.野生」という二項対立を引き合いに出して言えば、サタンと契約した瞬間から、女は文明を捨て、

「都市の思考」を捨て、広大な自然のなかで、レヴィ＝ストロースの言う「野生の思考」に生きることになった。この劇的な変身を、ミシュレは次のように描写している。

女は恐ろしい形相をして立ち上がり、両の目をらんらんと輝かせていた。〔……〕彼女は周囲を見回した……　すると、自然は変っていた。木々は舌をもち、過ぎ去ったことどもについて語っていた。草々はいまでは薬草なのであった。冬、女が乾草として踏みつけていたあれこれの植物、それらがいまでは医学について語る人物たちなのであった。(13)

都市を捨てた女に、自然は生き生きと語りかける。彼女のなかには「野生の思考」が開示される。彼女に見えるのは文明という「昼の世界」ではもはやなく、この世とあの世が自由に交信する「夜の世界」であり、木々の梢のあいだを風が吹きぬけるとき、彼女は死者たちの声を聞くことができる。そして、これまでは何でもないと思っていた草々のなかに薬草と毒草を見分けることも、もはや難しくはない。

一九七二年一月、グアム島の密林のなかで三〇年近くものあいだ隠れて生活していた元日本兵の横井庄一氏が発見され、大きな話題になった。横井氏の談話によると、密林のなかで生活するようになったときから、氏は草や茸を見て、どれが食べられ、どれが毒だか見分けられるようになったと言う。

横井氏と同じように、ミシュレの女主人公もまた都市を捨て、世間を捨て、人里遠く離れた荒野に暮らすようになった。「恐ろしい形相をして立ち上がり、両の目をらんらんと輝かせていた」彼女は、まさに〈魔女〉と呼ばれるにふさわしい。彼女が村人と会うことは稀だったし、たまさか村人と出会っても、視線をそらすようになった。こうして女は魔女に特有の〈斜視〉というスティグマを獲得するにいたった。

グアム島での記者会見で横井氏は、「日本に帰れたら山のお寺へ行き、戦死者の霊をなぐさめたい」と語っていた。密林のなかの一人暮らしで、氏は死んだ同僚の霊と一再ならず対話したにちがいない。横井氏ばかりではない。ギンズブルグが『ベナンダンティ』や『闇の歴史』のなかで書いているように、また古代日本や古代ギリシアの冥界行きの神話が物語っているように、文明化や都市化が進んでいない太古の昔、人々は冥界との強いつながりを有していた。このつながりを、ミシュレの女主人公は世間を捨てることによって取りもどす。世間的な欲望を捨てた彼女の前には「あの世」がありありと見えてくる。彼女が死者に呼びかけると、死者は現われる。黄泉の世界と交信する力をもつようになった彼女は、いまや巫女であり、シャーマンである。夜の女神に仕え、恍惚状態において死者の国へ赴く女性たちについては第五章で詳述したが、ミシュレの描く魔女は、人々を今は亡き親族のもとへ案内してくれる夜の女神であり、死者の国の女王である。

言うまでもあるまいが、彼女が交信する黄泉の世界は、キリスト教的な彼岸や「神の国」ではない。キリスト教徒が「神の国」に向って垂直的に上昇していこうとするのに対し、彼女は死者の国と水平的に交信する。彼女にとって黄泉の国は、敷居をまたいだところにある隣室のようなものだった。巫女が深く信じているところによれば、死者たちは天上にではなく、この地上か地下にいる。むろんそのような信仰をキリスト教が受けいれられるはずもなかった。天上ではなく、地上か地下にいる霊。それはキリスト教的世界観によれば、悪霊にほかならなかった。そこで教会は、占いや死者たちを呼び出すことを厳禁した。しかし民衆の世界観は、巫女のそれに近かった。日本人の多くは、いまでも仏壇の前で故人の霊と対話していると信じているが、ベナンダンティの例が物語るように、ヨーロッパでも都市から離れて生活していた民衆は、故人の霊と会いたいと願った。しかも農民にとって死者の国は、秋に死んだ穀物たちが休んでいるところでもあり、それらの穀物が春にふたたび死者の国から甦り、収穫をもたらしてくれることを農民は祈らずにはいられなかった。そこで民衆は、その年の豊作を占ったり、祖先の霊と会おうとして、教会の目を盗んで、巫女である魔女のところを訪れた。魔女のおかげで死んだ夫と再会した一人の女性に、ミシュレはこう言わしめている。「なんという善行を、魔女はほどこしてくれるのかしら！……地下の精霊よ、祝福のありますように！」(14)。地下の精霊とはサタンのことである。サタンや魔女は教会に代って民衆の心を慰撫していたのである。

女医としての魔女

荒野のなかで孤独に暮らしているとはいえ、魔女は自然に包まれている。「大気や、大地の底や、花々や、花々の語る言葉から、春らしい生温かさが感じられ、新しい季節の到来を告げるしるしがあらゆる方向からたちのぼってくると、女はまずめまいを感じる。膨れ上がった女の胸の思いはあふれ出る[15]」。「人里はなれた土地に住み、絶望と結婚したこの女は、憎悪と復讐に養われているのに」、なぜかこの自然のなかでは「すべてがあきらかに愛を語っている[16]」。自然のなかで女は解き放たれる。かつて死者たちの国の女王であった彼女は、いまや自然のなかで生命を謳歌するようになる。これまでの憎悪と復讐を忘れ、愛のなかに生きそうになる。女はそれに抵抗する。「いいえ、わたしの抱く憎しみをこのままにしておいて。わたしは、それ以上の何ものも要求しはしなかった。わたしは人びとに恐れられなければならない、恐ろしい女でいたい…… これがわたしの美しさなのだ、わたしの髪の毛の黒い蛇どもに、苦悩や雷《いかずち》の矢のために皺になったこの顔にふさわしい、わたしの美しさなのだ[17]」。メドゥーサを思わせる恐ろしい女。顔が皺だらけの女。それは〈魔女〉であるための必要条件だ。だが、それだけでは必要十分条件ではない。ここで女はサディズム的攻撃の手をいったん緩め、眠る。そしてこの眠りのなかで、女はより高い次元へと変身をとげるのである。

　自然に包まれながら「女は眠った、女は夢をみた…… 美しい夢だった！ それにしても、どうそれを言い表わしたものであろう。というのは、普遍的生命というすばらしい怪物が、女の体内に呑みこまれてしまったからだ(18)」。「普遍的生命というすばらしい怪物」とはむろん「自然」の謂にほかならない。女は自然の生気をみずからのうちに宿した。女はいまや自ら生みだす存在である。女を包むマクロコスモスと女の内なるミクロコスモスとは合致する。こうして女は真の〈魔女〉へと変身をとげる。女は、いまやグレイト・マザー（偉大なる母）である。彼女には、季節や月や植物が循環をなして動いていることが体で感じられる。たしかに大いなる神パーンは死んでしまった。だが、パーンに代わって彼女は地母神となる。その肉体のなかには、ディアーナを始めとする古代の女神が有していた力、生命の神秘を感じとる力が宿っている。「すべての宗教について、〈女〉は母であり、やさしい保護者でまた忠実な乳母なのだ(19)」。しかし女は単なる保護者ではない。ディアーナが母親であると同時に狩猟者であったように、彼女もまた創造と破壊の両方をつかさどる。創造者としての彼女は、無数の草花のなかから肉体の病を治す薬草を見分けることができる。こうして彼女は薬剤師もしくは女医となる。教会が肉体を否定し、人生を試練としか見なかったのに対し、彼女は肉体を肯定し、病を治癒し、人々の寿命を引きのばす。価値の大逆転である。それは当然のことながら、既成の秩序の〈破壊〉へと進まざるをえない。「憎悪と復讐」がこの点において甦る。だが、それは単なる憎悪と復讐ではない。彼女の〈破壊〉は、新しい秩序の創造をめざしている。革命である。ミシュレによれば、「魔女たちが行なう最大の革命」とは、教会が否定した肉体を復権させたことにある。[20]教会の入口に救いを求めてやってきた無数の病人に対して与えられた言葉は次のようなものだった。「あなた方は罪を犯した、だから神さまがあなた方を辛い目にお会わせになる。……諦めるがよい、苦しむがよい、死ぬがよい。ローマ教会は死者たちにかならず祈りをあげて進ぜる[21]」。

絶望した病人たちは、ついに教会を見捨てた。「人びとは魔女のもとにいった。習慣から、また恐れから、人びとはいままでどおりローマ教会に出入りしていた。しかし、このときを境に、真の教会は魔女の家に、荒野に、森のなかに、人里はなれたところにあったのだ。彼女の家に、人びとは願いごとをもちこんだのである[22]」。女医として民衆に対して民衆のために働く魔女は、「母」であると同時に、ローマ教会に対する反逆者でもあった。民衆に対しては「愛」をもって、またローマ教会に対しては「憎悪」をもって彼女は行動する。いったい魔女のしたことは善だったのだろうか、悪だったのだろうか。バルトによれば魔女の時代は「レプラの世紀（一四世紀）、癲癇の世紀（一五世紀）、梅毒の世紀（一六世紀）」の三世紀にわたっている。「言いかえれば、世界がこうして金と農奴制をつうじて非人間的な行為に身を委ねているとき、世間から身を隠し、〈追放者〉となりながら、かえって人間性を迎え入れ、これを護るのは〈魔女〉だ[23]」。バルトがそのミシュレ論のなかで示唆しているように、魔女の行為は明らかに既成の善悪の基準の彼岸にあるのだ。

反教会としてのサバト

民衆の心を教会から離反させたのは、教会の腐敗によるところも多い。歴史学者であったミシュレは、中世ヨーロッパの教会の実態に通暁していた。幾多の尼僧院は売春窟にほぼ等しかったし、一三世紀にルーアンの大司教がノルマンディー地方の修道院を視察した報告によると、男子修道院のなかでは、およそ修道院らしからぬ生活が営まれていた。修道僧たちは泥酔し、決闘を好み、狩猟に熱中し、さらには尼僧たちと夫婦同然の暮らしをしていた。「これこそ、ローマ教会なるものの正体なのである(24)」とミシュレは言う。

民衆はもはや教会に頼ることができなくなっていた。彼らが頼れるのはサタンをおいてほかになかった。そう人々が自覚したとき、彼らはローマ教会の神に対してひそかに宣戦布告し、自分たちの新しい神であるサタンのために黒ミサというサバトを開くにいたった。そう記すミシュレは、黒ミサ実在説の立場に立っている。

サバトには前史がある。サバトは本来は古代の異教の名残りであり、月の信仰、ディアーナ信仰、牧羊神パーンの祭り、ヴィーナス祭の前夜祭、バッカス的祭祀、これらが混淆してサバトの前形態というべき農民たちの素朴なカーニヴァルが生み出されていった。

しかしおよそ一一世紀以降、農民が農奴として凌辱され、自由を奪われ、かつ、ラテン語で語られる教会の祈禱の言葉が理解しがたいものになっていくと、彼らの素朴なカーニヴァルはますます地下に潜伏していった。

しかし、この段階ではサバトはまだ教会と両立しえた。サバトがキリスト教会に対する戦いを意味するようになるのは、ミシュレによれば、一四世紀以降のことである。法王庁がローマとアヴィニョンの二つに分裂し、権力闘争に明け暮れるようになったとき、民衆にとって教会はもはや「聖なる教会」ではなくなった。教会が自分たちに何の恩寵も与えてくれないことを知るにおよび、民衆は教会のミサを逆転させた黒ミサを生み出した。いつでも「否」としか言わない教会なぞもういらない。いつでも「諾」と言って、愛と陶酔を恵んでくれるサタンを称えよう。サタンのこの「諾」とともに、偉大なパーンの神がバッカスの姿となって甦るのを祝おう。[25] こうして民衆は、バッカスを囲む祭りを復活させた。そしてそれが魔女たちのサバトだった。

しかもサバトにおいて人々はもはや孤独ではない。サバトは、疎外され、虐げられた者たちが束の間、幸福を取り戻すことのできる瞬間、原始的なエロス的共産制が出現する瞬間だった。したがってミシュレによれば、サバトは教会に対する宣戦布告であるばかりではなく、封建制社会の秩序に風穴をあけようとする試みでもあった。したがってバルトが指摘しているように、ミシュレは魔女たちのサバトのうちに、後にフランス革命を生み出す原動力を明らかに見ていたのである。

　こうしてサバトは善悪の価値を転倒させ、民衆に束の間の自由を約束してくれるものとなった。ミシュレの言うような黒ミサが本当に行なわれていたかどうかについては疑義があるだろう。しかし黒ミサこそ、ミシュレの書物のクライマックスをなしている。そこでこそ従来の理不尽な秩序が〈破壊〉され、ミシュレが民衆とともに夢みた新しい秩序が〈創造〉されるのだから。教会のミサに代わって黒ミサが行なわれ、神に代ってサタンがそのミサを主宰し、民衆は昼にではなく夜に生き、そして司祭職は男の手から女の手にわたる。魔女は今やサバトの女王である。「サバトに臨んだ〈女〉はいっさいの役割を果すのである。女は司祭職を務め、女は祭壇そのものであり、女は聖体パンにほかならず、民衆のすべてがそこで聖体を拝受するのである。根本的には、女は神そのものではなかろうか[26]」。そこには母権制の復活が認められる。ミシュレの描くサバトの儀式において、女は大地と穀物の象徴である。祭壇である女体は大地であり、その上に収穫のための供物がそなえられ、豊饒が祈願される。大地と自然を称えながら、大地そのものである女は〈反キリスト〉のマニフェストを行なう。女はひきがえるを引きちぎりながら叫ぶ、「ああ！　フィリップ〔イエスのこと〕よ、おまえをつかまえたなら、わたしはおまえをこのとおりにしてくれるのだ！[27]」と。それは絶望のどん底から発せられた叫び、キリスト教社会や封建制社会を否定して農民の生きる大地を肯定する叫び、「都市の思考」を捨て「野生の思考」に生きようとする大胆な叫びだった。

さて、女体を祭壇とするサバトの儀式が終ると、悪名高いサバトの輪舞が始まる。俗信では、この輪舞は近親相姦さえもが行なわれる狂宴である。N・ゾンバルトはミシュレの『魔女』における近親相姦のくだりについて論じながら、この近親相姦によって、魔女はあらゆる家父長制的秩序と道徳を根柢から覆すことができたのだと主張しているが[28]、それはいささか穿ちすぎた解釈というものだろう。ミシュレは、サバトにおいて行なわれた近親相姦は今日で言う近親相姦とは違うものだと述べている。近代で認められている従兄弟と従姉妹との結婚は、中世では近親相姦と見なされていた。しかも領主は、農奴が他の藩領で結婚することを許さなかった。そうなったら、この農奴はその妻の領主の農奴になってしまうからだ。「こうして、司祭は従姉妹を禁じ、領主は他国の女を禁じていた。そのため、多くの者が生涯結婚しなかった[29]」。従姉妹との結婚も、他国の女との結婚も禁じられた農奴がその性的エネルギーを爆発させることができた場所は、サバトをおいて他になかった。そこにおいてなら、幼なじみの従姉妹と、以前から愛していた女と結ばれることも可能だった。したがってサバトの宴は乱婚などではなく、人目を忍んで行なわれる真摯な恋愛だった。しかも妊娠しないように用心しなければならなかった。それは「自分たちの赤貧をさらに悪化させ、またひとり不幸な人間を作り、ひとりの農奴を領主にあたえる[30]」ことになるからだ。妊娠しないように細心の注意をはらって行なわれる愛の営み。ミシュレは農奴の愛を称えたいと思う。しかし、受胎を防ごうとするために、「この上なく優しいひとときが……薄暗いものになり、汚れたものになった」。だから、たとえ農奴にとって「恋愛にいたるまで、すべてが悲惨であり反逆であった[31]」としても、その反逆は積極的なものではなく、消極的なものにすぎなかった。

ミシュレは母と息子の近親相姦にも言及している。従姉妹との結婚も他国の女との結婚も許されていなかった以上、結婚そのものが禁止されたようなものだった。このような状態のなかで、息子が母親に対して性的暴力をふるうこともありえただろうとミシュレは言う。「自然に反する法が、こうして、憎悪をつうじて、自然に反する風習を生み出したのだ。ああ、なんという苛酷な時代だったことか！　なんという呪われた時代だったことか！　そしてなんと絶望に満ちた時代だったのだ！[32]」。サバトはたしかに革命の要素を内包していた。しかし同時にそれは、目を覆いたくなるような悲劇をもはらんでいたのである。

女性の原理と男性の原理

アラン・ブザンソンが鋭く指摘しているように、ミシュレの『魔女』の女主人公は男と女の双方の役割を演じさせられている。女主人公の夫は途中から姿を消してしまう。「男は辞任し、女に復讐という男性的目標を果す任務を譲って」しまったのである[33]。こうして『魔女』の女主人公は両性具有となった。ミシュレの『魔女』を賛美しても、ミシュレの『愛』や『女』は低くしか評価できない読者がいることとは、多分この点に起因しているだろう。『愛』や『女』において女は決して両性具有ではなく、男女の性差が強調されているのだから。

ミシュレが生涯にわたって女性を賛美し、自然を愛しつづけたことはよく知られている。だからこそ彼は『魔女』のなかで、女性を蔑視し、自然を敵視しつづけてきたキリスト教に対して果敢にして危険な攻撃を挑んだのだが、彼の博物誌四部作（『鳥』、『虫』、『海』、『山』）や、『愛』と『女』という二つの著作には、そのような激しい舌鋒は認められない。前者は自然の賛美に、後者は女性の賛美に徹している。『女』のなかでは女性は自然に、男性は歴史になぞらえられる。「……というのも〈自然〉は女だからである。〈歴史〉はおろかにも女性名詞とされているが、荒々しく野性的な雄であり、日に焼け埃まみれになった旅人である[34]」。男が労働と闘争によって歴史の頁を新しく塗りかえることに奔走しているときに、女は自然を愛し、「〈自然〉の奥底から湧き出てくる荘厳な歌を聞く[35]」。『魔女』の女主人公が革命を準備し、歴史の頁を新しく塗りかえようとしていたのに対し、『女』において女性は歴史に背を向け、惜しみなく愛を注ぐ自分の内に充足している。それは、自然が歴史をもたず、自己内充足しているのと同じである。むろん、自然に進化という歴史があるように、女性がたとえ家庭内にとどまっていたとしても、そこには何らかの変化が認められるだろう。しかし、いずれにしてもその歩みは緩慢である。そしてミシュレは、愛や自己内充足という女性の世界を、歴史という男性の世界から区別すると同時に、それに対して当時としてはきわめて高い価値を与えようとした。

女性は自然であり、自然は女性である。ならば自然は女性の眼によって考察されるべきではあるまいか。ミシュレはそう思う。ところが近代の自然科学を推進しているのは、もっぱら男性的な闘争の精神である。ミシュレは、自然を「征服」しようと考える科学のうちに、欲望にぎらつきながら女を「征服」しようとする粗野な男の姿を見た。庭のなかを歩き、小鳥の歌声の美しさに耳をすましながら、ミシュレは嘆息する、「野蛮な科学は、頑固なごうまんさは、生命ある自然をかくも格下げし、人間を〔小鳥のような〕その劣った兄弟たちからこんなにも引き離してしまった！」[36]と。ミシュレの生きていた時代においては、産業革命が進行していた。「野蛮な科学」がもたらしたものは、産業主義であり、機械主義だった。産業資本の担い手たちは、『魔女』の女主人公が一時そうであったように、金のために我を忘れた。そして工場主は他の工場主との競争に勝つために、仕事を戦争と同等視し、労働者を兵士のように酷使した。[37]産業革命の原動力は機械である。そして機械は「単調な製品を無限にふやし、たった一日の技術でもって、私たちに毎日芸術家であることを免除してしまう[38]」。かつて職人がつくっていた作品は芸術品だった。ところが「機械主義の支配するところにあるのは、〔……〕技術や芸術を欠いた産業や文学である。検討を欠いた哲学である。人間を欠いた人類なのである[39]」。かつて封建制の領主によって搾取されていた民衆は、フランス革命によって解放されたかに見えた。しかし、いまや彼らは産業主義と機械主義という新しいシステムの下でふたたび搾取されるにいたった。この産業社会を支配しているのは、闘争という男性の原理である。しかし、もしも自然科学が愛し育む女性の原理によって支えられていたらどうだろうか。ミシュレは、かつて魔女が女医であり、産婆であり、薬剤師であった時代を思い出す。かつて民衆のあいだで育まれてきた魔女の医学は近代科学によって完全に駆逐されてしまった。だからといって魔女の医学を一九世紀に復活させることが不可能であることも、ミシュレはよく承知していた。では、いったいどうしたらいいのだろうか。

ミシュレの死(一八七四年)の一一年後に、ニーチェは『善悪の彼岸』のなかで、「真理は女である。真理に暴力を加えるべきではない(40)」と書いた。真理が女であるならば、われわれは女を愛するように真理を愛さなければならない。そして男が女を永遠に愛し、追い求めつづけるように、真理もまた愛され、求められつづけるものなのだ。したがって究極の真理というものはありえない。女を愛することによってより深く女を知るにいたるように、真理の探求もまたより多くの「真らしさ」に向って前進することでしかありえないというのが、ニーチェの根本的な信念だった。ところが近代ヨーロッパは、一方では自然科学を通して、他方では魔女狩りを通して真理に対する暴力をふるいつづけてきた。一方では自然に対する暴力を、他方では女に対する暴力を。近代科学は、真理という女がかぶっているヴェールを無理矢理はごうとするが、もしもヴェールをはいでしまったら、女はもはや美しくはなく、真理は真理ではなくなってしまうにちがいない。けだし女の美は表面にあるからだ。『悲劇の誕生』のなかでニーチェはこう記している。「芸術家が真理の女神のヴェールを一つ一つはぎとりながらも、はぎとった後でもいまだにヴェールにおおわれている女神をうっとりと眺めているとすれば、理論的な人間は投げ捨てられたヴェールを見てほくそ笑み、自分の力でヴェールをものの見事にはぎとっていく過程そのものに最高の喜びを感じている[41]」。理論的な人間が近代科学を指すことは言うをまたない。

近代科学の決定的な誤りは、自然に対する「愛」という自然科学の根本原理を忘失してしまっている点にある。ミシュレは、自然は女であり、女の体のなかには月経という形で宇宙のリズム、自然のリズムが刻みこまれていると考えた。それと同じように、ニーチェもこう記している。「女において尊敬の念と同時に、しばしば十分な怖れを惹き起こすものは、その〈自然〉である。女の自然は男の自然よりも〈より自然らしい〉のだ[42]」。自然そのものである女性に対する敬意と恐怖。そして後者こそは近代ヨーロッパにおいて魔女狩りと近代科学を生み出したものだった。

『ツァラトゥストラはかく語りき』のなかでニーチェは言う、男性の本性が「意志」(われ欲す)であるのに対し、女性の本性は「同意」(彼が欲す)である、女性が愛の力のすべてをあげて従うとき、彼女の眼に世界は完全なものとなる[43]。同じくミシュレは言う、男性が次々と物事を生み出す生産者であるのに対し、女性は一つの調和である[44]、と。生産者である男性は闘争を通して歴史と進歩をつくりだすが、しかし女性には歴史も進歩もいらない。ミシュレは歴史を「荒々しく野性的な雄」とも「日に焼け埃まみれになった旅人」とも評したが、ニーチェは歴史をもっとはっきりと断罪する。「歴史的感覚というものをわれわれヨーロッパ人はヨーロッパ人に特殊なものとして持とうとするが、これは階級や人種の民主主義的混淆によって陥った魅惑的にしてかつ気違いじみたヨーロッパの〈半野蛮〉が招来したものにほかならない[45]」。歴史的感覚はフランス革命以降にヨーロッパに誕生したものであり、ヨーロッパ人の多くはこうした歴史的感覚を「近代的な魂」だと思いこんでいる。しかしそれは大きな間違いだ。むしろ近代人は歴史的感覚によって恐るべき混沌のなかに陥り、半野蛮人と化してしまった。「歴史」によって人類はかならずしも「進歩」するわけではない。そうニーチェは敢然として主張するのである。

結局のところミシュレもニーチェも、世の中には男性の原理と女性の原理とがあり、両者の混淆の割合によって各国の文化の様相が決定されるのだ、と考えていた。ニーチェによれば、闘争によって歴史と変化をつくりだそうとする歴史的感覚は、西欧に固有なものである。むろん東洋人に歴史的感覚がないわけではない。しかし東洋人の歴史的感覚は、かならずしも変化と進歩を求めたりはしない。そして西欧的な歴史がミシュレの言うように「荒々しく野性的な雄」であるとすれば、東洋的な歴史は「与えられたものを守ろうとする雌」だと言えよう。

同じく科学についても男性の科学と女性の科学があるのではないか、と最近のヨーロッパではしばしば主張されるようになった。[46] 近代的な西欧の科学は、自然を対象化し、自然を「征服」しようとする男性の科学である。それに対して産婆術に代表されるような科学、前近代的もしくは非近代的な科学だと一般に考えられている科学こそ、じつは自然に即して自然を取り扱う女性の科学である、と。レヴィ＝ストロースはそれを「ブリコラージュ」(器用仕事)と呼んで、近代科学とは区別した。[47] いわゆる「未開の社会」を支えてきたのは、そのような近代科学とは違った「もう一つの科学」だった。そして中世ヨーロッパにおいて、科学の主たる担い手は女性だったのである。もしもそのような科学がつづいていたら、もとよりわれわれは近代文明の繁栄に浴することはできなかっただろう。しかしその代わりに、今日、われわれが苦しんでいる自然の破壊や環境汚染の問題も生じなかったにちがいない。今やアジアは近代の欧米社会を手本にして飛躍的な経済成長をとげつつあるが、しかしアジアは本来、「歴史の進歩」などからは無縁なブリコラージュによって支えられていた。そして外面的には近代文明を謳歌しながらも、本質的にはいまだに「野生の思考」にとっぷりつかっているアジアは、いずれ「都市の思考」か「野生の思考」か、近代科学かブリコラージュかの二者択一を迫られるにちがいない。

むろん「野生の思考」は女性の専有物ではない。男性の多くが近代科学を推進することに躍起となっていったとき、たまたま魔女という名の女性たちは前近代的な科学を守りつづけてきたのだ。では男性の原理と女性の原理とはどの程度はっきりと区別できるものなのだろうか。ミシュレの『女』のなかには、「女は男なしでは生きられない」という章がある。フェミニストを苛立たせかねない題だ。しかしミシュレは女は男に隷属する存在だと言っているのではない。女は男なしには生きられない。子どもは女なしには生きられない。そして男は女なしには生きられない。男と女と子どもというこの三位一体こそ人類を支える基盤であるというのが、ミシュレの固い信念だった。家庭が衰弱し、一人でいようというエゴイズムが幅をきかせたために、国力が衰微してしまった国々の例をミシュレは挙げている。そのくだりからは、西欧の行きすぎた個人主義に対するミシュレの批判が読みとれる。彼の同時代の一詩人は、世界が疲弊し地球が終末に近づいていると警告したが、このような警告はミシュレにとって傾聴に値するものだった。そこで彼は人間同士の愛の必要性を説く。「疲弊した地球をあわれんで下さい。愛がなければ地球はもう存在理由を持てなくなるでしょう。愛しなさい、世界を救うために」(48)と。

男性の原理と女性の原理と子どもの原理が三位一体をなしている場所、それは家庭である。『民衆』のなかでミシュレは、一人の労働者の家庭を描いている。仕事を終えて彼は家路を急ぐ。「ひとたび帰り着いて休息するや、彼はもはや何ものでもない。まるで子供のように妻に自らをゆだねる。彼によって養われている彼女が、彼を養い彼を暖めてやる時である。そして二人して子供に仕える。……生命の中の最良のものによって、つまり自らの労働によって、日々家族を養っていくというこの大いなる喜びを、また人間にとってのこの至高の祝福を、金持は知らないだろう。貧しい者だけが真の父親になれるのである。日々彼は自らの家を創造し、作り直してゆく。この美しい秘密は、世の中の賢者たちよりも女の方が一層感じとっていることである(49)」。この家族を支える女性と男性をミシュレは次のように定義している。「この女は素直な判断力と巧みさによって、知らぬ間に力を統御できるような、非凡な魅力を持った美徳なのである。この男は人間生活の中での最大の重荷を、社会のためにになっている強さであり忍耐であり勇気なのである(50)」と。

ミシュレの見るところ、大人に比して子どもははるかに美しい。子どもは「全員四歳では美しいのに、八歳になれば醜くなってしまう(51)」。子どもは大人がつとに失ってしまったものを持っている。だから「金持に貧乏人が必要なように、大人には子供が必要である(52)」。美しい子どもをできるだけ美しいままに育てたいと考えた彼は、教育の制度に目を注ぐ。教育については当時相反する二つの学説があった。一つは教訓と伝統と権威を教えこむ知育の教育であり、他の一つは「教育するという以上に人間を作ることに専念」する教育、ルソーやペスタロッチの流れを汲む徳育の教育である。後者の方法をとる学校は「母親たちの心に向いて〔適って〕いた。子供は、何が起きようと、とにもかくにも幸せだった。だが父親たちが思うには、これらの学校では極めてゆっくりとした方法で、あまりにも少しのことしか教えられず、知育の方は本当にわずかしか行なわれていない(53)」。ミシュレはこう言いたいのだ、知育は男性の原理にもとづく教育であり、徳育は女性の原理にもとづく教育であって、両者は補完しあわなければならない、と。ところがミシュレの願いとは反対に、父親も母親も知育にばかり心を奪われ、全人的な教育などほとんど顧みなくなってしまっているのが今日の日本ではあるまいか。

家庭はたしかに仕事に疲れて帰ってきた労働者にとって憩いの場である。しかしミシュレが言いたいのは、単にそれだけには止まらない。彼は、家庭を構成する男性と女性と子どもの三位一体こそ歴史を推進する原動力であってほしいと言っているのだ。もしもそうなったら、自然科学は自然に対してもう少しやさしい自然科学になり、金と機械によって支配されている産業社会はもう少し人間的なものになるだろう、と。

ついこの間まで急速な成長をとげていた日本経済を評して、あるヨーロッパ人がこう言っていた。日本のサラリーマンや労働者は家庭を顧みず、趣味をもたず、朝から晩まで企業のために粉骨砕身して働いている。それは軍隊のなかで働いている兵士と同じだ。日本の企業が軍隊なら、ヨーロッパは日本に勝てるはずがない、と。しかし、かつてはヨーロッパの企業も軍隊さながらだった。そのヨーロッパ企業が軍隊精神を捨て、闘争心を和らげ、走るスピードを緩めはじめたのは、二〇世紀もかなり後半になってからのことだった。ではヨーロッパは、ミシュレが夢みた三位一体をなす家庭を実現したのだろうか。たしかに筆者のヨーロッパの友人や知人のなかには、そう言えるような美しい家庭を築いている人たちがいる。しかし、離婚が増加している今日のヨーロッパでは、趨勢はむしろミシュレの危惧した家庭の衰弱とエゴイズム増大の方向に向かいつつある。それは日本でも同様である。「自らの労働によって、日々家族を養っていくということの大いなる喜びを、また人間にとってのこの至高の祝福を、金持は知らないだろう」とミシュレは書いたが、彼の指摘はまさく正鵠を得ていた。今日、経済的に豊かになったことのまるで代償であるかのように、ヨーロッパでも日本でも家庭は崩壊しつつあり、われわれはミシュレの言う「至高の祝福」を失いつつあるのである。

男性の原理と女性の原理を和合させるというミシュレの夢は、太古の昔から人類が抱きつづけてきた夢、アンドロギニーの夢だった。その夢が実現してこそ、人間は初めて「全体」となるであろう。だがこの夢は、残念ながら魔女狩りの時代にも、ミシュレの時代にも、そして家庭が崩壊しつつある現代においても叶えられはしなかった。この夢が永遠の夢でありつづけるかぎり、われわれ人間は「部分」でありつづけなければならない。しかし前述したように、女主人公が両性具有者として登場するミシュレの『魔女』のなかでは、男性の原理と女性の原理が見事に統合されている。主人公は「女」として自然を統べ、母権制社会を復活させると同時に、「男」として当時の歴史や社会と対決しようとした。その意味で『魔女』は、R・バルトが指摘しているように、歴史であると同時に神話にほかならない(54)。かつて人々はミシュレの『魔女』を侮蔑の念をこめて「詩」と呼び、この書物を歴史学や社会学の世界から追放しようとした。だが、それらの歴史家や社会学者はどれだけ高い視座をもって人間を考察していたのだろうか。これまでの歴史学や社会学が男性中心の視座にもとづいていたことは否めない。一方、女性を中心にして見た新しい歴史学が今日唱えられているが、そのような歴史学も、従来の歴史学の欠陥を単に埋めあわせるだけのものに終わりはしないだろうか。それに対してミシュレの『魔女』は、歴史や社会を男性と女性の双方の視点から考察するということに困難な課題を引き受けている。そのような課題を引き受けることはほとんど不可能であるため、『魔女』は多くの歴史家にとって厄介な棘となっている。ミシュレを引きつぐような歴史家がこれから先、次々と輩出してほしいものだ。そうでないかぎり、彼の『魔女』はいつの世になっても新しい歴史書でありつづけるだろう。

注

序　「都市の思考」と「野生の思考」

（1）　ポール・ケーラス『悪魔の歴史』舟木裕訳、青土社、一九九四年、三六八頁。
（2）　ジャン＝ミシェル・サルマン「魔女」、G・デュビィ、M・ペロー監修『女の歴史』第Ⅲ巻（十六—十八世紀二）杉村和子・志賀亮一監訳、藤原書店、一九九五年、六八一頁。
（3）　都市という人工社会の有する性格については養老孟司氏の説に啓発されたところが多い。養老氏の説は、「〈型〉を喪失した日本人」（『中央公論』一九九三年一〇月号、一九二—二〇八頁）や「脳化する都市」（「形の文化誌」第二号、工作舎、四—一六頁）に発表されている。
（4）　ジュール・ミシュレ『魔女』篠田浩一郎訳、岩波文庫、上巻、一九八三年、九—一〇頁。
（5）　同前、一二頁。
（6）　同前、一六〇頁。
（7）　安田喜憲『森と文明』NHK人間大学テキスト、一九九四年、一二〇—一二一頁参照。
（8）　カルロ・ギンズブルグ『闇の歴史——サバトの解読』竹山博英訳、せりか書房、一九九二年、五九—一四三頁。
（9）　エマニュエル・ル・ロワ・ラデュリ『モンタイユー』井上幸治・渡邊昌美・波木居純一訳、刀水書房、上巻、一九九〇年、下巻、一九九一年。

(10) カルロ・ギンズブルグ『ベナンダンティ――一六―一七世紀における悪魔崇拝と農耕儀礼』せりか書房、一九八六年。

(11) 渡邊欣雄『漢民族の宗教――社会人類学的研究』第一書房、一九九一年、一五九頁、一九〇頁。植松明石「台湾における死者の霊魂と骨」、渡邊欣雄編『祖先祭祀』凱風社、一九八九年、四七一―四七三頁。

(12) 渠昭「中国文化のなかの年画・切り絵」(大谷大学修士論文)一九九四年、四八頁。

(13) M. Murray: The Witch-Cult in Western Europe. London 1921.

(14) P・ヒューズ『呪術――魔女と異端の歴史』早乙女忠訳、筑摩叢書、一九六八年。

(15) N. Cohn: Europe's Inner Demons. London 1975. ノーマン・コーン『魔女狩りの社会史――ヨーロッパの内なる悪霊』山本通訳、岩波書店、一九八三年。

(16) Aus: S. Fischer-Fabian: Der jüngste Tag. Die Deutschen im späten Mittelalter. München 1985, S. 313-326.

(17) Vgl. H.Sebald: Hexen, damals – und heute? Frankfurt am Main und Berlin 1990, S. 189-210.

(18) ミシェル・フーコー『狂気の歴史――古典主義時代における』第一部第三章参照、田村俶訳、新潮社、一九七五年。

(19) ニーチェ『ツァラトゥストラはかく語りき』第四部一五。

(20) 『呪術――魔女と異端の歴史』、注(14)前掲書、七三頁。

(21) Goethe: Materialien zur Geshichte der Farbenlehre. Goethes Werke. Hamburger Aus-

gabe München 1981, XIV, S. 65.

(22) ジュール・ミシュレ『民衆』大野一道訳、みすず書房、一九七七年、二一九頁。

(23) 同前、二一九頁。

(24) ニコラウス・ゾンバルト『男性同盟と母権制神話――カール・シュミットとドイツの宿命』田村和彦訳、法政大学出版局、一九九四年、三二三―三二四頁参照。

(25) 粉川哲夫編『花田清輝評論集』岩波文庫、一九九三年、二〇一頁。

(26) 高橋義人『形態と象徴――ゲーテと〈緑の自然科学〉』岩波書店、一九八八年。

第一章　魔女と鬼女

(1) Vgl. Simon Karlinsky: The Sexual Labyrinth of Nicolai Gogol. Cambridge and Massachussets, Harvard University Press, 1976, p. 91.

(2) 吉田敦彦『妖怪と美女の神話学』名著刊行会、一九八九年、七四―一一〇頁参照。

(3) ロバート・ダーントン『猫の大虐殺』海保真夫・鷲見洋一訳、岩波書店、同時代ライブラリー、一九九〇年、一八頁。

(4) 伊東一郎「ロシア民話と民間信仰――邪視の文化史」、藤沼貴編『ロシア民話の世界』、早稲田大学出版部、一九九一年、五一―六七頁参照。

(5) Qu.117, art. 3. トマス・アクィナス『神学大全』第八冊、横山哲夫訳、創文社、一九六二年、二九二―二九三頁。

(6) Charles Edward Hopkin: The Share of Thomas Aquinas in the Growth of the Witchcraft

Delusion. Philadelphia 1940.

(7) Vgl. D. Harmening: Superstitio. Überlieferungs- und theoriegeschichtliche Untersuchungen zur kirchlich-theologischen Aberglaubensliteratur des Mittelalters. Berlin 1979, S. 13. D. Unverhau: Volksglaube und Aberglaube als glaubensmäßig nichtsanktionierte Magie auf dem Hintergrund des dämonologischen Hexenbegriffs der Verfolgungszeit. In: P. Dinzelbacher und D. R. Bauer (Hg.): Volksreligion im hohen und späten Mittelalter. Paderborn und München 1990, S. 380.

(8) 『闇の歴史』、序・注(8)前掲書、二二四—二二五頁。

(9) 伊東一郎「《ヴィイ》——イメージと名称の起源」、早稲田大学文学部『ヨーロッパ文学研究』三二号、一九八四年、四—五頁、および伊東一郎「ヴィイとは何か」(ロシア・フォークロア談話会『なろうど』一八号、一九八九年)、三七—四〇頁。

(10) 江馬務『日本妖怪変化史』中公文庫、一九七六年、九八—九九頁。

(11) 宮田登『ヒメの民俗学』青土社、一九九三年、一八五頁参照。

(12) 宮田登『霊魂の民俗学』日本エディタースクール出版部、一九八八年、九八頁。

(13) 馬場あき子『鬼の研究』ちくま文庫、一九八八年、二〇—二一頁。

(14) 『ヒメの民俗学』、注(11)前掲書、一八〇頁。

(15) 同前、一九一—一九二頁。

(16) 同前、一九二—一九三頁、および小松和彦『日本妖怪異聞録』小学館、一九九二年、一三五—一六〇頁参照。

(17)『ヒメの民俗学』、注(11)前掲書、一七八頁。
(18)同前、一八〇—一八三頁。
(19)『霊魂の民俗学』、注(12)前掲書、一〇一頁。
(20)『鬼の研究』、注(13)前掲書、三七—四〇頁。また上田正昭は、卑弥呼の場合の鬼道の鬼は死霊の祭祀の性格が強いと指摘した上で、こう述べている。「鬼神の鬼という字はもとより漢字で中国風の書き方ですが、その実体としての鬼はシャーマン的な地下なる精霊といいますか、天上の精霊ではなくて地下なる精霊、そういう意味が非常に強いんじゃないかと思います」。司馬遼太郎・上田正昭・金達寿編『日本の朝鮮文化』中公文庫、一九八二年、三〇七—三〇八頁。
(21)赤坂憲雄『異人論序説』ちくま学芸文庫、一九九二年、八六頁。
(22)小松和彦『憑霊信仰論』講談社学術文庫、一九七四年、二八三頁。
(23)同前、二九四頁。
(24)ウラジーミル・プロップ『魔法昔話の起源』斎藤君子訳、せりか書房、一九八五年、五八頁。
(25)『憑霊信仰論』、注(22)前掲書、二九六頁。
(26)『闇の歴史』、序・注(8)前掲書、三九四—四〇二頁。
(27)ミルチャ・エリアーデ『神話と夢想と秘儀』岡三郎訳、国文社、九一頁参照。
(28)骨の欠落のモティーフは、フランスの昔話「聟の逃走を助ける女」にも出てくる。主人公の若者は悪魔の家に行くときに、水浴していた悪魔の娘の羽衣を隠し、そのためこの娘を自分の味方にすることに成功する。悪魔は若者を殺そうとして色々な難題を出すが、娘の助力によって若者はそれらの難題を切り抜ける。悪魔が出した最後の難題は、高い塔や木のてっぺんにある鳥の巣のなかの卵をとってくることだった。途方にくれている若者に娘は、自分を殺し、大鍋で煮て骨を選り分けるようにと言う。その通りにすると、骨が梯子になって、鳥の巣のなかの卵をとってくることができた。若者が梯子から降りて骨を集めると、娘は元通りに甦った。ただし若者は、娘の足指の骨を一本集めるのを忘れた。すべての難題をなしとげた若者は、悪魔の娘と結婚することになった。悪魔は三人の娘のなかから一人を選ぶようにと言う。若者は目隠しをされていたが、足指の欠けていることから、好きな娘を選びだすことができた。この昔話でも、骨の欠落は一度死んだことの徴《しるし》になっている。長野晃子「悪魔の娘」、昔話研究懇話会編『昔話と妖怪』三弥井書店、一九八三年、七—一一頁による。

(29) 『魔法昔話の起源』、注(24)前掲書、七四頁。

(30) ブルーノ・ベッテルハイム『昔話の魔力』波多野完治・乾侑美子訳、評論社、一九七八年、二一四頁、および鈴木晶『グリム童話』講談社現代新書、一九九一年、八四頁参照。

(31) 『猫の大虐殺』、注(3)前掲書、一一頁。

(32) 同前、三七頁。

(33) 『魔法昔話の起源』、注(24)前掲書、五八頁。

(34) 同前、一二八頁。

(35) マリア・タタール『グリム童話』鈴木晶ほか訳、新曜社、一九九〇年、二三八頁。

第二章　産婆と「女性の科学」

(1) 『魔女』上巻、序・注(4)前掲書、一三頁。

(2) Vgl. Peter Ketsch (Hg.): Frauen im Mittelalter. Bd. 1. Düsseldorf 1983, S. 260.

(3)『神話と夢想と秘儀』、第一章・注(27)前掲書、二二五―二二六頁。

(4) 同じくヴォルフラム・フォン・エシェンバッハ(一一七〇―一二二〇頃)の『パルチヴァール』の第一巻においても、負傷したガーヴァンの治療に用いられる薬は、魔女クンドリーによってつくられたものである。

(5) 日本でも戦前までは、産後七日目にお七夜の儀礼、二一日目にはオビアケの宴が行なわれるのが一般的だった。そしてその席で産婆は主客だった。落合恵美子「ある産婆の日本近代――ライフヒストリーから社会史へ」、荻野美穂ほか『制度としての〈女〉――性・産・家族の比較社会史』、平凡社、一九九〇年、二九二―二九三頁参照。

(6) W. E. Peuckert: Geheimkulte. Heidelberg 1951, S. 227.

(7) Hannsferdinand Döbler: Hexenwahn. Die Geschichte einer Verfolgung. München 1977, S. 163.

(8) ウンベルト・エーコ『薔薇の名前』河島英昭訳、上巻、東京創元社、一九九〇年、三〇頁。

(9) Elseluise Haberling: Beiträge zur Geschichte des Hebammenstandes. I, Berlin 1940, S. 110.

(10) Paul Diepen: Frau und Frauenheilkunde in der Kultur des Mittelalters. Stuttgart 1963, S. 225.

(11) G・デュビィ、M・ペロー監修『女の歴史』第Ⅱ巻(中世1)、杉村和子、志賀亮一監訳、藤原書店、一九九四年、四七二頁。

(12) ジェイムズ・G・フレイザー『金枝篇』第二巻、永橋卓介訳、岩波文庫、一九六六年、一二七頁。

（13）波平恵美子『ケガレの構造』青土社、一九九二年、一〇〇頁。
（14）瀬川清子『女の民俗誌』東京書籍、一九八〇年、七四頁。
（15）高取正男『神道の成立』平凡社ライブラリー、一九九三年、三五頁。
（16）総合女性史研究会編『日本女性の歴史——文化と思想』角川選書、一九九三年、四六頁、五二頁参照。
（17）谷川健一「産のしとね」、『谷川健一著作集』第七巻、三一書房、一九八二年、一五七—一五九頁参照。
（18）『神道の成立』、注(15)前掲書、三二一—三七頁参照。
（19）『女の民俗誌』、注(14)前掲書、八〇頁。
（20）同前、八六頁。
（21）同前、八六頁。
（22）『ヒメの民俗学』、第一章・注(11)前掲書、二〇八頁。
（23）『霊魂の民俗学』、第一章・注(12)前掲書、二五頁。
（24）「ある産婆の日本近代」、注(5)前掲書、二七九頁。
（25）『ヒメの民俗学』、第一章・注(11)前掲書、二二七—二三二頁。
（26）ヒルデスハイムの産婆条令（一四六〇—八〇年）、レーゲンスブルクの産婆条令（一四五二年）、ハイルブロンの産婆条令（一五世紀）、ニュルンベルク産婆条令（一五世紀末）などによる。Vgl. Peter Ketsch (Hg.): Frauen im Mittelalter. Bd. 1, Düsseldorf 1983, S. 280ff.
（27）長谷川博子「産婆のキリスト教化と慣習の形成」、荻野美穂ほか『制度としての〈女〉——性・産・

家族の比較社会史』、平凡社、一九九〇年、二四七—二四八頁による。

(28) 同前、二五〇頁。

(29) トマス・アクィナスは、男の胎児は生後四〇日たってから、女の胎児は生後八〇日たってから魂が与えられると主張し、それ以前の堕胎を半ば認めたが、このような主張は少数派だった。

(30) ジェローム・A・ロニー『呪術』吉田禎吾訳、文庫クセジュ、一九五七年、六六頁参照。

(31) Jacob Sprenger, Heinrich Institoris: Der Hexenhammer. Übertr. von J. W. R. Schmidt. München 1982, Teil I, S. 159.

(32) 『金枝篇』第二巻、注(12)前掲書、二二八—二二九頁。

(33) アウグスティヌス『神の国』第五巻、服部英次郎・藤本雄三訳、岩波文庫、一九九一年、一五一—一五二頁。

(34) Vgl. Georg Schwaiger (Hg.): Teufelsglaube und Hexenprozesse. München 1988, S. 57-84.

(35) Vgl. Michael Kunze: Straße ins Feuer. München 1982, S. 172ff.〔邦訳〕ミヒャエル・クンツェ『火刑台への道』鍋谷由有子訳、白水社、一九九三年、一五二頁参照。『呪術』、注(30)前掲書、二四頁参照。ちなみに南方熊楠は新聞記事を多数切りぬいていたが、そのなかに「胎児黒焼事件」(大阪毎日新聞、明治四四年二月二五日)と題する切りぬきがあることを、南方熊楠を研究している橋爪博幸君(京都大学大学院生)が教えてくれた。これを読むと、日本にもヨーロッパと共通した迷信があったことが分かる。もしかするとヨーロッパでも実際にこれと類似した事件があって、それがキリスト教的デモノロジーの下で悪魔崇拝として解釈されたのかもしれない。以下、新漢字に直し、句読点を入れて全文を紹介する。「黒焼にせられたる胎児十数名、買《かひ》たるもの数百人、和歌山県日高郡塩屋〔在住の〕塚本しま及《および》同郡御坊町大字嶋〔在住の〕湯川くす等《ら》の産婆が胎児の黒焼を販売し居たる事は既記の如くなるが、同人等は明治三十八九年頃より共謀し、昨今に至る迄多数の妊婦に堕胎の手術を行ひ、流産せしめたる胎児を黒焼として、之《こ》れを蟇《ひき》の黒焼と称し、梅毒に適薬なればとて、一服六十銭にて各地の梅毒患者に売渡し居りたるが、此中《このなか》のくすは本年に入り堕胎手術者として検挙され、和歌山監獄に服役中なるところ、前記塚本しまは爾来一人にて昨年の末より九名の妊婦に手術料を二十円以下三円以上を取り、産婦の養生中は自宅長持内に入れて世話をなし、またも世話料を二円三円と貪《むさぼ》りたるものにて、彼等両名の手にかゝりて暗《やみ》より暗に葬られたる不幸の胎児は十数名の多きに達し居れり。而《しか》して堕胎手術の場所は同郡塩屋村大字天田に属する山林中なり。又黒焼とせし場所は同郡名田村大字野嶋の端《はつ》れにて、黒焼とする方法は胎児を徳利の中にぶち込《こみ》て蒸焼《むしやき》になすものにて、此の黒焼を買ひ求めたる者は御坊町初め付近村落に亘《わた》り数百名に上り居れば、御坊署はしまを取調《とりしら》ぶると共に、買主をも一々召喚取調《とりしらべ》を為し居れり。」

(36) Straße ins Feuer. およびその邦訳『火刑台への道』参照。

(37) Jacob Sprenger, Heinrich Institoris: Der Hexenhammer. Teil II, S. 137.

(38)『薔薇の名前』、注(8)前掲書、上巻、一九六―二〇〇頁。

(39) 同前、上巻、五〇頁。

(40) 同前、上巻、二四三頁。

第三章　人食い魔女

(1) ウラジーミル・プロップ『ロシア昔話』せりか書房、一九八六年、一七七頁。

(2) 中野美代子『カニバリズム論』福武文庫、一九八七年、四四頁。

(3) ミルチア・エリアーデ『世界宗教史』第一巻、荒木美智雄・中村恭子・松村一男訳、筑摩書房、一九七六年、四一八頁参照。
(4) Fr. Nietzsche: Sämtliche Werke. KSA I, 32f.
(5) エウリピデス『バッカスの信女』松平千秋訳、筑摩書房、「世界文学大系」第二巻、一九五九年、二四四頁。
(6) 『世界宗教史』第一巻、注(3)前掲書、四二三―四二八頁参照。
(7) Vgl. Rosemary Elen Guiley: The Encyclopedia of Witches and Witchcraft. New York & Oxford 1989, p.287. およびJ・B・ラッセル『悪魔』野村美紀子訳、教文館、一九八九年、第三版、一四〇―一五五頁、アンリ・ジャンメール『ディオニューソス』言叢社、一九九一年、一〇八―一一四頁、二四七頁参照。
(8) 『世界宗教史』第一巻、注(3)前掲書、四二二頁。
(9) Minucisu Felix: Octavius, cap. ix, x.
(10) Philastrius: Diversarum hereseon, slix, 3.
(11) ミルチア・エリアーデ『世界宗教史』第二巻、島田裕巳・柴田史子訳、筑摩書房、一九九一年、四一二―四一三頁。
(12) 『アウグスティヌス著作集』第七巻、岡野昌雄訳、教文館、一九七九年、二二二頁。
(13) アウグスティヌス『神の国』第四巻、服部英次郎・藤本雄三訳、岩波文庫、一九八六年、三九一頁。
(14) 『世界宗教史』第一巻、注(3)前掲書、二四八―二四九頁。
(15) 『呪術』、第二章・注(30)前掲書、六六頁参照。

(16) Ismar Elbogen und Eleonore Sterling: Die Geschichte der Juden in Deutschland. Frankfurt am Main 1988, S. 39ff.

第四章　空を飛ぶ魔女

(1) 澤田瑞穂『中国の傳承と説話』研文出版、一九八八年、一七〇—一七一頁。
(2) 『ベナンダンティ』、序・注(10)前掲書、四一頁。
(3) 『憑霊信仰論』、第一章・注(22)前掲書、一七二頁。
(4) 同前、一七五頁。
(5) ヨハン・P・クリアーノ『ルネサンスのエロスと魔術』桂芳樹訳、工作舎、一九九一年、二四三頁。
(6) 『神話と夢想と秘儀』、第一章・注(27)前掲書、一三九頁。
(7) 『ベナンダンティ』、序・注(10)前掲書、七二頁。
(8) 直江廣治「稲荷信仰普及の民俗的基盤」、直江廣治編『稲荷信仰』雄山閣、一九八三年、一二三頁。
(9) H. P. Duerr: Traumzeit. Über die Grenze zwischen Wildnis und Zivilisation. Frankfurt am Main 1985, S. 28f.〔邦訳〕ハンス・ペーター・デュル『夢の時——野生と文明の境界』岡部仁・原研二・須永恒雄・萩野蔵平訳、法政大学出版局、一九九三年、二三—二四頁。
(10) H. P. Duerr: Traumzeit. S. 199f.『夢の時』、注(9)前掲書、二四一頁。
(11) 谷川健一『常世論——日本人の魂のゆくえ』平凡社選書、一九八三年、一五頁。
(12) Qu. 95, art. 3. トマス・アクィナス『神学大全』第一九冊、稲垣良典訳、創文社、一九九一年、三三三頁。

第五章　夜の女神

（1） H. P. Duerr: Traumzeit. S.184-200.『夢の時』、第四章・注（9）前掲書、二二三―二四一頁。
（2） ジャン・コクトー「存在困難」朝吹三吉訳、『ジャン・コクトー全集』第五巻、東京創元社、一九八一年、三六〇頁。
（3） 同前、三四九頁。
（4） 同前、三五一頁。
（5） ジャン・コクトー「オルフェ」三好郁郎訳、『ジャン・コクトー全集』第八巻、東京創元社、一九八七年、二九五頁。
（6） Text in Regino von Prüm, Libride synodalibus causis et disciplinis ecclesiasticis, ed. F. G. A. Wasserschleben, Leipzig 1840, S. 354.
（7） 中津攸子『かぐや姫と古代史の謎』新人物往来社、一九八〇年、六二―六三頁。
（8） 君島久子「嫦娥奔月考」、片桐洋一編『日本文学研究大成――竹取物語・伊勢物語』国書刊行会、一九八八年、二四―三六頁。
（9） 南方熊楠「燕石考」、『南方熊楠コレクション』第二巻、河出文庫、一九九一年、三六七―三九八頁。三谷栄一編『竹取物語・宇津保物語』、『鑑賞日本古典文学』第六巻、角川書店、一五六―一五七頁。
（10） 『竹取物語』との関係はもはや見いだすことはできないが、日本には月の神を祀る月待講という祭がある。月待講のうち最も多いのは「二三夜待」で、二三夜に主に村の女性たちが一ヵ所に集まって、神酒をくみ、共同飲食しながら、あるいは子が授かるようにと、あるいはいい子が育つようにと祈るのである。さらに日本の民間信仰では、山の神（山姥）は巨大な乳房をもち、ただ一度男の肌に触れただけで多数の子を産むことができると信じられていた（吉田敦彦『妖怪と美女の神話学』名著刊行会、一九八九年、六八頁、一一三頁参照）。ディアナが月の女神であるばかりではなく誕生と多産の女神であったことと、わが国の習俗のあいだには明らかな併行関係が認められるのである。

(11) 中木康夫『騎士と妖精——ブルターニュにケルト文明を訪ねて』音楽之友社、一九八四年、七一—七二頁。

(12) J. Klapper: Schlesische Volkskunde. Stuttgart[2] 1952, S. 111.

(13) Qu. 117, art. 4. トマス・アクィナス『神学大全』第八冊、横山哲夫訳、創文社、一九六二年、二九三頁。

(14) J・B・ラッセル『魔術の歴史』野村美紀子、筑摩書房、一九八七年、七〇頁。

(15) ジャン・セズネック『神々は死なず——ルネサンス芸術における異教神』高田勇訳、美術出版社、一九七七年、八九—一二七頁。

(16) リチャード・キャヴェンディッシュ『アーサー王伝説』高市順一郎訳、晶文社、一九八三年、一七四—一八三頁参照。

(17) ブリジッド・ブローフィ『劇作家モーツァルト』高橋英郎・石井宏訳、東京創元社、一九七〇年、一七一—二六九頁。

(18) エーリッヒ・ノイマン「《魔笛》に見る母権と父権の古態型的象徴」畔上司訳、アッティラ・チャンバイ、ティートマル・ホラント編『魔笛』、音楽之友社、一九八七年、三二三—三三九頁。

第六章　悪女エヴァと娼婦ヴィーナス

(1) Traumzeit, a. a. O., S. 97. 邦訳、第四章・注(9)前掲書、一〇六頁参照。
(2) 池上俊一『魔女と聖女』講談社現代新書、一九九二年、一〇〇―一〇一頁、上山安敏『魔女とキリスト教――ヨーロッパ学再考』人文書院、一九九三年、一三八―一四〇頁参照。
(3) Qu. 99, art. 2. トマス・アクィナス『神学大全』第七冊、高田三郎訳、創文社、一九六五年、一六七頁。
(4) 『薔薇の名前』、第二章・注(8)前掲書、上巻、四〇六頁。
(5) 同前、上巻、三五八頁。
(6) 同前、上巻、三六一頁。
(7) Hexenhammer, a. a. O., S. 105ff.
(8) ジョン・A・フィリップス『イヴ――その理念の歴史』小池和子訳、勁草書房、一九八七年、七二―七四頁参照。
(9) 日本聖書協会の新共同訳では、リリトは「夜の魔女」と訳されている。
(10) 『魔女とキリスト教』、注(2)前掲書、三四八―三五一頁。
(11) マルコム・ゴドウィン『天使の世界』大瀧啓裕訳、青土社、一九九三年、一二四頁参照。
(12) 『魔女と聖女』、注(2)前掲書、一〇〇―一一五頁。『魔女とキリスト教』、注(2)前掲書、一二九―一五三頁。
(13) 『薔薇の名前』、第二章・注(8)前掲書、上巻、三八九頁。

(14) 同前、上巻、三九八頁。
(15) 同前、下巻、三九頁。
(16) 同前、下巻、四〇頁。
(17) Hildegard von Bingen: Geheiminis der Liebe. Übersetzt und bearb. von H. Schipperges. Olten 1957, S. 144f.
(18) 『薔薇の名前』、第二章・注(8)前掲書、下巻、三七〇頁。
(19) 同前、上巻、三二一頁。
(20) 同前、上巻、三二三―三二四頁。
(21) 木村重信『ヴィーナス以前』中公新書、一九八二年、一三七頁参照。
(22) 笹間良彦『ダキニ信仰とその俗信』第一書房、一九八八年、一六―一七頁。
(23) 小松和彦『異人論』青土社、一九八五年、九六―九九頁。
(24) ハインリヒ・ハイネ『流刑の神々』小沢俊夫訳、岩波文庫、一九八〇年、一二五頁。
(25) 『ルネサンスのエロスと魔術』、第四章・注(5)前掲書、二四四頁。
(26) ヨーハン・J・バッハオーフェン『母権論』岡道男・河上倫逸監訳、みすず書房、一九九一年、三一頁。
(27) 同前、二一頁。
(28) R. Briefault: The Mothers. London & New York 1927, 169ff.
(29) 『母権論』、注(26)前掲書、三三頁。
(30) 同前、三八―三九頁。

(31) マックス・ホルクハイマー、テオドール・W・アドルノ『啓蒙の弁証法——哲学的断想』徳永恂訳、岩波書店、一九九〇年、九九頁。

第七章　サバトと豊饒儀礼

(1) エドゥアルト・フックス『風俗の歴史』第一巻、安田徳太郎訳、角川文庫、一九六八年、七二頁。
(2) 同前、三一頁。
(3) 宮本常一『忘れられた日本人』岩波文庫、一九八四年、一二八頁。
(4) 『ベナンダンティ』、序・注(10)前掲書、二三四頁。
(5) 藤沢衛彦「日本性風俗史」、池田弥三郎ほか『講座日本風俗史』第二巻、雄山閣、一九八九年、三七—四〇頁。
(6) ジェイムズ・G・フレイザー『金枝篇』第三巻、永橋卓介訳、岩波文庫、一九六七年、二一一—二二頁。ただし用語の統一上、「アプロディィーテー」は「アプロディテ」に改めた。
(7) 大和岩雄『遊女と天皇』白水社、一九九三年、五五頁。
(8) ちなみに冬至の頃に太陽の誕生を祝う祭りはキリスト教伝来以前のヨーロッパ各地にあったが、キリスト教が入ってくると、この祭りは太陽の誕生日ではなく、イエス・キリストの誕生日、すなわちクリスマスに変えられた。高橋義人『ドイツ人のこころ』岩波新書、一九九三年、一五二—一五三頁、上山安敏『魔女とキリスト教』、第六章・注(2)前掲書、五四頁参照。
(9) 折口信夫「宮廷儀礼の民族学的考察」、『折口信夫全集』第一六巻、中公文庫、一九七六年、二四三—二八一頁、倉塚曄子『巫女の文化』平凡社ライブラリー、一九九四年、二三八—二八三頁。

(10)「宮廷儀礼の民族学的考察」、同前、二五五頁。
(11)『遊女と天皇』、注(7)前掲書、一四九頁。
(12) Qu. 95, art. 2.『神学大全』第一九冊、第四章・注(12)前掲書、三三一頁。
(13)『魔女狩りの社会史』、序・注(15)前掲書、二三七頁。ただし用語の統一上、「明確に」は「明示的」に、「暗黙の」は「暗黙的」に改めた。
(14) アンドルー・マッコール『中世の裏社会』鈴木利章・尾崎秀夫訳、人文書院、一九九三年、三四六頁。
(15) Vgl. Roland Götz: Der Dämonenpakt bei Augustinus. In: Teufelsglaube und Hexenprozesse. Hg. von Georg Schwaiger. München 1987, S. 57-84.
(16) Augustinus: Enarrationes in Psalmos XCV, 5, Corpus Christianorum Series Latina (CChrL) 38-40.
(17) Augustinus: De Genesi ad litteram II, 17, Corpus Scriptorum Ecclesiasticorum Latinorum (CSEL) 28, 1.
(18) Augustinus: De divinatione daemonum, CSEL 41.
(19)『神の国』第四巻、第三章・注(13)前掲書、九八頁。
(20)『神の国』第五巻、第二章・注(33)前掲書、一五〇頁。
(21) 同前、一四八頁。
(22) 同前、一九二—一九九頁。
(23) Hexenhammer, a. a. O., II, 61.

(24)『薔薇の名前』、第二章・注(8)前掲書、上巻、五三頁。
(25)同前、下巻、三七〇頁。
(26)アウグスティヌス『神の国』第二巻、服部英次郎訳、岩波文庫、一九八二年、一一一頁。
(27)『呪術』、序・注(14)前掲書、一四九―一五〇頁。
(28)ゲーテが読んだのは、一七五二年に „Hannöversche Gelehrte Anzeigen" にのった Johann Peter Christian Decker の論文ではないかと考えられている。„Archiv der Zeit" の一七九六年一二月号にも同趣旨の論文が掲載されている。

第八章　ヴァルプルギスの夜の宴
――ゲーテの『ファウスト』を読みなおす

(1)この裁判記録は翻訳され、訳者の委曲を尽くした解説がつけられている。S・ビルクナー編著『ある子殺しの女の記録』佐藤正樹訳、人文書院、一九九〇年、以下、引用はこの訳書による。
(2)A. Schöne: Götterzeichen, Liebeszauber, Satanskult. Neue Einblicke in alte Goethetexte. München 1982.
(3)『呪術』、序・注(14)前掲書、一六三頁。
(4)『薔薇の名前』、第二章・注(8)、下巻、一二〇頁。
(5)岸繁一『ゲーテ《ファウスト》管見』、近代文芸社、一九九三年、九〇―九一頁。

第九章　善悪の基準を超えて――ミシュレの『魔女』を読む

注

(1) 魔女の火刑を正当化しようとした人々は、聖アウグスティヌスが異端者を火刑に処したという事実や、『ヨハネ福音書』におけるイエスの言葉を好んで引いた。「わたしはぶどうの木、あなたがたはその枝である。人がわたしにつながっており、わたしもその人につながっていれば、その人は豊かに実を結ぶ。わたしを離れては、あなたがたは何もできないからである。わたしにつながっていない人がいれば、枝のように外に投げ捨てられて枯れる。そして、集められ、火に投げ入れられて、焼かれてしまう」(『ヨハネ福音書』第一五章第六節、新共同訳)。

(2) 『薔薇の名前』、第二章・注(8)前掲書、下巻、二二二頁。

(3) 『魔女』、序・注(4)前掲書、上巻、一九―二〇頁。

(4) 同前、上巻、三七―三八頁。ただし用語の統一上、「パン」は「パーン」に改めた。

(5) 同前、上巻、三八頁。

(6) アラン・ブザンソン「『魔女』を読む」工藤庸子訳、「現代思想」一九七九年五月号、青土社、一三八頁。

(7) 『魔女』、序・注(4)前掲書、下巻、三一五頁。

(8) ロラン・バルト『エッセ・クリティック』篠田浩一郎ほか訳、晶文社、一九七二年、一五一頁。

(9) 『魔女』、序・注(4)前掲書、上巻、一〇〇―一頁。

(10) 同前、上巻、一〇八―一〇九頁。

(11) 同前、上巻、九三頁。

(12) 『エッセ・クリティック』、注(8)前掲書、一五三頁。

(13) 『魔女』、序・注(4)前掲書、上巻、一四一頁。

(14) 同前、上巻、一五七頁。
(15) 同前、上巻、一六五頁。
(16) 同前、上巻、一六六頁。
(17) 同前、上巻、一六八頁。
(18) 同前、上巻、一七〇頁。
(19) 同前、上巻、一〇—一一頁。
(20) 同前、上巻、一八八頁。
(21) 同前、上巻、一七二頁。
(22) 同前、上巻、一七六頁。ただし訳書で「真のローマ教会は魔女の家に」とあるのを、「真の教会は魔女の家に」と改めた。
(23) 『エッセ・クリティック』、注(8)前掲書、一五三頁。
(24) 『魔女』、序・注(4)前掲書、上巻、九四頁。
(25) 同前、上巻、一六七頁。
(26) 同前、上巻、二一七頁。
(27) 同前、上巻、二二七頁。
(28) 『男性同盟と母権制神話』、序・注(24)前掲書、三二二—三二三頁。
(29) 『魔女』、序・注(4)前掲書、上巻、二三四頁。
(30) 同前、上巻、二三六頁。
(31) 同前、上巻、二三七頁。

(32) 同前、上巻、二四一頁。
(33) 「『魔女』を読む」、注(6)前掲論文、一四四頁。
(34) ジュール・ミシュレ『女』大野一道訳、藤原書店、一九九一年、一二七頁。
(35) 同前、二八八頁。
(36) 『民衆』、序・注(22)前掲書、八九頁。
(37) 同前、九一―九二頁。
(38) 同前、一四〇頁。
(39) 同前、一四一頁。
(40) ニーチェ『善悪の彼岸』二二〇、KSA V, 155.
(41) ニーチェ『悲劇の誕生』、KSA I, 98.
(42) ニーチェ『善悪の彼岸』二三九、KSA V, 178.
(43) ニーチェ『ツァラトゥストラはかく語りき』、KSA IV, 85.
(44) 『女』、注(34)前掲書、九四、二五九、二六一頁参照。
(45) ニーチェ『善悪の彼岸』二三四、KSA V, 158.
(46) Vgl. G. Böhme: Alternativen der Wissenschaft. Frankfurt am Main 1980. und K. Hausen u. H. Nowotny (Hg.): Wie männlich ist die Wissenschaft? Frankfurt am Main 1986.
(47) クロード・レヴィ＝ストロース『野生の思考』大橋保夫訳、みすず書房、一九七六年、二二一―四一頁。
(48) 『女』、注(34)前掲書、五六頁。

(49)『民衆』、序・注(22)前掲書、八一頁。
(50)同前、八三頁。
(51)『女』、注(34)前掲書、八〇頁。
(52)『民衆』、序・注(22)前掲書、二八六頁。
(53)『女』、注(34)前掲書、八一頁。
(54)『エッセ・クリティック』、注(8)前掲書、一六五―一六六頁。

あとがき

今から五、六年前のことだが、何かの会合で上山安敏先生と一緒になり、その後、祇園で話の続きをしたことがあった。「最近はどんなお仕事をなさっているのですか」とお尋ねしたとき、上山先生が「魔女論です」と答えられたのには少なからず驚かされた。私自身、次に出す本は魔女論だと思っていたからである。しかも先生と私の視点はよく似ていた。日本人にはまだヨーロッパのことがよく分かっていない、そしてヨーロッパの本当の姿を知るのに、魔女論は恰好の素材だ。そんな話題に花が咲き、意気投合したことをよく覚えている。

その上山先生から『魔女とキリスト教――ヨーロッパ学再考』(人文書院)と題するご著書が送られてきたのは、一九九三年六月のことだった。あっ、しまった、上山先生に先を越されてしまった、と思った。『ドイツ人のこころ』(岩波新書)を書くのに時間をとられていた私は、魔女論の仕事をしばらく中断していたのだ。しかも上山先生のご著書は、私が予定していた本と内容の上で共通する点が多い。むろん同じような内容の本を出すわけにはいかない。私は急遽、ヨーロッパの魔女と日本の山姥や鬼女との比較論を大幅に膨らませ、全体を再構成することにした。

それはかえっていい結果を生んだ。本書は、当初予定していた単なるヨーロッパ論ではなく、ヨーロッパと日本、西洋と東洋の比較論となり、問題意識の地平が拡大されたからだ。キリスト教が広まる前のヨーロッパには、日本の山姥や鬼女に似た人々がいた。あるいは「いる」と信じられていた。その意味では、ヨーロッパの古層と日本の古層とは重なりあう部分が多い。日本の山姥が山の神に仕える巫女だったように、ヨーロッパ的な「魔女」の一部は古代の神々を信じる民間信仰に由来しているのだ。だがヨーロッパのキリスト教社会がその礎をより強固にしていく過程で、「魔女」たちは迫害され排除されていった。一方、日本では山姥や鬼女は伝説や昔話のなかにとどまり、実在する人物が「山姥」や「鬼女」として処刑されることはなかった。

ドイツでこの話をすると、多くの人たちが多大の関心を示してくれた。魔女狩りはヨーロッパに固有の現象だと考えていた彼らにとって、日本にも山姥という「魔女」にも似た存在がいたという話は初耳だった。「それなら日本にも魔女狩りがあったのか」と彼らはすぐに尋ねた。「なかった」と私が答えると、「そうだろう」と頷きながら、その理由を教えてほしい、あなたの魔女論を読みたいから是非ドイツ語に訳してほしい、と言った。その言葉の半分はお世辞だったとしても、もう半分は本気だったのだと私は思っている。

彼らの言葉からも推測されるように、今日、世界中で魔女論は一つのブームになっている。一方には、魔女狩りにヨーロッパの歴史を繙く鍵があると考えている歴史学者が、他方には、「魔女」という名の下に女性が弾圧されてきたことに怒りを募らせている女性解放論者がいる。そして彼らを突き動かしているのは、一つには魔女狩りはなぜ「ヨーロッパ的現象」なのかという問であり、もう一つには、一般庶民だった「魔女」の姿を探ることによって、英雄や王を中心とする従来のヨーロッパ史とは違った「もう一つの歴史」を明らかにしたいという欲求なのである。

本書もまたこの問と欲求に支えられている。本書がどれほどのことをなしえたのかは分からないが、ただ一つ明らかなのは、「魔女」の嫌疑者のなかには「前近代的な迷信」を信じていた人々がいたことだ。北イタリアのフリウーリ地方のベナンダンティの風習はその一例である。彼らがキリスト教以前の神話を信奉していたことは、ギンズブルグの研究に詳しいが、その神話を「忌まわしい異教」だとか「愚かな迷信」だと見なした異端審問官も、キリスト教的デモノロジーというもう一つの神話に捉われていたことを私は解明しようとした。両者はともに神と悪魔（悪霊）の存在を信じていた。神と悪魔という二項対立。これこそは神話的思考の基盤をなすものだ。ところが一方が信じていたものは古代的な神々と悪霊であり、他方が信じていたものはキリスト教的な神と悪魔だった。そしてもしもそのどちらかが、自分たちの信じる神こそ絶対的であると考え、その神話的思考をイデオロギー化したとき、二つの神話的思考が衝突するのは自明のことだった。魔女狩りはこうして起きた。したがってそこには、相異なる二つの神話的思考の角逐が認められるのである。

果たして西欧の歴史において、魔女狩りは本当に避けがたい必然だったのだろうか、それとも不幸な偶然だったのだろうか。魔女狩りには、一三世紀におけるカタリ派やワルド派の弾圧という前史がある。彼らを「異端」として弾圧したのは、インノケンティウス三世やグレゴリウス九世だったが、もしも彼らが、カタリ派やワルド派が説くような清貧の生活を送っていたならば、別に両派に「異端」の烙印を捺して異端者を大量虐殺する必要はなかったのかもしれない。また一三一八年にヨハネス二二世が魔女狩り解禁令を発布しなかったならば、魔女狩りはもしかすると始まらなかったのかもしれない。たしかにヨハネス二二世は、権力欲にこりかたまった残忍で猜疑心の強い特異な人物だった。それだけに、もしも彼が教皇でなかったならば歴史は変わっていただろうという見方が出ても不思議ではない。しかし問題の本質は、ローマ教会の権力自体があまりにも肥大化した点にあった。巨大な権力のあるところには、その権力を手に入れようとする人物がかならず出てくる。そしてそうした人々のなかには、正義を平気で捩じまげて恬《てん》として恥じない輩がきっといるものだ。

ローマ教会は、一三世紀にはカタリ派やワルド派に対して、そして一四世紀以降には「魔女」に対して激しい攻撃を加え、彼らの信仰に「悪魔崇拝」のレッテルを貼った。一方、カタリ派やワルド派も、清貧とはほど遠いローマ教会の堕落ぶりを痛烈に批判し、ローマ教皇こそ「反キリスト」だと呼んだ。敵を悪魔呼ばわりするのはヨーロッパ人にありがちな通弊だが、こうして両者は自己を正当化するために、「神vs.悪魔」という神話的思考を現実世界に当てはめたのである。

結局、人間の思考の根柢にはロゴスと並んでミュートス(神話)がある。明治維新以降、日本人は西洋人は合理主義者であると信じてきた。しかし、じつは西洋人もそれほど理性的ではない。東洋人が妖怪の存在を信じているように、西洋人は数多の悪魔や悪霊の存在を信じている。そうした「迷信」から脱却したと思っている人でも、「神vs.悪魔」という神話的思考の枠から逃れることは難しい。湾岸戦争のとき、欧米の新聞はサダム・フセインを悪魔呼ばわりしたが、そこにふたたびヨーロッパ的な神話的思考が顔を覗かせているのを見て、私は慄然とした。

だが、もしも人類が神話的思考から逃れることができないのだとしたら、人類全体に共通した神話的思考の構造を解明するとともに、西洋的な神話的思考と東洋的な神話的思考の差異を明らかにすることが必要ではあるまいか。それが私に与えられた次の課題だと思っている。

本書は、私の主著三部作の第二作に当たる。第一作『形態と象徴――ゲーテと「緑の自然科学」』(一九八八年、岩波書店)を著わすのに二〇年、そして本書を完成させるまでに十余年がかかった。おそらく第三作の神話論を書くにも、最低一〇年は必要であろう。そしてこれら三部作を通して、近代ヨーロッパの隠された姿を少しでも明らかにすることができればと願っている。

本書の計画段階で色々と相談にのってくれた岩波書店の合庭惇さんとは、すでに十数年の付きあいになる。邦訳が出る前にギンズブルグの『ベナンダンティ』や、ル・ロワ・ラデュリの『モンタイユー』のことを教えてくれたのも彼だった。その彼も、静岡大学の教授として招聘され、この三月末に岩波書店を退社されたので、本書は彼が手がけた最後の本の一つになるわけだ。

その彼の後を継いでくれたのは、小口未散さんだった。彼女はたまたまアメリカのセイラムで、一六九二年に行なわれた魔女裁判の資料館や魔女裁判を題材にした子ども向けの芝居を見てこられたばかりだった。本書を書きながら、私は現代日本の社会状況を思わずにはいられなかったが、その思いは小口さんのものでもあった。魔女狩りは今の日本では「いじめ」という形で繰り返されているのではないか、自分たちの信じる「真理」のために無実の人たちを次々と処刑していく異端審問官の狂気は、「真理」を過信した今日のカルト教団にも見られるのではないか、いや、弾圧された「魔女」たちが社会への復讐を企てても不思議ではないのではないか、などと話はつきなかった。いずれにしても、魔女狩りと現代日本の「いじめ」や「オウム」事件の背後には、社会の深部にまで進行した癒しがたい病巣があるのである。合庭さんと小口さんのお二人に深く感謝したいと思う。

一九九五年五月一六日　京都にて

高 橋 義 人

岩波人文書セレクションに寄せて

私が魔女狩りに初めて学問的な関心を抱いたのは、雑誌『ｉｓ』の「宴」特集号（一九八二年、一九号、ポーラ文化研究所）のために、「ヴァルプルギスの夜の宴」という小論を依頼されてからのことだった。「ヴァルプルギスの夜」というのは、ゲーテの『ファウスト』第一部に出てくるおどろおどろしい幕の表題である。今だから白状するが、当時の私は、ゲーテを専門にしているというのに、ゲーテが『ファウスト』のなかになぜ「ヴァルプルギスの夜」のような場を挿入したのか、よく分からず、扱いにくいこの場のことはそのうち手がけるつもりで、自分の課題ファイルのなかに入れっぱなしにしてあった。そんなとき『ｉｓ』から原稿依頼を受けた。せっかく依頼されたのだから、いい原稿を書かなければならない。そう思って、「ヴァルプルギスの夜」関係の文献を手当たり次第に読みあさった。そのなかで一番教えられるところが大きかったのは、一九八二年に刊行されたばかりのＡ・シェーネの『神々のしるし・愛の媚薬・悪魔礼拝』というドイツ語の本だった。この本は、ゲーテ学者の誰もが敬遠しがちのゲーテ研究の三つの難問題を取り上げ、それを精緻に調べ、新しいゲーテ像を提起したものだった。

この本によれば、「ヴァルプルギスの夜」でファウストは、悪魔を礼賛する魔女たちの酒池肉林の夜宴《サバト》に参加していた折りに、突然、恋人のグレートヒェンの幻を見る。幻のなかでグレートヒェンは「魔女」という無実の罪を着せられ、処刑される。彼女の首が切り落とされると、迸り出た血が蠟燭の火とともに希望の火を消し、あたりが真っ暗になるところで幕が下りる。魔女狩りを弾劾するゲーテの怒りがストレートに伝わってくるすさまじい場面である。しかしゲーテは、自分がもしもこの場面をそのまま発表したら、ヨーロッパのキリスト教社会は自分を決して許してくれないだろうと恐れ、この場面を大幅に書き換えてしまった。

シェーネは棄却されてしまったこの場面を、遺稿をもとに復元しており、それによって「ヴァルプルギスの夜」の場面は、私にとってずっと分かりやすいものになった。そればかりではない。魔女狩りを生んだヨーロッパ社会に対するゲーテの怒りは私にも伝わり、魔女狩りの問題を引き続き研究してみなければならない、ヨーロッパの陰の精神史を知る上で魔女狩り研究は不可欠ではないか、と強く思った。

私は二〇代からゲーテ自然科学の研究を通して、ニュートン以降のヨーロッパの科学文明を批判しつづけてきたが、如上のような次第で「ヴァルプルギスの夜の宴」を書いて以降、私のヨーロッパ批判はヨーロッパのキリスト教文明にも向けられるようになり、四〇代の私は、京都大学の講義でも魔女論や悪魔論を三年に一度の割合で取り上げるようになった。ちょうどその頃、学部こそ違うものの、かねてから親しくさせていただいていた上山安敏先生と二人でお茶を飲む機会があった。そのとき、上山先生の執筆中の本が『魔女とキリスト教』であることもうかがった。上山先生と魔女論について話に花を咲かせることができたのも、楽しい思い出である。私の魔女研究はその後、デモノロジー論、古代ゲルマン信仰論、グノーシス論、聖書研究へと進んでいったが、これらのテーマについても上山先生とは何度かお話しする機会に恵まれ、先生から教えられることは多々あった。

一九九五年に岩波書店から『魔女とヨーロッパ』を上梓してから、すでに一五年以上が経つ。書き加えなければならないところは色々あり、その一部は「最初のヴァルプルギスの夜」(ドイツ語論文)や、「魔女と古代ゲルマン信仰」(安田喜憲編『魔女の文明史』二〇〇四年、八坂書房)や、「ヨーロッパ文化の古層を探る」(芳賀日出男著『ヨーロッパ古層の異人たち――祝祭と信仰』序文、東京書籍)などですでに発表したが、しかし宗教改革と対抗宗教改革が魔女狩りに及ぼした影響、フランスとドイツにおける魔女狩りの違いなどについてまとめるには、まだまだ時間がかかる。しかも魔女狩りの一次資料である魔女裁判の記録は、まだ一部が公表されたばかりで、その多くはいまだにヨーロッパの古文書館等に眠っている。それを解読するには、後述するように、ギンズブルグが『ベナンダンティ』で行なったような緻密な歴史学的研究を待たねばならない。

魔女狩りが最も盛んだったのは一六〇〇年前後だから、今から四百年ほども昔のことになる。

そのため魔女狩りはすでに研究し尽くされたと思っている人も少なくないが、じつは本格的な魔女狩り研究は二〇世紀になってから始まった。魔女狩りの元凶を探ると、アウグスティヌスやトマス・アクィナス等、キリスト教社会では「聖人」とされている人々の批判にまでつながりかねないという事情もあって、魔女狩りの研究は本場のヨーロッパでも遅々として進まなかった。

たとえばフランスの大歴史家ジュール・ミシュレは『魔女』(一八六二年、邦訳一九八三年、岩波文庫、全二冊)を書き、領主に搾取されつづける農民の娘が貧困と絶望のなかでサタンにしか頼りえず、そのため「魔女」とされるにいたる悲劇的な状況を、小説風の仕立てで生き生きと描いてみせた。だがこの本が広く知られるようになったのは第二次大戦後のことだった。そこにこめられているあまりにも強いキリスト教社会批判のため、本書はカトリックによって禁書に指定されてしまったからだった。

二〇世紀において魔女狩りの研究が盛んになったのは、イギリス人のエジプト考古学者マーガレット・マレーが一九二九年に『ブリタニカ百科事典』第一四版(一九二九—七三年)の「魔女」の項目を執筆してからだった。彼女はこのなかで、異端審問官が主張するように、「魔女」が悪魔と契約を結んでいたというのはむろん誤りだが、じつは「魔女」や「魔女の集会」は実在し、彼らはキリスト教以前の古い土着の信仰の司祭たちだったと主張した。この説は、一方ではヨーロッパにそのような土着の信仰は残っていず、学問的に立証できないという強い批判を招いたが、他方では、キリスト教が長いあいだ女性を差別してきたことを弾劾し、キリスト教以前の太古のヨーロッパの土着的信仰を現代に甦らせようとする人々によって喝采をもって迎え入れられた。

マレー説を強く批判した人のひとりに、同じイギリス人のノーマン・コーンがいる。彼は『魔女狩りの社会史――ヨーロッパの内なる悪霊』(一九七五年、邦訳一九八三年、岩波書店)のなかで、マレーの主張にはそれを立証する歴史学的文献が欠けていると批判し、「魔女の集会などは実在しなかった」と主張した。彼によれば、魔女が体だけを残して出かけるという話も、魔女が雄山羊や雄牛や箒にまたがって行くという話も、魔女が夜の集会《サバト》を開くという話も、みな異端審問官の巧みな誘導や圧力によって生み出された仮構にすぎない。この合理主義的な説明はいたって分かりやすく、その後しばらくの間、魔女狩り研究の主流をなしていたのはコーン的な見解だった。

そうした様相が一変したのは、イタリアの歴史学者カルロ・ギンズブルグの『ベナンダンティ――16-17世紀における悪魔崇拝と農耕儀礼』(一九六六年、邦訳一九八六年、せりか書房)や『闇の歴史――サバトの解説』(一九八九年、邦訳一九九二年、せりか書房)が広く世に知られるようになってからのことだった。彼は、北イタリアの寒村に残る古文書を仔細に調査し、それをもとに、「魔女」の嫌疑を受けた人々が、キリスト教の伝来以前からヨーロッパの農民たちのあいだで続けられてきた農耕儀礼の担い手であったことを見事に解明した。「新マレー主義」とでも呼ばれるべきものが、ここにまったく新しい装いのもとに登場した。

かつてレヴィ＝ストロースは、自分が「未開社会」の研究の後で本当に手がけたいのは、ヨーロッパの文化人類学だが、しかしヨーロッパではさまざまな文化的伝統が積み重なっているため、それらをひとつひとつ剝がさないと、なかなかヨーロッパの深層に迫ることはできない、と語っていた。レヴィ＝ストロースができなかったことをやってのけたのがギンズブルグだった。彼は、ヨーロッパのキリスト教的伝統を剝ぎ取ることによって、その下に隠されていた古い農耕儀礼を明らかにした。そしてこの方向でのヨーロッパ研究は、今日ではフランスのアナール派らの新歴史学派によって受け継がれている。

私自身、『魔女とヨーロッパ』を書くに当たり、ギンズブルグの『ベナンダンティ』から少なからぬ影響を受けた。ギンズブルグはその後、魔女論の第二作とでもいうべき『闇の歴史』においてシンデレラ物語の世界分布について調べ、そのルーツを推測している。拙著『グリム童話の世界――ヨーロッパ文化の深層へ』(二〇〇六年、岩波新書)のなかの一章は、この本を読まなければ生まれえなかったものである。

拙著『魔女とヨーロッパ』を公刊した前後から、ヨーロッパにおける魔女狩りの研究は急速に盛んになり、ドイツやフランスなどの特定の地域における魔女狩りの事例研究もいくつか出版されるようになった。

魔女狩り研究が盛んになった背景には、魔女狩りの元凶がキリスト教にあることをローマ教皇庁ですら認めるようになったことがある。二〇〇三年、ヨハネ・パウロ二世は、キリスト教が十字軍や異端審問を行なったことを謝罪した。それ以降、ヨーロッパのキリスト教徒たちは魔女狩りを批判する論文を書いても、別に後ろめたさを感じなくてもすむようになったのである。

学問は歴史を先取りすることもあれば、歴史によって後押しされることもある。近代科学批判、魔女狩り批判、デモノロジー批判など、ヨーロッパ精神史の批判的検証をライフワークにしている筆者にとって、ヨーロッパ自身がその過去と批判的に対決するようになった時代の大きなうねりには、少なからぬ感慨を覚えざるをえない。

むろん時代の流れに乗るだけでは学問にはならない。学問の基礎をなすのは、ギンズブルグがしたようなとても根気のいる緻密な資料研究なのだから。だが今回『魔女とヨーロッパ』新版の刊行に際して感じたのは、学問にはいくつかの偶然や出会いが必要だということだった。この本は、雑誌『ｉｓ』からの原稿依頼、シェーネの本との出会い、上山安敏先生との出会い、ギンズブルグの本との出会い、時代の大きなうねりそして京都大学での私の講義に対する学生たちの熱気を帯びた反応がなければ、決して生まれなかっただろう。自分に与えられた人生の幾多の幸運な偶然と幾多の幸運な出会いに感謝してやまない。

平成二三年七月一七日　祇園祭山鉾巡業の日に

高橋義人

図版一覧

p. 95　グアッツィウス「赤子を悪魔に捧げる」. Guaccius: 前掲書より.
p. 105　I. J. ビリービン「ヤガーばあさん」. Ivan Jakovlevic Bilibin: "Vasilisa Prekrasnaja" 1902.
p. 117　ゴヤ「魔女の集会」(1797-98 年). マドリード, ラサロ・ガルディアーノ美術館蔵.
p. 130　H. バルドゥング・グリーン「サバトに行く準備をする魔女」ペン画(1514 年).
p. 136　箒に乗って空を飛ぶ魔女. M. ル・フラン画, 写本, Martin le Franc, Le Champion des Dames, 1451.
p. 144　煙突を通って飛び去る魔女. 16 世紀の木版画. Richard van Dülmen(Hg.): Hexenwelten. Frankfurt am Main, Fischer, 1987.
p. 157　エフェススのディアナ. アラバスターと青銅, ナポリ, 2 世紀.
p. 167　アントニー・フレデリック・オーガスタス・サンズ「モルガン・ル・フェイ」(1862 年).
p. 171　H. バルドゥング・グリーン「二人の魔女」(1523 年).
p. 173　H. バルドゥング・グリーン「魔女と龍」(1514 年).
p. 189　L. クラナッハ「ヴィーナスに不平を言うキューピッド」(1529 年). ロンドン, ナショナル・ギャラリー蔵.
p. 195　ルーベンス「ヴィーナスの祝祭」(部分)(1635-40 年頃). ウィーン美術史博物館蔵.
p. 201　ルーベンス「フランドルのケルミス」(部分)(1630-32 年頃). パリ, ルーブル美術館蔵.
p. 210　グアッツィウス「十字架を踏んで, 悪魔への忠誠を誓う」. Guaccius: 前掲書より.
p. 211　グアッツィウス「悪魔による洗礼」. Guaccius: 前掲書より.
p. 215　F. フランケン「魔女のサバト」(部分)(1607 年). ウィーン美術史博物館蔵.
p. 232-3　M. ヘル「神なき呪われた魔術の宴」銅版画(1620 年頃). Michael Herr: Eigentlicher Entwurf und Abbildung deß gottlosen und verfluchten Zauber-Festes. Kupferstich.
p. 240　グアッツィウス「サタンの尻への口づけ」. Guaccius: 前掲書より.
p. 250　「狼男の悪行と処刑」(1589 年).

図版一覧

p. 38　絵本『ヘンゼルとグレーテル』より．S. O. セーレンセン画．Hänsel und Gretel. Illustriert von Svend Otto Sørensen. Kopenhagen und Oldenburg, 1971.

p. 42　H. ブルクマイヤー図「老魔女と頭上の悪魔」．Hans Burgkmair: Alte Vettel mit Hilfsgeist. 1512.

p. 44　『グリム童話集』1900年版より．A. ラッカム画．Fairy Tales of the Brothers Grimm. A New Translation by Mrs. Edgar Lucas. With Illustrations by Arthur Rackham. London, Freemantle & Co., 1900.

p. 45　ベッヒシュタイン「魔女と王子たち」より．L. リヒター画．Ludwig Bechstein: Sämtliche Märchen. Illustriert von Ludwig Richter. München, Winkler Verlag, 1965.

p. 50　山姥の図，月岡芳年「新形三十六怪撰」(明治22-25年)より．「別冊・太陽」(「日本のこころ」57)，1987年，110頁所収．

p. 53　鬼女となった紅葉．「紅葉絵巻」より．小松和彦『日本妖怪異聞録』小学館，1992年，142頁所収．

p. 69　グアッツィウス「薬草を手にして診察する賢女」．Guaccius: Compendium Maleficarum (悪事概要). Milano, 1626.

p. 71　尼僧院での薬草の栽培，年代不詳．W. シュトラーボ『小庭園』の表紙絵．Titelbild des „Hortulus“ von Wahlafried Strabo, Kloster Reichenau.

p. 75　産婆．古代ローマの助産教本から．Thomas Hauschild, Heidi Staschen, Regina Troschke: Katalog zur Sonderausstellung „Hexen“ im Hamburgischen Museum für Völkerkunde. Hamburg, 1979.

p. 80　昔は座ったまま分娩した．Thomas Hauschild u. a.: 前掲書より．

p. 93　グアッツィウス「黒焼きにした赤子から魔女の秘薬をつくる」．Guaccius: 前掲書より．

■岩波オンデマンドブックス■

魔女とヨーロッパ

1995年6月28日　第1刷発行
2011年11月9日　人文書セレクション版発行
2015年10月9日　オンデマンド版発行

著　者　高橋義人《たかはしよしと》

発行者　岡本　厚

発行所　株式会社　岩波書店
〒101-8002　東京都千代田区一ツ橋2-5-5
電話案内　03-5210-4000
http://www.iwanami.co.jp/

印刷／製本・法令印刷

ISBN 978-4-00-730300-5　　Printed in Japan